Siempre estuvieron ellas

JAVIER SANTAMARTA DEL POZO

SIEMPRE ESTUVIERON ELLAS

Galería histórica
de hispanas memorables

www.edaf.net

MADRID - MÉXICO - BUENOS AIRES - SANTIAGO
2018

A mi madre, Aurora.
Mujer.

EDITORIAL EDAF, S. L. U.
Jorge Juan, 68. 28009 Madrid, España
Tel. (34) 91 435 82 60
Fax (34) 91 431 52 81
http://www.edaf.net
edaf@edaf.net

ALGABA EDICIONES, S.A. de C.V.
Calle 21, Poniente 3323,
Colonia Belisario Domínguez
(entre la 33 Sur y la 35 Sur)
Puebla, 72180, México
Telf.: 52 22 22 11 13 87
jaime.breton@edaf.com.mx

EDAF DEL PLATA, S. A.
Chile, 2222
1227 Buenos Aires, Argentina
Tel/Fax (54) 11 43 08 52 22
edaf4@speedy.com.ar

EDAF CHILE, S. A.
Coyancura, 2270 Oficina, 914
Providencia, Santiago de Chile
Chile
Tel (56) 2/335 75 11 - (56) 2/334 84 17
Fax (56) 2/ 231 13 97
comercialedafchile@edafchile.cl

Primera edición: Noviembre 2018
ISBN: 978-84-414-3892-7
Depósito legal: M-34372-2018

IMPRESO EN ESPAÑA — PRINTED IN SPAIN

Gráficas Cofás, Pol. Ind. Prado Regordoño, Móstoles (Madrid)

ÍNDICE

Matria

A modo de prefacio sobre la mujer hispana

No son los dos sexos superiores o inferiores el uno al otro.
Son, simplemente, distintos.

Dr. Gregorio Marañón

Todas las mujeres conciben ideas, pero no todas conciben hijos.
El ser humano no es un árbol frutal que solo se cultive por la cosecha.

Emilia Pardo Bazán

Yo no soy mujer. Nadie es perfecto. Pero, como hombre, reconozco que siempre he admirado y me han fascinado los personajes femeninos de la Historia, muy especialmente los de España. Si creen que esto suena insincero, lo entiendo. Vivimos en tiempos en que cualquier enunciado parece esconder intereses espurios. Aunque, en mi caso, pueden comprobar que hace más de un lustro ya publicaba sobre ellas en un conocido diario digital. Y les aseguro que nadie se pone a trabajar durante años recabando información de un tema, leyendo al respecto, y pasado meses redactando sobre lo que no le interesa. Siendo egoísta, ya le indico querida lectora o querido lector, que aquí sí quiero romper la norma del genérico para incidir en el sexo del mismo, no compensa.

Y tengo que decirlo: he estado encantado de hacerlo y de disfrutar con las vidas de tantas mujeres increíbles. ¿Por qué no han sido tan conocidas como sus homólogos masculinos? La pregunta es tan sencilla como compleja su respuesta. Pues si bien es cierto que hablamos en términos generales de que hombres y mujeres están siempre a una proporción correspondiente al cincuenta por ciento, no menos cierto es que su papel ha sido menos visible según la historiografía más tradicional. Pero visible no es sinónimo de importante.

Quien no entienda la importancia de la Mujer en la Historia es que no conoce la misma. Escribo Mujer, en mayúscula, para dejar claro que hablo con trascendencia del componente femenino de la Humanidad. No vamos a entrar, obviamente, en disquisiciones estupendas acerca del sentido de la adjetivación, o en la nominación sexual de género masculino o femenino, pues, si bien es cierto que *humano* viene originalmente de la condición relativa al *hombre*[1], la condición o naturaleza humana se refiere en femenino en español (pues el tema de las declinaciones latinas que recoge la lengua castellana ha llevado a los equívocos de que el neutro, a veces y solo a veces, se confunda con el género gramatical masculino, pero otras veces sea femenino, y otras ni una cosa ni otra), no encontramos en principio intención volitiva de discriminación sexual alguna en el lenguaje. Aún quedarían siglos para eso.

Tan es así la importancia femenina, que Clío, musa de la Historia según la mitología clásica, mujer como el resto de sus hermanas, nos da lecciones desde el origen de los tiempos de un reparto de papeles entre hombres y mujeres. Muchas veces vinculado a la naturaleza propia que, como seres humanos diferenciados, tenemos. La mujer creó la agricultura, y seguramente fuera la que domesticara el fuego. Cuando para referirse a tiempos pretéritos se usa el genérico «el hombre», en vez de «la humanidad», es cierto que acaba diluida la presencia de la mujer. La semántica manda. El verdadero logro es entender que, con el paso del tiempo, la igualdad como miembros de la misma especie vendrá reflejada cuando el Imperio de la Ley y los Estados de Derecho, recojan normativamente su igualdad. Ni más, ni menos. ¡Como

---

[1]   Del latín *homo, hominis* (hombre). Y de aquí, *humanus* (humanidad).

tiene que ser! Para el resto, me temo que no tengo sino que citar la expresión de nuestros vecinos franceses: *Vive la différence*!

Pero es que, si nos detenemos en el tema central que propone este estudio preliminar, a veces caemos en prejuicios por querer mirar muchos aspectos con nuestra visión del siglo XXI, lo que nos puede llevar a bastantes errores. Incluso al de pensar que muchas mujeres han caído en el olvido por su condición de mujeres. Es posible. Es hasta probable. Seguramente en muchos casos absolutamente cierto. Pero, entonces, ¿por qué ha pasado lo mismo con muchos hombres? ¿Cómo es posible que, siendo mayoritariamente protagonistas activos de la Historia, tantos hayan sido ninguneados, arrumbados, desplazados, arrinconados, y hasta sus logros, quedados en la ignorancia? Tal vez, porque la condición humana sea las más de las veces ruin y miserable por ser como somos las personas, que tantas hay buenas, malas o mediopensionistas, como suele decirse con retranca. Y la envidia o la cicatería no es cosa que deje de afectar al varón como lo ha podido ser con la mujer.

En los casos en que la condición femenina haya supuesto un hándicap añadido, es evidente que hay que decirlo, reflejarlo y anotarlo en un debe en el que tantas veces el Hombre, y aquí usaré también la mayúscula para reflejar la condición masculina, ha sido cruel, misógino e injusto con tantas mujeres a lo largo de los siglos. Esto, evidentemente, da más valor a cuantas mujeres han luchado a pesar de ser consideradas inferiores por el hecho de ser varonas (como en desusado término también se refería al sexo femenino, aunque dudo que ninguna lo acepte ya ni mítica o tradicionalmente[2]). Pues es cierto. La tradición fue la que es. Las costumbres son las que cambian. Y la Historia ha de ser fiel reflejo y espejo de lo que fue.

Además, en nuestro caso, hemos de decir solemnemente que España es un país femenino. Dudarlo sería no reconocer que su Historia está salpicada y aún forjada, por mujeres que despuntaron en todos los campos en que quisieron destacar, a despecho de si era posible o no. A ellas importó bien poco tal cosa. Lo deci-

---

[2]   Y dijo Adán: «Esta es ahora hueso de mis huesos, y carne de mi carne; ella será llamada Varona, porque del varón fue tomada». Génesis 2, 23.

dieron. Y con la capacidad y fuerza imparable que da la voluntad real encauzada hacia lo que uno verdaderamente quiere, lo hicieron. A veces es tan complicado como así de simple. Y veremos que tenemos ejemplos para hacer decenas de volúmenes sobre mujeres increíbles, admirables, y hasta irrepetibles. Seguramente, porque no quisieron ser más que lo que ellas determinaron. A veces, porque para lograrlo no es cuestión de estar a la altura de un hombre o ser más que él. Es ser una persona cuya condición sexual no le iba a condicionar en ningún sentido.

¿Cómo hemos podido olvidar, precisamente en España, que la Mujer ha sido siempre la ostentadora del poder, y quien ha marcado hasta la devoción de un pueblo que ha hecho gala de un matriarcado como en escasos sitios del planeta? Entiendo que no sea un tema políticamente correcto, en estos momentos de tendencia hacia un laicismo donde el Estado no tiene que interferir en los asuntos religiosos, que no dejan de ser decisión de cada persona. Pero seamos francos, España tiene una advocación Mariana tan marcada, que hasta en muchas expresiones nos diferenciamos en otros lenguajes sobre a quién recurrimos, tanto para solicitar ayuda, exclamar sorpresa o para blasfemar de la más soez manera, ¡lo hacemos sobre la base femenina!

Comprendo que puede sonar a herejía, pero sabemos de sobra cómo la religión católica jugó al sincretismo de manera más que acertada para su implantación allí donde había otras creencias. Y la base de la deidad femenina en estos pagos es tan grande que seguramente hunde sus raíces hace milenios en aquellas Astarté[3] y Ataecina[4] en la época en que Argantonio[5] era rey. Cuan-

---

[3] Diosa madre que representa la fertilidad, la naturaleza, la vida, identificada con la estrella del poniente o lucero del alba, esto es, Venus.

[4] Ataecina o Ataegina es una diosa ctónica (terrestre y no de tipo celestial) adorada en la Península Ibérica por los antiguos íberos, lusitanos, carpetanos y celtíberos.

[5] Argantonio es el primer rey del que se tienen referencias históricas en la Península Ibérica. Rey de Tartessos, puede que su nombre fuera referencia de una dinastía más que de un rey en concreto, ya que es considerado el último de esa civilización perdida. Del 630 a.C. al 550 a.C. aproximadamente.

do el final del mundo estaba en los límites marcados allí donde Tartessos tuviera sus lares[6]. Un lugar donde hoy en día tiene una de las romerías marianas más importantes, sino la más, como es la del Rocío. La Blanca Paloma. Cuyos atributos coinciden sorprendentemente con esta diosa ancestral que representa la tierra y la fertilidad. Cualquiera que vea la imagen de esta virgen, verá las estrellas de ocho puntas... curiosamente símbolo de Tartessos; una luna, símbolo que veremos de igual modo en Astarté, al igual que la paloma. Santuario, el de la Virgen, ubicado en donde por lógica debió de estar el de la citada Astarté.

No hemos de olvidar que la Virgen María, según cuenta la tradición, llegó en carne mortal a Hispania sobre el año 40 después del fallecimiento de Cristo, su hijo, para aparecerse sobre una columna o pilar de jaspe, a Santiago el Mayor, apóstol. Y ahí quedó tal devoción del pilar que se venera en Zaragoza, siendo la que allí se adora conocida como la «Emperatriz de las Américas». Pues la patrona de España no es esta tan conocida (siendo todas la misma, que parece esto la obra de Jardiel Poncela *Pero ¿hubo alguna vez 11.000 vírgenes?*), sino la que conocemos como la Inmaculada Concepción. Cuya advocación se hace presente en el Ejército de Tierra. Así como la Armada tiene a su Virgen del Carmen, y el Ejército del Aire, a la de Loreto. ¡Hasta las armas están bajo la advocación de una mujer!

Tan es así, que en «la más alta ocasión que vieron los siglos», que dijera Miguel de Cervantes sobre la batalla de Lepanto contra el turco, la galera capitana de don Juan de Austria, la *Real*[7], llevaba por gallardete una gran Virgen sosteniendo a un minúsculo Cristo crucificado. Cuando Hernán Cortés llevó a cabo la conquista de México, de la que en 2019 se cumplirán 500 años —sería interesante una revisión de este episodio de la Historia,

---

[6]   Cada vez la hipótesis histórica y arqueológica con más visos de realidad tras los últimos hallazgos es que seguramente pueda encontrarse la mítica Atlántida bajo las marismas de Doñana, «más allá de las columnas de Hércules», como señala Platón en uno de sus *Diálogos*.

[7]   Una espectacular y fiel reproducción de la misma se puede ver en la ciudad donde se construyera la original, Barcelona, en sus reales atarazanas.

mucho más desconocido de lo que se cree—, el extremeño llevaba como pendón a la Virgen de los Remedios. Pero es que, pasando a esos santos que hacen de patrón de pueblos y ejércitos (como San Jorge en Inglaterra, San Patricio en Irlanda, San Martín de Tours en Francia… etc.), resulta que nuestro primer patrón, por quien primeramente tenían las huestes sus oraciones… ¡fue una mujer!, Eulalia de Mérida, que a mi modo de entender no es otra que también la de Barcelona, por cierto. Sus historias son casi exactas aún ubicadas en tan distantes sitios; nació en el 292, y padeció el martirio en la ciudad aún llamada Augusta Emerita bajo las persecuciones del emperador Diocleciano. La noticia de la vida y el martirio de la santa emeritense se expandió rápidamente por el Imperio romano, convirtiendo a la ciudad en una de las metas más importantes de peregrinación de Europa occidental durante la alta Edad Media.

De hecho, y hasta la proclamación de Santiago Apóstol, Eulalia, convertida ya en santa, fue invocada como protectora de las tropas cristianas en la Reconquista y patrona de Asturias, cuna de España. De hecho, el mismo don Pelayo pidió ser enterrado en la iglesia de Santa Eulalia u Olalla. Y para colmo, fue precursora de un camino de peregrinación mucho antes que el que le tomara relevo y le quitara el puesto: Santiago apóstol. Como curiosidad, el pendón que llevara el conseller en cap, Rafael Casanova, el 11 de septiembre de 1714 en la defensa de Barcelona, durante la Guerra de Sucesión, esa guerra civil entre partidarios de la casa de Borbón y la de Austria para hacerse con el trono de la Monarquía Hispánica, llevaba precisamente a esta santa, que es patrona de Barcelona. ¡Por no hablar de las guerras carlistas, en las que los pendones marianos eran los más habituales entre los diferentes regimientos!

Está claro que no podía ser sino España el lugar idóneo donde encontrar una más que increíble representación de mujeres de casta. De mujeres de armas tomar. De mujeres bravas, inteligentes, y luchadoras. Al margen de creencias, ideologías o banderías. Mujeres que han demostrado ser un ejemplo en tantos campos como se pueda imaginar: literario, artístico, inventivo, legal, aventurero… u ostentado el poder sin complejos a pesar de cuantos prejuicios pudieron recaer sobre ellas. Eso fue ciertamente lo más triste y lo más habitual… como en cualquier otro país de cualquier parte del planeta. Pues no solo se trató con igual injusticia a la mujer, sino que en muchos casos ha sido bastante peor.

En un país al que siempre se le ha querido ver como atrasado, como casi bárbaro por su relación con las mujeres, este absurdo no es sino, en cualquier caso, una realidad que acontecía y acontece aún en todas las sociedades de nuestro entorno y fuera del mismo. Seguramente empezó cuando en algún momento olvidamos que Gea era el origen de todo, y que la fuente primigenia misma de la Tierra emanaba de las diosas (que no dioses) que regían por todo el orbe: desde Cibeles a Isis; desde Ishtar a Freyja; de Coatlicue a Pachamama. No parece sino que hayamos olvidado que Dios fue mujer. O como decía Mario Benedetti en su poema:

> *Si Dios fuera mujer no se instalaría*
> *lejana en el reino de los cielos,*
> *sino que nos aguardaría en el zaguán del infierno,*
> *con sus brazos no cerrados,*
> *su rosa no de plástico*
> *y su amor no de ángeles.*

> *Ay Dios mío, Dios mío*
> *si hasta siempre y desde siempre*
> *fueras una mujer*
> *qué lindo escándalo sería,*
> *qué venturosa, espléndida, imposible,*
> *prodigiosa blasfemia.*

Mas, sin embargo, muchas cosas han conseguido las mujeres hispanas en detrimento de tópicos y en comparación con las de otros lares como quiero seguir incidiendo. En muchas luchas y causas fueron precursoras. Por poner un ejemplo que no es en nada baladí, hoy en día, en aquellos países que se dicen más avanzados, crean envidia las mujeres españolas cuando mantienen sus apellidos, cásense o no, siendo siempre ellas mismas; y nominadas todas (como así somos los varones), con el apellido paterno, sí, pero también con el materno. Y en la posición que así se quisiera. ¿Hemos de recordar que el universal Velázquez, es así conocido por el apellido de su madre? ¿O que con igual ejemplo Luis de Argote, es conocido como Góngora?

Intentar hacer una selección conque hacer un recorrido histórico por estas mujeres excepcionales ha sido tarea complicada y, sobre todo, injusta. Pues a la hora de realizarla aparecieron muchos más nombres, y en campos y actividades tan distintas, que está claro que sería difícil encontrar alguna labor en donde no destaque mujer alguna. *Labor*, como palabra y concepto que nos recuerda esos momentos en los que la mujer que se dedicaba a la ímproba y siempre no suficientemente considerada tarea de «llevar la casa», de hacerse cargo de los hijos, del esposo, de la administración del hogar, de la logística del mismo, de la recolección y el condumio diario, se le reflejaba en su cédula o en el papel que fuera necesarios, que su actividad no era otra sino: «Sus labores».

¿Qué labor era la que llevaba Catalina de Erauso, la llamada Monja Alférez, cuando se embarcó para luchar a despecho de su sexo contra los mapuches? Dentro del ámbito de lo castrense vamos a toparnos con muchas mujeres en nuestra historia, como Catalina, una guipuzcoana de la que se llegaron a escribir libros sobre ella aún en vida. Escapada del convento donde solo estuvo siendo educada, que lo de monja más bien lo usará en algún momento para salvar alguna vicisitud incómoda, se recorrió media España hasta lograr pasaje hacia las Indias, todo ello disfrazada de hombre. Haciéndose llamar, entre otros alias, Alonso Díaz o Ramírez de Guzmán. Acabó como soldado en Chile, sirviendo junto a su hermano Miguel. Sus méritos de guerra la harían obtener el ascenso a alférez tras su lucha contra los temibles araucanos. Su vida resulta tan novelesca, que tras varios percances y aventuras más, lograría que el propio papa Urbano VIII le concediera, en la visita que hizo a Roma, la dispensa para que siguiera vistiendo de hombre. Aunque tras este reconocimiento firmaría sin tener que avergonzarse como la alférez Catalina de Erauso.

¿Qué necesidad tuvo de dar cuenta a «los hombres de mar y de guerra» Isabel Barreto cuando se convirtió en la primera mujer almirante de la Armada y capitaneó su flota por el Pacífico? Isabel fue muy bien educada, culturalmente hablando. No solo recibió instrucción en latín, griego y gramática, sino también en geometría, matemáticas y geografía. Y también es cierto que la bien educada Isabel partió, junto con su familia, hacia el Nuevo Mundo, en concreto al virreinato de Perú, donde con unos pizpiretos 18 años conoció al leonés don Álvaro de Mendaña, un maduro explorador de 44 que ya había navegado por los mares del Sur y descubierto las islas Salomón.

Felipe II le concedió el título a don Álvaro de adelantado por su descubrimiento, le autorizó a volver y a poblar aquellas islas… pero no le dio un doblón para tal empresa. Por ello, el leonés se arruinó en su intento de costear una nueva expedición. Y en ellas andaba, cuando apareció la radiante y acaudalada Isabel. Tan solo con su dote se pudo aparejar uno de los galeones de la futura aventura, que se llamó, como no podía ser menos, *Santa Isabel*. Además, la Barreto resultó una gran intermediaria cerca del nuevo virrey, García Hurtado de Mendoza, que a falta de dinero prometió tropa (si bien el muy taimado aprovechó la ocasión para incluir en la leva a gente de la peor calaña que habitaba por allí. Así cumplía su promesa y limpiaba las calles en el mismo esfuerzo). No fue hasta abril de 1595 (10 años después de su boda) cuando la expedición zarpó.

El 21 de julio la pequeña flota arribó a un archipiélago al que Mendaña llamó las islas Marquesas de Mendoza, en honor a la esposa del virrey. Hoy son, simplemente, las islas Marquesas, el archipiélago más grande de la Polinesia francesa. Mendaña sintió su muerte inminente como consecuencia de la malaria que había contraído y, el 17 de octubre, firmó su testamento, en el que instituyó, como heredera universal a Isabel. Al día siguiente falleció. Isabel Barreto quedó como nueva almirante y adelantada de las islas Salomón, lo que, a los marineros del siglo XVI, en un primer momento no sentó nada bien. Pero ya tuvo coraje y redaños doña Isabel para gobernar naves y hombres en tan alejados parajes y tan contraria situación.

La mar nos trae también a la primera mujer que fue infante de Marina. Como lo oyen. Y en el siglo XVIII. Me refiero a la cordobesa Ana María de Soto, de Aguilar de la Frontera. Obviamente, como Catalina, se tuvo que hacer pasar por varón, y como tal se alistó en la 6.ª compañía del 11.º batallón de Marina, en Cádiz, embarcándose en la fragata *Mercedes*. Entró en combate en la defensa de Rosas (Gerona) en 1794, cuando aún no tenía siquiera la mayoría de edad. Luchó contra los ingleses en la batalla del Cabo de San Vicente. A bordo de la fragata *Matilde*, unas fiebres obligaron a que su galeno hiciera un reconocimiento más exhaustivo de quien se hacía llamar Antonio María; Ana María fue descubierta en su condición real de mujer y, por tanto, obligada a desembarcar en cuanto arribaron a puerto. La historia del valor de esta mujer llegó, sin embargo, al rey Carlos IV, pues su hoja de servicio había sido impecable. Le otorgó el empleo de sargento mayor con el privilegio de llevar los galones prendidos en su ropa junto con los colores del batallón, además de una pensión de por vida de dos reales de vellón diarios. Acabó su vida regentando un estanco… licencia que se le arrebataría en tiempos del rey felón Fernando VII. Ingrata España tantas veces.

¿Sus labores le llevaron a la coruñesa María Pita a gritar ante el asalto de los piratas del inglés Drake: «¡Quien tenga honra que me siga!», y a estoquear al alférez que en el asalto a La Coruña se creía con capacidad masculina para plantar bandera extraña en solar ajeno? Mayor Fernández Pita, como así se llamaba, no dudó, como el resto del pueblo de La Coruña, a lanzarse a las murallas para defenderse del asalto de la Contraarmada inglesa, que tras el desastre de 1588 de la mandada por Felipe II contra Inglaterra, fue la respuesta por parte de la anglicana Isabel I. Más numerosa, el descalabro que protagonizó resultó similar, si no mayor[8]. Allí estaría nuestra heroína, como muchas más mujeres y hombres desconocidos, luchando con denuedo. Incluso, tras

---

[8]   La Contraarmada enviada por Inglaterra dentro de la Guerra angloespañola de 1585-1604 de la que parece que solo se conoce el episodio de la mal llamada Armada Invencible (con un balance de 37 barcos perdidos y 11 000 bajas), se estrellaría en La Coruña y en Lisboa. Tuvo 40 buques hundidos o capturados, 36 buques desertores, y 15 000 muertos. Ganaría finalmente la guerra España. La paz se selló con el Tratado de Londres de 1604.

ver caer muerto a su marido en la contienda, siguió con arrojo hasta protagonizar el hecho que haría retroceder al invasor.

En este caso, y tras no pocas vicisitudes que la hacen merecedora de una biografía en condiciones, el rey Felipe II escucharía sus peticiones de reconocimiento de manera que conseguiría una licencia real autorizándole a la exportación de mulas a Portugal y la concesión de un sueldo con cargo a los presupuestos militares coruñeses. Nuevos acontecimientos la llevarían de nuevo a la Corte, donde presentaría ante Felipe III otros memoriales acerca de sus méritos. En esta ocasión lograría nuevas licencias para la exportación y un incremento del sueldo que le había otorgado el padre del soberano. Pues no siempre España acaba por ser más madrastra que madre.

Si seguimos con los ejemplos militares o bélicos, ¿acaso esperó a hombre alguno María Sagredo, cuando se convirtió en heroína durante la rebelión morisca en el momento en que solo había mujeres, niños y ancianos en la villa malagueña de Alozaina? Tan es así, que la hazaña ingeniosa de quien no era sino una adolescente, acabaría por quedar plasmada en el escudo de esta localidad.

Corría el año 1570 cuando dicho pueblo fue asediado por los moros que se habían quedado en la Península, pues no serían finalmente desterrados los llamados moriscos hasta 1603. Estando como estaba Alozaina sin protección, ya que la mayoría de los hombres hacían labor en las campas no tan cercanas como para darse cuenta del asalto, el toque a rebato de las campanas no fue suficiente para avisarles con tiempo sobre lo que ocurría. María, junto con su anciano padre, intentaría primero mediante la añagaza de vestir a las mujeres que quedaban con armaduras, petos y coletos, hacerlas pasar por feroz tropa. De este modo los asaltantes tal vez abandonaran su intento. No funcionó el engaño, y aunque lograrían todas ellas un primer rechazo de la acometida, la victoria final no vendría sino cuando imaginó María qué podría ser el arma definitiva para rechazarlos.

En las casas de Alozaina, bajo muchos de los alares, encontraría la salvación del pueblo. En esa parte de los tejados se encontraban decenas de colmenas naturales de abejas, las cuales mandó recoger y llevar a las murallas. Y desde una torre ella misma (que hoy tiene su nombre en su recuerdo), y a lo largo de las protecciones de la localidad el resto de vecinas, empezarían a bombardear con esas colmenas a los atacantes, de modo que al estrellarse contra ellos quebrándose, las abejas furiosas atacarían sin piedad, convirtiéndose en los mejores aliados de la ingeniosa María. El rey Felipe II también en esta ocasión se mostraría generoso y la nombraría alférez de los Tercios españoles, otorgándole una serie de haciendas que los moriscos tenían en Tolox como dote para su casamiento.

Sabemos de mujeres que han luchado contra el poder establecido en cada momento, impuesto, legítimo o ilegítimo. En cualquier caso, mujeres que no quisieron quedar como comparsas ante lo que podía avecinarse. Como María Pacheco, una noble castellana nacida en La Alhambra granadina en 1497 que será conocida como la Leona de Castilla… y también como el Tizón del Reino, que tras la llegada a España de un jovencísimo Carlos de Gante en 1516 para ser proclamado rey, estaba entre quienes se opusieron a las nuevas políticas del emperador. Esposa del toledano Juan Padilla, María Pacheco fue una de las almas de los Comuneros junto con Bravo y Maldonado. Tras la derrota de estos en la batalla de Villalar, no iba ser ella quien se rindiera, pese a ser todos ellos ajusticiados.

Mantuvo el espíritu de la guerra de las Comunidades contra Carlos V. Gobernó Toledo de modo que reorganizó una resistencia que duró nueve meses, y evitó la capitulación. Tal fue el encono que produjo en el rey, que sería condenada a muerte en rebeldía. Y es que su resistencia en Toledo fue ciertamente numantina. Solo escapó a Portugal junto a su hijo cuando todo estaba perdido. Sabiéndose cercana a la muerte, pidió que «comido el cuerpo, llevasen sus huesos a sepultar con los de su marido en la dicha villa de Villalar donde yace»[9]. Jamás lo permitió el emperador. Quedó para siempre en Portugal, en Oporto, donde

---

[9] Referido por Juan de Sosa, que fuera su capellán, y citado por Joseph Pérez en su obra *Los comuneros*.

se encuentran sus restos. El hermano de María, el poeta Diego Hurtado de Mendoza, le escribiría unos conocidos versos:

Si preguntas mi nombre, fue María,
Si mi tierra, Granada; mi apellido
De Pacheco y Mendoza, conocido
El uno y el otro más que el claro día
Si mi vida, seguir a mi marido;
Mi muerte en la opinión que él sostenía
España te dirá mi cualidad
Que nunca niega España la verdad.

No menos brava y conocida fue doña Ana de Mendoza de la Cerda, más conocida como la princesa de Éboli, cuya némesis fue en este caso el rey mismo, Felipe II, hijo del anteriormente citado. Esta noble nacida en Guadalajara, de familia con más que rancio abolengo, se convirtió sin duda en uno de los personajes más conocidos de la corte filipina. La política de los partidarios de unas y otras facciones que apoyaban al monarca, las intrigas, los espionajes, las tramas en las que se vería envuelta muy a su pesar, con los nombres de los dos secretarios que serían pilares de la Leyenda Negra: el del rey, Antonio Pérez, que tanto mal haría en su labor de propaganda contra su señor natural y por extensión contra la Monarquía Hispánica; y Juan de Escobedo, el de don Juan de Austria, asesinado a la altura de la calle Coloreros de la Villa y Corte por orden de un engañado Felipe II.

La vida de esta mujer es digna del mejor relato de espías, y su destino estuvo unido al del intrigante Antonio Pérez. Él huiría a Aragón para empezar un enfrentamiento que le llevaría a ser traidor a su propia patria. Ella acabaría encerrada en la Torre de Pinto, y después en el palacio de Pastrana, donde estaría hasta el final de su vida. ¿Por qué tanta inquina entre quienes se llamaban «primo», como así hacía ella con Felipe II, y «la hembra», como la adjetivaba él? ¿Por qué, sin embargo, cuidaría el rey de sus hijos para que no les faltara nada mientras con ella su trato durante el confinamiento fue cruelísimo? Una mujer notable, sin duda, que llegaría a poner en jaque al más poderoso monarca de su época.

Y es que no hay, como vemos, ni reyes ni emperadores temidos por las mujeres hispanas a lo largo de la Historia. Sean propios o extranjeros. ¿Le importó algo a Agustina de Aragón i Domenech para arrostrar con menos valentía y coraje el asalto del amo de Europa en la guerra contra el francés que fuera un tal Napoleón, emperador de Francia, quien mandara contra Zaragoza a las mejores tropas del mundo en aquel momento? La que conocemos como Agustina de Aragón, la Artillera, fue el mejor ejemplo de lo que representaron las mujeres de España ante una situación de guerra total como aquella de 1808, en la que esta catalana nacida en Reus no es sino el paradigma visible de muchas otras mujeres que supieron luchar y morir por la causa.

¿Acaso fue menos heroica la decisión de Mariana Pineda, al bordar presuntamente la bandera por la libertad que la llevaría al cadalso? Es la coherencia de mujeres implicadas en lo que creían con tanta firmeza o más que la de un hombre, y fueron consecuentes hasta el final, aunque la injusticia se cebara con ellas. La granadina Mariana es todo un símbolo contra un absolutismo como el del rey felón Fernando VII, cuya traición a la Constitución salida de las Cortes de Cádiz permitió entrar de nuevo en España a quien tanto había costado echar. A aquellos Cien Mil Hijos de San Luis gabachos, que venían a ayudar a este tan deseado como odioso rey para derribar las bases de lo que hubiera sido sin duda otra España. No fue así.

A partir de esos sucesos de 1823 se instalaría la llamada Década Ominosa. Muchos patriotas no querían esa España que pretendía desandar el camino de libertad que se abría ante ellos. Entre estos patriotas iba a estar la joven Mariana, y un familiar de similar edad, Fernando Álvarez de Sotomayor, que sería preso y condenado a muerte por luchar a favor de la Constitución. Gracias a un ardid de Mariana, que introdujo en la cárcel unas ropas de religioso capuchino, lograría escapar Fernando entre el lío de entradas y salidas de cuantos hombres de religión llegaban a las cárceles para confesar y dar los últimos sacramentos a los que iban a ser ajusticiados. Su humanitaria acción le costaría ser sospechosa (pese a lo aparentemente exitosa en su misión), de aquella fuga. La vigilancia que se le puso no llevó a ninguna prueba condenatoria, pero al final la encontrarían. Aunque fuera creándola exprofeso.

Una bandera bordada con las palabras «Libertad, Igualdad y Ley», hallada durante un registro en su casa, la llevarían a juicio sumarísimo, y, al ser consideraba su actividad subversiva, a ser condenada a muerte. Parece seguro que la bandera fue puesta en su domicilio a escondidas por unas mujeres a sueldo, o forzadas, quién sabe con qué razones. El hecho cierto es que se le ofreció salvar la vida si cometía delación hacia quienes compartía ideas e ideales, y ella se mantuvo firme pese a lo que eso suponía: la muerte por garrote vil. Cuando apenas contaba veintisiete años, prefirió la muerte a la traición. Y ahora es ya un ejemplo ante la eternidad.

No es cierto por tanto, que las mujeres de España no quisieran estar involucradas en los asuntos de Estado, fuera cual fuera su posición. Podemos encontrar desde reinas hasta plebeyas. Reinas tenemos más que variados ejemplos para darnos cuenta de la fuerza con que puedan ejercer el gobierno. Los nombres Urraca, Subh, Petronila, Sancha, Berenguela, Zoraida, Isabel o Aixa nos llevan ante soberanas de reinos peninsulares en los que tuvieron una determinante actuación, sin cuyo concurso seguramente la Historia, como la conocemos, no sería en modo alguno igual.

Mujeres algunas que son un ejemplo a la hora del mantenimiento del cumplimiento dinástico. Como el caso de María de Molina, que llegaría a ser tres veces reina, y en las tres ocasiones su generosidad estuvo puesta al servicio de un objetivo mayor. Por las venas de María, nacida en el señorío que le da el apellido en 1264, corría sangre azul, ya que era nieta del infante Alfonso de León, hermano fiel del rey Fernando III el Santo. Acabaría casada con el infante don Sancho, que en principio no estaba llamado a ser rey, ya que le precedía su hermano don Fernando de la Cerda. Sin embargo, los azares de esa época medieval encumbrarían a su esposo al trono de Castilla en una controversia con su propio padre y con sus sobrinos, convirtiéndose finalmente en reina consorte de Castilla.

Al quedar viuda, fue ella la que tuvo que seguir la lucha de su esposo Sancho por la legitimidad de su matrimonio y de su reinado. Y de lo que era más importante: los derechos del infante, su hijo, que se había convertido en el heredero al trono, aunque estuviera puesto en cuestión por el resto de nobles, partidarios de los hijos de Fernando de la Cerda y pretendidos sucesores legítimos. María de Molina actuaría como regente en nombre de su hijo gobernando como reina, que como tal se consideraba. La bula papal que legitimó el matrimonio y, por tanto, la dinastía personalizada en su hijo Fernando, permitió que finalmente éste reinara con el ordinal IV. Y que la señora de Molina pudiera retirarse tras su labor de gobierno.

Hasta que tuvo que volver. Su hijo Fernando el Emplazado falleció como consecuencia de una de las campañas contra los moros, y el problema sucesorio entre los diferente infantes y facciones surgió de nuevo. Ahí estaría otra vez la que fuera dos veces reina para serlo una tercera, al lograr ser admitida como la verdadera regente y tutora de su nieto Alfonso. Solo ella era capaz de aglutinar los intereses y evitar guerras intestinas que llevarían al caos. Lo lograría. Como el que finalmente la legitimidad se instalase en Alfonso XI el Justiciero, que reinaría tras su abuela.

María fue una auténtica gobernante en todo momento. Negoció con las Cortes, organizó campañas militares, fue una hábil diplomática internacional, medió entre conflictos de manera exitosa.... Una mujer de una talla excepcional, que no merecía menos que el gran dramaturgo Tirso de Molina le dedicara una obra[10]. Esta reina, además, aparece solemne en un cuadro bien conocido en un lugar ciertamente de honor: el hemiciclo del Congreso de los Diputados de la capital de España. No hay mejor lugar para quien nunca cesó de velar por la legitimidad, apoyándose siempre precisamente por y en las Cortes, donde reside el verdadero poder representado del pueblo. Hasta para los reyes y reinas.

España tendría que estar tan orgullosa de su ascendencia femenina, que solo hemos de fijarnos en un detalle: ¡Hasta

---

[10] *La prudencia en la mujer* (1622).

el primer rey de España fue una reina! Juana de Castilla, que habremos de considerarla no tanto como la Loca que nos han querido mostrar, sino como el primer rey de la Historia Moderna de una España unificada. Cierto que su pésimo matrimonio con el inconstante y poco maduro Felipe I el Hermoso, de la Casa de Habsburgo, no la hizo ningún bien (¡ni se lo hubiera hecho a ninguna mujer!), ni que los intereses de su padre Fernando V de Aragón, tras la muerte de la reina Isabel de Castilla, unidos a las luchas por el poder entre las diferentes facciones, la llevaran a ser finalmente encerrada por su padre, y mantenido tal encierro por su hijo Carlos, cuyos reinos pasaría en todo caso a correinar.

Pues una cosa es cierta, las Cortes de Castilla jamás le quitarían el título de reina ni la inhabilitaría. Y la herencia de los reinos de Aragón y de Navarra de su padre, solo a ella le correspondían como legítima heredera a su muerte. No sabemos si en efecto fue víctima Juana del peor heteropatriarcado posible, usando un concepto tan en boga hoy mismo, si fue víctima de una conjura, o un juguete roto. Aunque creo que no se tardará en reconocer a esta figura que, ni estaba tan loca como se dice, ni era tan incapaz como se la presume. Fue la primera reina de esa España origen de la nación actual española.

Y en ella van a despuntar también muchas políticas. Con el paso de los siglos se incorporarán a esa vida pública en la que antaño era coto vedado para ellas y casi único para hombres. Y en este campo vamos a encontrar asimismo a importantes pioneras. Las tres primeras diputadas en las Cortes entrarán de manera paradójica, ya que fueron elegidas en las elecciones de 1931, pero ninguna de ellas pudo votarse, ya que no era posible el sufragio femenino. Aun así, Clara Campoamor, por el Partido Radical; Victoria Kent, del Partido Radical Socialista, y Margarita Nelken, por el Partido Socialista Obrero Español (PSOE), se convertirían en las primeras legisladoras de nuestra Historia. Aunque tuvieron posiciones encontradas. La más importante, y de nuevo surgió otra paradoja, fue por el tema del derecho al voto femenino.

La madrileña Clara Campoamor, nacida en 1888, vivió una dura infancia en la que tuvo que demostrar que era posible abrirse camino a base de esfuerzo y entrega. Trabajó mientras estudiaba, y consiguió subir niveles a base de opositar. Logró hacer la carrera de Derecho, y ser la segunda mujer en inscribirse en el Colegio de Abogados de Madrid. Su interés por la política y la defensa de los derechos de la mujer fue cada vez mayor. Atraída por el PSOE, el hecho de que colaboraran con la dictadura de Primo de Rivera le apartó de ellos. Elegida por el Partido Republicano Radical, un partido de centro, sería una de las principales impulsoras del sufragio femenino en España, logrado en 1931, y ejercido por primera vez por las mujeres en las elecciones de 1933. La izquierda, curiosamente, la quiere hacer suya ahora, cuando en su momento fue precisamente criticada por conseguir el voto para la mujer, ya que consideraron que las mujeres iban a decantar el voto hacia la derecha condicionadas por sus maridos y los curas (sic).

De hecho, esa era la postura de la malagueña Victoria Kent, nacida en 1898 en el seno de una familia liberal. Estudió magisterio en Málaga y posteriormente Derecho en Madrid. Ella sería la primera mujer en entrar en el Colegio de Abogados de Madrid. Su carrera fue más que brillante, siendo también la primera mujer que actuó como defensora ante un Tribunal Militar, en el que logró además la absolución de su representado. Miembro de la Real Academia de Jurisprudencia y Legislación y de la Asociación Internacional de Leyes Penales de Ginebra, abrió un bufete relacionado con el Derecho Laboral, y se convirtió así en la primera mujer que lo hizo. Llamada a la acción política, su afiliación al más izquierdista Partido Republicano Radical Socialista le conseguiría un escaño. Nombrada Directora General de Prisiones, quiso llevar a cabo las ideas de quien más había trabajado por la reinserción de los presos: la ferrolana Concepción Arenal[11].

---

[11] Concepción Arenal (1820–1893) Escritora realista y licenciada en Derecho y periodista. En su obra denuncia la situación de las cárceles de hombres y mujeres, la miseria en las casas de salud, o la mendicidad, pero destacan especialmente sus escritos en defensa de los derechos de las mujeres por lo que es considerada la base del feminismo español contemporáneo.

Sin embargo, jamás defendería el sufragio femenino, pues pensaba que «no es el momento de otorgar el voto a la mujer española», creyó que sería peligroso (sic) el otorgárselo. La controversia en el Congreso de los Diputados entre Campoamor y Kent fue seguida con interés y hasta con cierta sorna en ciertas crónicas, al ver que las dos únicas mujeres en el hemiciclo estaban en posiciones tan contrapuestas en tema tan de interés para la población femenina. Ganaría la postura de la primera, y la victoria de las derechas en las elecciones de 1933, como se temía Kent, la verdad es que tuvo más que ver con la división de la izquierda que con la llegada de un derecho para la mujer que hoy veríamos increíble que no tuviera[12].

También se opuso al voto femenino la madrileña Margarita Nelken, una intelectual y escritora nacida en 1894, cuyo activismo político encontramos más en sus escritos, claramente de corte feminista. Esto no entraría en contradicción con su tajante oposición al voto de la mujer, de manera mucho más radical que su colega de escaño (pues no eran dos, sino que fueron tres diputadas pese a esas crónicas citadas) que no de partido, Victoria Kent. Nelken, que sería elegida por el PSOE, fue radicalizándose durante el periodo republicano hasta el punto de estar involucrada en los más deplorables sucesos, como los ocurridos en Castilblanco[13]. Tras la Revolución de Asturias de 1934, sería condenada a veinte años de prisión. Escaparía a Francia para volver a España en 1936 y presentarse por el Frente Popular. Acabó en el Partido Comunista y posteriormente marcharía al exilio, a México, donde moriría.

Y es que en cuestión política podemos encontrar mujeres con un marcado trasfondo ideológico, pero que como en el caso

---

[12] Si bien es habitual pensar que España siempre está a la cola de logros y avances, especialmente en el tema de derechos sociales o universales, referir a modo de ejemplo que el voto femenino no llegaría a Francia hasta 1944, en Italia hasta 1946, en Estados Unidos las mujeres negras no podrían votar hasta 1967, y en Suiza nada menos que hasta 1971.

[13] Sus encendidas arengas parece ser que tuvieron algo de culpa, según algunos historiadores, en este incidente entre campesinos y Guardia Civil, que acabaría con el linchamiento de cuatro miembros de la Benemérita.

de Federica Montseny, era todo un compendio de aparentes contradicciones. ¿Se puede ser feminista luchando contra el feminismo? ¿Es posible ser casi tan liberal en el combate contra el Estado, siendo sin embargo libertaria? ¿Puede una mujer anarquista formar parte de las estructuras del poder? Todo eso lo convirtió en una realidad una mujer, combativa como pocas, fiel a sus ideas hasta la muerte, y consecuente, pese a tan grandes aparentes contradicciones, con lo que fue su causa y su bandera desde muy joven. Así era Federica Montseny Mañé. Una madrileña «por casualidad», como ella misma diría, nacida casi con el nuevo siglo XX, en 1905, y que ostenta el título de haber sido la primera mujer en ocupar una cartera ministerial en España, y una de las primeras de Europa. Publicó, entre otros títulos, casi cincuenta novelas cortas con trasfondo romántico-social, dirigidas concretamente a las mujeres de la clase proletaria, y asimismo publicó escritos políticos, éticos, biográficos y autobiográficos.

Era necesario hacer este repaso para comprobar que el empoderamiento de la mujer no es algo tan reciente, aunque la visión androcéntrica, cierto es, nos la haya escamoteado. Y que el porcentaje está lejos de una paridad como en estos tiempos se pretende. Pero si hablamos de escamotear personajes femeninos, parece que en las artes las mujeres han brillado por su ausencia, y solo algunas pocas han tenido alguna relevancia, posiblemente por otras razones ajenas a su obra artística.

¿Conocemos más de la mística por antonomasia, Santa Teresa de Ávila, doctora de la Iglesia y pluma sobresaliente de nuestras letras, por lo primero, o por lo segundo? A pesar de que la santa sea patrona de los escritores españoles, e incluso lo fuera durante un tiempo de España (definitivamente negar la advocación femenina en España se hace complicado, como se ve), no parece sino que hoy se la conozca por aspectos más espurios o anecdóticos, como el uso de sus reliquias por parte de un jefe del Estado, o por si sus éxtasis estaban inducidos por sicotrópicos u obedecían a razones sicalípticas.

Hoy en día que tan de moda están los libros de *coaching* y de autoayuda, tal vez sorprendería el poder leer la obra de Teresa Sán chez de Cepeda y Ahumada, que tal era su nombre, por aquellos que no tienen problema en leer obras de autores de otras latitudes y creencias, sin darnos cuenta de que, si quitamos tanto prejuicio religioso, las obras de quienes luego se consideraron santos, fueron previas a la condición canónica de tales. Y tanto o más disfrute puede producir a un no creyente la lectura de *Las Moradas* (obra sobre la que la Inquisición no las tenía todas consigo, como no las tenía acerca del libro sobre su propia vida por considerarlo un pelín herético), como *Camino de perfección* si lo aplicamos al fondo real sobre lo que Teresa escribiera.

¡Pero qué difícil ha sido para la mujer este reconocimiento! Y eso que contamos con autoras como sor Juana Inés de la Cruz, nacida en 1651 en lo que hoy es México, que, aunque fuera una religiosa de la Orden de San Jerónimo, ejerció también de escritora, poetisa, erudita, bibliófila, compositora… Seguramente la más importante escritora novohispana. Pero también tenemos que considerarla parte inequívoca del Siglo de Oro de la literatura en español. Desde muy joven tuvo un apego al saber, que asombraría a su entorno. Su fama creció a base de encargos, cosa habitual hacia los escritores que se ponían de moda y que con este sistema lograban llenar en algo sus alcancías. Su poema más conocido ha sido tenido incluso por precursor también del feminismo, aunque es muy probable que lo que tenga es mucha dosis de sentido común. Sin más. Sin menos.

> *Hombres necios que acusáis*
> *a la mujer sin razón,*
> *sin ver que sois la ocasión*
> *de lo mismo que culpáis… etc.*

Juana Inés no cultivaría solo la lírica, con la que empezaría con sus sonetos, sino que gustó del teatro y de la prosa, teniendo como claras referencias a Calderón, Quevedo o Lope. Dada la importancia de su obra, recibiría los sobrenombres del Fénix de América (haciendo competencia en apodo a Lope), la Décima Musa o la Décima Musa mexicana.

Pero si queremos fijarnos en una auténtica precursora, absolutamente desconocida, la cubana de padre sevillano y madre criolla, Gertrudis Gómez de Avellaneda, nacida en 1814, es toda una sorpresa. A los doce años ya había escrito su primera novela. Su sino como mujer, esto es, en tener que estar desposada con alguien, la haría marchar de Cuba hacia España. Instalada en La Coruña, nuevas cuestiones amorosas y matrimoniales la hicieron de nuevo partir e instalarse en Sevilla, donde la Divina Tula como se la empezaría a llamar, empezó a sentirse en el lugar al que pertenecía. Allí empezaría a escribir en algunos periódicos con el sobrenombre de La Peregrina con cierto éxito.

Aunque este vendría de la mano de José Zorrilla, cuando leyó algunos de los versos de Gertrudis en el Ateneo, lo que la pondría en el boca a boca del todo Madrid literario. Sus obras empezarían a ser publicadas y devoradas. Luchadora contra la esclavitud, en su obra *Sab*[14], publicada en 1841, se adelanta en más de una década a la famosa *La cabaña del Tío Tom*. Pese a la admiración literaria que produjo, se le vetó su merecido acceso propuesto para la Real Academia en 1853. Hasta 1979 no lo haría ninguna mujer, en la figura de la cartagenera Carmen Conde.

O no del todo. Pues sí es cierto que la madrileña María de Guzmán[15], conocida como «la doctora de Alcalá», fue la primera mujer que ostentó en España la dignidad de académico de la lengua en el siglo XVIII... aunque fuera de forma honorífica. Nacida en una familia aristocrática del más rancio abolengo, se crio rodeada de obras de arte y, sobre todo, de una biblioteca que era para ser envidiada. Lo que le hizo estar muy predispuesta hacia la cultura, habilidad que enseguida apareció en su capacidad para la lectura de los clásicos, en su entendimiento y en su memoria prodigiosa (según decían de ella). Tanto, que el

---

[14] La obra trata de la situación de los esclavos y de las mujeres en la Cuba del siglo XIX, a partir de la historia del protagonista, un esclavo negro llamado Sab.

[15] María Isidra de Guzmán y de la Cerda (o Isidra de Guzmán, también así conocida). Nacida en Madrid el 31 de octubre de 1767, y fallecida en Córdoba el 5 de marzo de 1803.

director de la Real Academia de la Lengua, el marqués de Santa Cruz, propuso, al parecer a instancias del propio Carlos III, su admisión en ella[16].

> La Academia, informada de los extraordinarios progresos y adelantamientos de esta Señora en la elocuencia y en las lenguas y particularmente en la castellana, sin embargo, de no haber habido hasta ahora ejemplar semejante, en atención a las expresadas circunstancias y al mérito personal que de ellas resulta a dicha Señora, acordó admitirla y efectivamente la admitió con uniformidad de votos por Académica Honoraria.

Contaba con solo 17 años de edad. Pero, no contenta con esto, intentó hacerse con el título de doctor, cosa harto improbable habida cuenta de que en aquel momento estaba prohibido el acceso a la Universidad a las mujeres. Sin embargo, el monarca ilustrado estaba por la labor de hacer posible lo inimaginable, de tal modo que el conde de Floridablanca, secretario (equivalente a ministro en la actualidad) de Gracia y Justicia, informaría al rector de la Universidad de Alcalá de Henares:

> El rey, en atención a las distinguidas circunstancias [...] y enterado S.M. de las sobresalientes cualidades personales de que está dotada, permite, y dispensa en caso necesario, que se confieran a esta señora por esa Universidad los grados de Filosofía y Letras Humanas, precediendo los ejercicios correspondientes[17].

Tras su examen de grado, cuyo completísimo cuestionario se conserva (preguntas sobre griego, latín, francés, italiano, español, retórica, mitología, geometría, geografía, filosofía en general, lógica, ontosofía, teosofía, psicología, física en general, física en particular, tratado sobre los animales, tratado sobre los vegetales, sistemas del orbe, esfera armilar y ética), Isidra conseguiría su

---

[16] Pedro Rodríguez-Ponga y Salamanca, «María Isidra de Guzmán y de la Cerda». *Diccionario biográfico. Vid.* Bibl.

[17] *Ibíd.*

bonete de doctora[18], así como el nombramiento de catedrática honoraria de Filosofía Moderna. Todo un reconocimiento en una época (estamos en 1784 conviene recordar) en el que la Ilustración parecía traer una época de Luces... que acabaron siendo sombras con el advenimiento del convulso siglo XIX.

Pues en ese siglo ilustrado incluso pudimos encontrar mujeres como la madrileña María Francisca de Sales Portocarrero, nacida en 1754, y que fue toda una aristócrata humanista. Condesa de Montijo (sería la abuela de la granadina Eugenia de Montijo, que acabaría convirtiéndose en emperatriz de Francia tras casarse con Napoleón III), fue un personaje muy popular en el Siglo de las Luces. Como anfitriona de uno de esos salones culturales tan en boga, recibiría en ellos a personajes de la talla de Jovellanos, Campomanes, Meléndez Valdés, Iriarte, Moratín, Cabarrús o el almirante Gravina. Fue de las primeras mujeres en ser miembro de la Sociedad Económica de Amigos del País de Madrid. Accedería a esta institución en compañía de un reducido núcleo de catorce mujeres tan solo, constituyendo lo que se conocería como Junta de Damas. María Francisca sería la secretaria de dicho organismo dieciocho años consecutivos.

Gracias a esta plataforma, se hicieron cargo de la gestión de las cuatro Escuelas Patrióticas gratuitas instituidas para las niñas de barrios pobres. Elaboró un informe sobre la situación de la mujer española en la industria, así como sobre la manera de eliminar las trabas que había para el empleo de la mano de obra femenina en las industrias y en los diferentes ramos de la artesanía. Trabajó en pos de las mejoras de las inclusas, y preparó un

---

[18] Es importante señalar que hubo una mujer española que sí obtendría antes el título de doctor y no de forma honorífica. Juliana Morell (1594–1653): poetisa, humanista y monja dominica española nacida en Barcelona. La primera en nuestra Historia en licenciarse en Leyes, aunque no en España, al tener que huir su familia cuando tenía ocho años por ser su padre acusado de homicidio. Superdotada, con cuatro años sabía leer y escribir, y con siete sabía ya cuatro idiomas. A los 12, nueve. A los 17, leía y escribía en catorce idiomas. Su tesis doctoral fue leída en la Universidad de Aviñón ante el papa, y obtuvo el *Summa cum laude* como doctora en Leyes.

informe en el que denunciaba la insalubridad de las mismas, lo que llevaría a conseguir tras muchos años de lucha, unas mejoras notables para los expósitos. Fue también la impulsora de la Asociación para Presas, trabajando para la reforma de estas instituciones, ayudando a mejorar las condiciones de vida de las internas y a su rehabilitación mediante el trabajo. En suma, una mujer auténtico paradigma del siglo ilustrado no cabe duda. Moriría en Logroño en 1808, tras unos últimos años en los que el ambiente revolucionario se respiraba, aunque no se sabía si para bien.

Pero sin duda el siglo XVIII es espectacular para encontrar mujeres cuya filantropía fueron su motivo de vida, como la gallega Isabel Cendal Gómez, nacida en 1773, la primera enfermera de la Historia en misión internacional, como así la tiene considerada la Organización Mundial de la Salud, de la que es curioso que ni siquiera sepamos su nombre correctamente, pues hay sobre él decenas de variantes. Participaría de manera protagonista en la Real Expedición Filantrópica de Balmis contra la viruela[19]. Moriría en México, tras un trabajo y dedicación que terminarían minando su salud. Su biografía, antes y después de esa increíble expedición, es todo un misterio y una vergüenza para con una mujer que lo dio todo. Hasta su salud y su vida.

¿Por qué tanto desconocimiento hacia tantas de nuestras mujeres? ¿Por qué no conocemos a artistas como Luisa Ignacia Roldán, la Roldana, que se convirtió en una de las escultoras más interesantes de la escuela andaluza del Barroco, y cuya obra prolífica está más extendida de lo que creemos? ¿O por qué hay que hacer de menos a la santanderina María Blanchard, una pintora vanguardista y cubista que se codeó con los mejores en ese París de la bohemia tan conocido como desconocida es esta artista para el gran público?

¿Es normal que se tuvieran que recurrir no hace tanto a la argucia de hacerse pasar por hombres para poder triunfar? Así tendría que hacerlo Cecilia Böhl de Faber como escritora deci-

---

[19] Cfr. *Siempre tuvimos héroes. La impagable aportación de España al Humanitarismo*, Edaf, 2017. Con perdón por la autocita.

monónica que todos conocemos con su heterónimo Fernán Caballero. No con poca guasa diría ella que «Gustóme ese nombre por su sabor antiguo y caballeresco, y sin titubear un momento lo envié a Madrid, trocando para el público, modestas faldas de Cecilia por los castizos calzones de Fernán Caballero». O tener que quedarse en casi el anonimato eclipsada por el hombre con quien convivía, como fue el caso de la logroñesa María Teresa León. Escritora de la Generación del 27. Reivindicativa y luchadora, sus obras, de un gran valor literario, sorprendentemente no se han publicado todas en España, quedando ella a la sombra de la Historia como la mujer de Rafael Alberti. Participó en la Junta de Defensa del Tesoro Artístico Nacional que luchó por mantener intactas obras de arte amenazadas por los bombardeos durante la Guerra Civil.

Estamos recuperando cada vez más incluso mujeres no tan lejanas en el tiempo, como «Las Sinsombrero», nombre por el que son conocidas aquellas mujeres pertenecientes por edad a la Generación del 27, pero que nadie recuerda, en contraposición a sus colegas varones. Un apodo que viene por el gesto guasón y provocativo en ese Madrid del primer tercio del siglo XX, que tuvieron al cruzar la madrileña Puerta del Sol Maruja Mallo, Margarita Manso, Salvador Dalí y Federico García Lorca, destocados todos ante el escándalo generalizado. Borges escribiría un artículo titulado «Los intelectuales son contrarios a la costumbre de usar sombrero», pues, como señalaba Mallo cuando relató aquel nada intrascendente gesto de quitarse el sombrero, que con tales prendas «parecía que estábamos congestionando las ideas». Sin embargo, todos conocemos sin problema a los caballeros que las acompañaban, pero no a las mujeres pensadoras y artistas que estaban con ellos.

Tenemos, en suma, muchas razones para bucear en la historia de tantas y tantas mujeres desbordantes de historias, de aventuras, de luchas… de olvido. Desde la más remota Hispania, con aquella Gala Placidia, hija del emperador de origen hispano Teodosio, cuya vida en Barcino, la antigua Barcelona, fue tan apasionante como desconocida, a Mercedes Milá Nolla, la creadora del Cuerpo de Damas Auxiliares de Sanidad Militar. La que creara la escuela de Enfermeras Sanitarias, y marchara a Rusia con la División Azul al mando de un total de 146 enfermeras. Recibiría varias condecoraciones, entre ellas la Medalla de la Cruz Roja.

Nos encontraremos historias de mujeres, al margen de ideologías y de estratos sociales como ya señalé y vuelvo a remarcar. Reinas y bohemias. Poderosas o luchadoras contra la opresión. Feministas y femeninas, sin ser estos términos contrapuestos. Mujeres a las que no tenemos que aplicar nuestros prismas actuales. Se dice, por ejemplo, que hemos desconocido durante décadas a mujeres como Carmen de Burgos al ser forzosamente olvidada por el franquismo por su condición de republicana. ¿Por qué entonces hemos olvidado también a Sofía Casanova que fue afín al bando faccioso de nuestra Guerra Civil? Lo mismo que a Consuelo Gómez Ramos (Doñeva de Campos, o Celsia Regis, que las tres son la misma), defensora de un feminismo católico conservador y de la dictadura de Primo de Rivera. No creo que haya que pensar en conspiraciones de ningún tipo. A lo largo de la Historia muchos hombres fueron relegados también al olvido pese a que no lo merecieron. Las razones de la indiferencia hacia tantas mujeres es imperdonable, pero no ha sido solo por ser mujer, aunque ciertamente muchas veces fuera un factor determinante.

Pero estamos en deuda con esa memoria que nos ha hecho olvidar, por ejemplo, a mujeres como Elena de Céspedes, ¡una cirujana nacida en 1545! Pasó más a la Historia por si era mujer u hombre, al hacerse pasar por esto último para ejercer su oficio, y por tanto examen del Santo Oficio, por el del propio médico de Felipe II, por el de un tribunal civil... Y con los absurdos de acusarla de lesbianismo y de sodomía sin terminar de saber si, como hombre que se decía que era, tenía la vida sexual que se pensaba; o como mujer, era incluso hechicera. Y todo porque Elena quiso ser, más que mujer, más que hombre, persona. Y se automutiló para poder hacer lo que siempre quiso. Seguramente nos encontramos ante el primer caso recogido de transexualidad. ¿Importa realmente su condición real, más allá de ayudarnos a recordar a cuantas han sufrido por su condición de mujer?

Eso sí... Hay que olvidar esos latiguillos del estilo «En España es... dónde si no en España..., en España es impensable..., en países como España…» cuando nos refiramos hoy en día a la mujer española. Parece como si fuéramos una anomalía en comparación con el resto del mundo con relación al trato con las mujeres. Y lo fuimos. Pero no precisa o especialmente para mal. Todo lo contrario en tantas ocasiones. Nuestra natural tendencia al fustigamiento patrio nos lleva a vernos siempre mucho peor de como en realidad somos. O de cómo fuimos. Y si en la actualidad España es, según los indicadores más progresistas, el quinto país mejor del mundo para ser mujer[20], antaño no fuimos ni mucho menos peores ni menos injustos con la Mujer. En muchos casos, bastante mejor, insisto de nuevo.

¿Por qué he titulado este Capítulo Cero como *Matria*? La verdad es que cuando leí sobre este concepto, es curioso cómo está cargado de controversia según lo use Virginia Woolf o Unamuno; Isabel Allende o José Luis Borges. Si quiere usarse en contraposición a *Patria* o como la lucha entre lo femenino o lo masculino. Yo prefiero irme a los clásicos de donde provenimos. A Plutarco y a Grecia, cuna como decimos de nuevo en maternal alusión, de nuestra Civilización. Y sintiendo ponerme estupendo, recogiendo esa idea tan obvia de que la Matria no es sino esa propia tierra a la que pertenecemos y cuyo sentimiento es el que nos hace sentirnos más arraigados a la tierra donde nacimos. No por nacionalismo. Nada que ver. Sino porque es la Madre donde, en efecto, se convierte en el refugio y el referente de donde provenimos.

Y España que tanto se dice que ha sido más madrastra que madre (yo mismo así lo cité) con sus hijos e hijas, he de decir que ha sido el lugar donde más ha arraigado sin que lo sepamos, el sentimiento atávico de una Matria Hispana a la que pertenecemos. Al margen de sexo y condición. Y en ella nacieron irrepetibles hijas de las que estar todos orgullosos y sobre las que merece la pena parar y revivir con ellas sus apasionantes vidas.

¿Hacen falta más razones para encumbrar a donde se merecen estar y rescatar del olvido o de la desidia en la que han

---

[20] Estudio del Instituto Georgetown para la Mujer, la Paz y la Seguridad, y del Instituto de Investigación sobre la Paz de Oslo (2017). Solo nos supera Islandia, Noruega, Suiza y Eslovenia.

caído muchas de ellas? Al menos, algunas saldrán a la luz de nuevo a lo largo de este libro que tratará, simple y llanamente, de mujeres. Porque también, siempre tuvimos heroínas. Porque, tengámoslo claro, siempre estuvieron ellas.

BIBLIOGRAFÍA

ÁLVAREZ, María Teresa: *Ellas mismas. Mujeres que han hecho historia contra viento y marea*. La Esfera de los Libros. Madrid, 2005.

CASO, Ángeles: *Las olvidadas: Una historia de mujeres creadoras*. Planeta. Barcelona, 2005.

DEL PASO, Ana: *Reporteras españolas, testigos de guerra. De las pioneras a las actuales*. Debate. Madrid, 2018.

FERRER VALERO, Sandra: *Mujeres en la Historia*. Publicación independiente, 2017.

FISAS, Carlos: *Historia de las reinas de España. La Casa de Austria*. Memorias de la Historia. Planeta. Barcelona, 1996.

—*Historia de las reinas de España. La Casa de Borbón*. Memorias de la Historia. Planeta. Barcelona, 1989.

MÁRQUEZ DE LA PLATA, Vicenta: *Mujeres pensadoras. Místicas, científicas y heterodoxas*. Castalia Ediciones. Madrid, 2009.

—*Mujeres con poder en la Historia de España*. Nowtilus. Madrid, 2018.

MARTÍNEZ, Cándida (dir.) *et al*: *Mujeres en la Historia de España*. Enciclopedia biográfica. Planeta. Barcelona, 2000.

MARTÍNEZ ANAYA, Remedios: *Mujeres silenciadas en la Historia*. Arráez editores, 2016.

MONTERO, Rosa: *Historias de Mujeres*. Debolsillo. Barcelona, 2015.

REAL ACADEMIA DE LA HISTORIA. *Diccionario bibliográfico*. DB~e

I

Subh umm Walad

La vascona de Al-Ándalus

Norte de la Península Ibérica, año 950

L AS RAZIAS MUSULMANAS ASOLABAN NAVARRA, Álava, y los territo-rios del norte peninsular: Tudela, Calahorra, San Esteban, Ar-nedo… El saqueo de los árabes omeyas, que cruzaban el Duero des-de el sur que dominaban para hacerse con esclavos, había sido esta vez en especial provechoso. Mujeres y niños primordialmente. Los más fáciles de vender y lo más solicitado en los mercados. Género al que no daban más valor que el de los dinares de oro que se pudieran sacar con él. Tras esta incursión se iban a conseguir muchas bolsas con ellos. ¡Esperemos que en el camino de vuelta no se pierdan con aciaga suerte, despeñados en esa sierra maldita justo antes de llegar a la bella capital del califato! ¡La gran Medina Azahara!

Buen papel harán tantas y tan hermosas esclavas. Ya cono-cen su suerte. Hace mucho que sufren estas aceifas o han oído de ellas. Saben que en realidad no hay tropas cristianas que puedan liberarles o protegerles. Los guerreros moros[21] son rápidos, y es

---

[21]   Es evidente que el término *moro* en modo alguno está usado de manera despectiva. Aparte de sus orígenes etimológicos originarios de los tiempos clásicos de Grecia y Roma (oscuro, moreno, con relación a la piel), en la España medieval era la forma habitual de designar en genérico a árabes o musulmanes. Sin más. Curiosamente incluso hasta de manera admirativa como se puede constatar e.g. en «El musulmán heroico que realza al cris-tiano. Los romances moriscos», en materialesdehistoria.org. Puede com-probarse además cómo en el *Diccionario de la lengua española* la palabra *moro* tampoco es peyorativa. Como cualquier palabra, el uso o entendimiento que se le quiera dar es lo que marca el que se tome o use como insulto, cosa que en estos tiempos de ofensa permanente en que lo políticamente correc-to impera, ya no es culpa del autor, ni del vocablo.

difícil tomarles desprevenidos gracias a sus corceles y a que las partidas se organizan de modo que llegan con cierta facilidad —aun arrastrando la reata de prisioneros—, hasta zonas en donde las aún descoordinadas mesnadas cristianas de reinos todavía minúsculos —a excepción del cada vez más pujante de León—, les es imposible contraatacar… si es que quieren salir con bien del envite. Los musulmanes aprendieron más que de sobra la lección en la batalla de Simancas[22] en 939, e intuyen ahora cómo hacer daño sin ponerse en peligro, pues, poco a poco, el «león» cristiano empieza a saber cómo dar certeros zarpazos.

—¡Yusuf! ¡Recuerda bien el apartar esa niña rubia para mí! —gritó el jefe de los ghazi, guerreros que hoy reconocemos más con el nombre de muyahidines, especialmente fieles al islam y, por tanto, en combatir al que consideran contrario al mismo—. El cadí[23] de Córdoba me recompensará con creces si le llevo tan buen presente.

—Así se hará —respondió a su jefe el miembro de la *liwa*, de la compañía musulmana que había realizado con éxito la rapiña humana—. ¡Cierto que es hermosa! Tiene un pelo tan rubio que parece el sol del amanecer.

—No estás hoy corto de entendimiento, Yusuf —le respondió con una sonrisa el jefe moro—. Tan cierto como que no parece sino que ese va a ser su nombre: Subh. La aurora.

* * *

---

[22] La batalla de Simancas confrontó a las tropas del rey de León, Ramiro II, junto con navarros y huestes del condado de Castilla, contra los musulmanes omeyas de Abd al-Rahman III (a partir de ahora cuando se le cite, Abderramán) provenientes de Córdoba. La victoria cristiana permitió establecer las fronteras más allá del río Duero, que quedó en una marca conocida, como defendería Claudio Sánchez-Albornoz, llamada «desierto estratégico del Duero» al haber despoblado tal zona Alfonso I para convertirla en una defensa natural del reino de Asturias.

[23] Hoy, básicamente, sería un cargo equivalente o similar al de «juez», pero con una amplia jurisdicción allí donde tuviera tal gobierno, tanto en temas civiles o religiosos como en labores de notario.

Así quedaría por tanto nominada quien pasaría a la Historia con más nombres o apelativos. Alguno, como el de *al-baskunsiyya*, «la vascona», que reflejaría su incierto origen, pues de tales tierras norteñas, alavesas o navarras vendría. O con el que esta esclava acabaría por ostentar derechos al convertirse en *umm walad*, esto es, «la madre». Madre de heredero, y por tanto la favorita del califa que la hizo suya como parte de su harén. El del califa omeya Al-Hakam II[24]. Nada menos que hijo del gran Abderramán, que había convertido Córdoba en un poderosísimo califato al que se le conocería por tal nombre. Tan poderoso que, tras acabar con sus enemigos fatimíes (esto es, chiíes o ismaelitas) y con los abasíes (de Abbás, tío del profeta Mahoma), pocos Estados (*avant-la-lettre*, se entiende) había en Europa que pudieran competir con él. Tan solo dos imperios: el bizantino, en Oriente, y el Sacro Germánico, por el Norte.

Córdoba se había convertido de manera definitiva en el referente de esa Al-Ándalus musulmana, que a punto estuvo de serlo también de la cristiana. O incluso que ni cristiana sería si en Covadonga y en Poitiers[25] no se hubiese frenado en su momento a los musulmanes. Se construyó una mezquita que pasaría a ser joya del arte para la posteridad. Y una nueva ciudad, una medina, para que fuera novísima capital y envidia en el mundo entero: Medina Azahara. Allí llegará Subh, una niña que apenas tendría conocimiento de su Dios ni de su fe. Una niña esclava, sí, pero que tendría acceso a una preparación y a una formación de la que sacaría buen provecho. Estamos en los albores del primer milenio. No saquemos conjeturas anacrónicas. Pero cierto es que la inteligencia no conoce de sexos. Y Subh (pues no sabemos a

---

[24]   al-Ḥakam ibn 'Abd ar-Raḥmān, o Al-Hakem II, al que nos referiremos a partir de ahora gráficamente, para más fácil lectura, como Alhakén.

[25]   Batallas míticas donde se establece tradicionalmente el freno y la reacción a la invasión en 711 de los omeyas de Damasco a la Península Ibérica y Europa en general. Roncesvalles, en 722 en lo que será el reino de Asturias, que pretende concebirse como heredero del visigodo y dará inicio a la llamada Reconquista. Poitiers, o batalla de Tours, en 732 en territorio francés, ya que Al-Ándalus incluiría también parte de la Septimania gala

ciencia cierta qué nombre le habrían puesto sus ignotos padres en un bautismo del que ni siquiera renegaría, sino que olvidaría por propia lógica de supervivencia), demostraría que la tenía de sobra para hacer todo lo que un hombre fuera capaz de hacer. Y más.

Medina Azahara, año 967

El sol de mayo cae sobre poniente y brilla con una luz tan intensa como el calor que deja, apenas mitigado por la frondosa vegetación del palacio. La terraza más alta domina la ciudad como símbolo del poder de Abderramán. Un poder que ha querido hacerlo ostensible e incluso intimidante. En ella, una mujer de intensos cabellos rubios tañe de manera descuidada e indolente su viejo instrumento. Recorrer con sus manos las tensas cuerdas del laúd le hacen recordar cuando, tras ser preparada como buena mujer para estar al servicio de cualquier hombre, sus habilidades y brillante conversación la destacaron del resto de esclavas provenientes de tan diversos lugares. Como las de tez morena del Magreb, que quedaron presas sus familias y descendientes tras las victorias del califa sobre los fatimíes; como las trigueñas castellanas o alguna exótica de pelo rojo de la lejana Galicia, capturadas como ella y arrancadas de sus lares y su fe.

Sin embargo, y pese a ser adiestrada especialmente como *gawari*, como esclava dedicada a la canción, la música y la poesía, nunca dejó de pensar en la forma de conseguir que los favores que a la fuerza había de prodigar a quien había sido regalada o vendida, pudieran sacarla de una posición que su orgullo y fuerte personalidad veía impropia. Ambición legítima, pero complicada. Más cuando acabas en el harén del califa Alhakén, segundo de su nombre, lo que en principio la podría llegar a convertir en una *sayyida*, una señora, con lo que ello conllevaba... o podía conllevar. Conseguir ser la favorita en un harén resultaba sencillo y complicado a la vez. La manera más habitual era dar a luz un heredero varón, pues la igualdad de trato entre hombre y mujer estaba bien en cuanto a educación y, por así decir, de puertas adentro, pero las cosas públicas, la política y el poder, eran cosas de hombres y coto vedado para una hembra.

Complicado en este caso de manera añadida, pues no parecía que el califa Alhakén, según se decía, tuviera en exceso afán por dar heredero al califato. Al menos el ánimo le fallaba en cuanto a que sus gustos, en extremo grandes para el refinamiento —como no podía ser de otro modo al ser hijo de quien era, y nacer en una joya palaciega como la nueva medina—, no lo fueran tanto en ser aficionado al sexo opuesto. Hombre erudito y amante de la cultura, los libros o las artes, ello no le hacía menos proclive a ser resoluto y no dejar de lado la fuerza, como cuando la tuvo que ejercer contra el levantisco y peligroso reino de León, del que consiguió finalmente un periodo de tregua tras varias conquistas, como la de Atienza o Calahorra. O cuando logró homenaje tanto por parte del rey de Navarra como por el conde de Castilla. Incluso el día que los daneses, en sus correrías, atacaron Al-Ushbuna[26] y, tras derrotarlos con su flota sevillana, preparó otra en Almería para esperar y atacar preventivamente en la mar a los vikingos con el fin de impedir desembarcos. Era culto y refinado, pero no pusilánime.

Aunque eso no fuera acicate suficiente para que su mujer Radhia pudiera darle heredero, pues en tal coyunda no parecía que el deseo permitiera lo que no sería sino milagro casi bíblico. Sin embargo, una concubina de su harén sí le resultaba muy agradable; no tanto por su belleza evidente, cosa de admirar en cualquier caso o condición, sino por su talento. Pues Subh tenía el encanto radicado en su cultura y en la forma en que deleitaba espiritualmente al califa. Aspectos que la convertían a la postre en su concubina favorita. Tanto era así, que la permitía una inusual libertad de movimientos y, si lo deseaba, poder estar también con ella fuera de las privadas y prohibidas dependencias del serrallo. Para conseguir tal cosa no hizo falta mucho ingenio, y sí costura. Le proveyó de ropajes masculinos a la manera y gusto de como era costumbre o estilo en Bagdad (aparte de que efebos y similares era frecuente el que vistieran de tal guisa), para que, junto con un nuevo nombre con que llamarla (o más bien, llamarle), la

---

[26] Lisboa.

conversión estuviera hecha, y las puertas del palacio abiertas para ella. O para Yafar, como le hacía llamar en tales hábitos.

Secreto a voces o no, el caso es que eso le permitió a Subh conocer mucho más sobre lo que su curiosa mente necesitaba. Se sentía en cierto modo libre, poderosa. Y sabía además cómo lograr que los gustos de su señor se adecuaran, mediante este subterfugio aparentemente intrascendente con ese *alter ego* masculino llamado Yafar, a la finalidad que de manera evidente tenía como su concubina: el poder darle hijos. Y lo logró. Sean leyendas, maledicencias o habladurías, el caso es, que, gracias a esta artimaña asumida, Alhakén logró amar en todo el sentido del concepto a una mujer que pariría su heredero: un nuevo Abderramán. En ese momento Subh alcanzaría condición de madre de príncipe. Había conseguido encumbrarse, ser respetada por ser la madre, y obtener dádivas que la hacían poseedora de tierras y riquezas. Máxime cuando solo tres años más tarde daría a luz a otro varón: Hisham. ¿Qué podría ir mal?

Esos eran sus felices pensamientos en la terraza del palacio, mientras contemplaba ese atardecer que luchaba en luminosidad con su cabello, cuando el chambelán Yáfar al-Mushafi, un bereber de origen valenciano, le interrumpió para darle noticia de su encargo:

—*Sayyida*, he encontrado a la persona perfecta para que se ocupe de lo que por ley les corresponde a los pequeños príncipes —casi le espetó con una amplia sonrisa, orgulloso por haber servido tan rápido y bien a su señora—. No creo haberme equivocado con él.

—¿Es de total confianza? —preguntó Subh con la lógica preocupación materna.

—¡Plena! —aseveró el chambelán—. Viene muy recomendado por el cadí al-Salim[27] ¿Queréis conocerlo? Le tengo esperando, por si así gustáis.

---

[27] Muhámmad ibn al-Salim, jefe de la sala de audiencias de Córdoba, donde ejercía como escribano el joven alfaquí (o experto en leyes), que iba a ser presentado como administrador.

Entraron los dos del soleado mirador hacia las dependencias interiores. En una de ellas aguardaba el joven que iba a convertirse en el administrador solicitado. Era de complexión fuerte, mirada penetrante e inteligente, y con un brillo de ambición que podía intuirse en sus negras pupilas. De origen yemení, se ufanaba de que sus antepasados hubieran llegado directamente con Tarik y desembarcaran con él la vez en que los árabes lo hicieran en la Península en 711, cerca de un peñón que hoy lleva jactancioso el nombre del que iniciara la conquista[28]. Subh y él debían de tener la misma edad. Dicen que la atracción siempre es mutua. En este caso lo fue.

—Os presento a Abu Amir Muhammad ben Abi Amir al-Maafirí —introdujo cortés el chambelán—. Estoy seguro de que no os defraudará, señora.

—No lo haré, mi *Sayyida* —se adelantó, sin haber sido preguntado, seguro de sí mismo.

Subh sabía que había encontrado un hombre fuerte con el que dejar de estar preocupada por sus hijos. Por su futuro. Pero el futuro siempre desconcierta cuando se convierte en presente. Cuando crees que todo lo tienes bajo control, siempre puede ocurrir lo que no esperas. Durante varios años la intimidad entre los dos iba a traer al nuevo administrador ascensos y cargos en una simbiosis que parecía provechosa para ambos. Subh moldeaba un fiel aliado en una corte palaciega en donde no podía tener poder visible. Él, al alcanzar nuevas obligaciones en la ceca, ser tesorero, o incluso conseguir el nombramiento de cadí de Sevilla, entre otras encomiendas que le proporcionarían una fortuna notable en corto espacio de tiempo y temprana edad, máxime cuando venía además de orígenes humildes.

---

[28] Táriq ibn Ziyad, conocido como Tarif o Tarik, fue el general bereber que iniciara la conquista musulmana por una zona que guarda varios topónimos que le recuerdan, como Al Yazirat Tarif o isla de Tarif, en la que acabaría una medina cuyo nombre hoy conocemos como Tarifa; y junto a un peñón o Jab al-Tariq, montaña de Tarik, que hoy llamamos Gibraltar.

Subh creía poder tener controlado todo. Menos la muerte. En 970, a los ocho años de darle un heredero a Alhakén, y a apenas tres de conocer al que muy seguramente había hecho su amante, el niño Abderramán murió, y el relevo de la sucesión pasó a su hermano Hisham. El califa estaba en extremo ocupado en mantener a raya tanto a los reinos cristianos por el norte, como en impedir que los fatimíes se organizaran o fueran fuertes en el sur, en el Magreb, dedicado a recuperar territorios ahora que la influencia de los enemigos de su padre había basculado hacia Oriente. Hacia El Cairo. Para llevar a cabo todo aquello tenía que apoyarse en quienes más podía confiar.

Por un lado, en su fiel chambelán, al-Mushafi, que era además y, ante todo, su amigo personal. Por otro, en el general Gálib, un liberto eslavo que obtendrá tal condición en el tiempo del anterior califa Abderramán, y que se ganará con creces el comandar el ejército de manera omnímoda. La corte, pues, tendría que quedar en manos de una mujer. De una que fue esclava. Concubina. La madre de sus hijos. Confidente y, pese a todo, siempre fiel a él, aunque no a su cuerpo. Pues refiriéndonos a fidelidad, esta es más importante cuando lo es hacia el alma. Y Subh nunca dejó de estar agradecida a quien la honraría de todas las maneras posibles.

No le sería tarea fácil. No iba a permitir que eso le sobrepasara o le impidiera demostrar su capacidad. Tampoco había sido sencilla su vida. O enterrar a un hijo. La política de los hombres no era tan complicada si sabes que has de administrar para conseguir más de lo que tienes, no perder lo conseguido y mantener las ambiciones personales tan colmadas como para que nadie quiera obtener más a costa de la tuya. No iba a defraudar la confianza puesta en ella, y gobernaría como ninguna mujer antes lo había hecho en califato alguno. El verdadero protagonista en esos asuntos siempre había sido un hombre. Todo iba a cambiar, al menos de momento. Se jugaba mucho la otrora llamada «vascona», pero si ponía interés, era también porque arriesgaba el de su propio hijo. ¿Una visión matriarcal del poder? Tal vez, pero desde luego sin entrar en contradicción con la fuerza que un gobernante debe tener. Ejemplos veremos en la Historia de España no mucho más tarde: tanto en la granadina y musulmana Fátima Bint al-Ahmar, como con la vallisoletana y cristiana María de Molina. Esto, a lo mejor, las hace más grandes precisamente por el desprendimiento que emanan de ser madres. Y madre solo puede serlo una mujer.

El triunvirato de apoyo a Alhakén funcionaba todo lo bien que se podía imaginar. El general Gálib también hizo uso de la figura ascendente de Abu Amir al nombrarle intendente de los ejércitos califales, lo que añadía un nuevo conocimiento al cada vez más ambicioso amante de Subh. Esta se apoyaba en la figura del fiel amigo de su señor, al-Mushafi, en las labores que Medina Azhara y por extensión, Córdoba, pudieran necesitar. Lo que ninguno de ellos pudo evitar es que el 1 de octubre de 976 Córdoba se viera enlutada como consecuencia del fallecimiento del califa al-Hakam II al-Mustansir bi-l-lah. O aquel «que busca la ayuda victoriosa de Alá». Alá ciertamente le había concedido ver ampliada y apuntalada la obra de su padre, y hacer del califato cordobés un lugar capaz de competir en cultura y poderío con cualquier imperio del mundo. Dejaba una Córdoba ejemplo de modernidad, iluminada de noche, pavimentada, con alcantarillado, con una mezquita ampliada en tamaño y belleza, con decenas de escuelas públicas y una biblioteca sin parangón, incluso para los siglos venideros, si todo hubiera seguido en orden[29]. En paz.

Porque el destino y su precaria salud habían hecho que tuviera que dejar de heredero de toda esa magnificencia a un niño de tan solo once años.

El botín era demasiado suculento como para dejarlo escapar. Quien tenía el poder era débil en apariencia. ¿Acaso se iba a permitir a una mujer convertirse en sultana? ¿En califa, heredera del profeta? ¿Iban a dejar toda esa riqueza en manos de un niño, por más que Alhakén obligara a un juramento de lealtad que asegurase que nada ni nadie detentaría el poder que heredó de su padre y él legaba a su hijo, al verse en los momentos de la enfermedad previa a

---

[29]   La biblioteca era una maravilla que contaba con unos 400 000 volúmenes. Desgraciadamente, una parte fue destruida por Almanzor, otra vendida por los bereberes, y el resto aniquilado por estos durante la guerra civil de 1099.

su muerte? La conspiración no se hizo esperar. De hecho, durante la agonía de Alhakén, la guardia eslava vio la oportunidad de medrar y apoyó, ¡no a un niño y menos a una mujer!, sino a quien también tenía la sangre del califa a punto de fallecer: su hermano al-Mugirá; hijo de la última favorita de Abderramán.

El chambelán al-Mushafi parece dudar. Aunque en apariencia timorato, es hombre eficaz, diplomático y astuto. Deja supuestamente hacer para que la conspiración quede clara. Algunos lo proponen como regente. Otros directamente apoyan apoderarse del trono para que lo ocupe al-Mugirá. Usurpadores potenciales que tampoco tuvieron en cuenta que los otros elementos que habían sostenido al fallecido califa no se iban a quedar indolentes. Era absurdo creer que una madre no iba a luchar a degüello si hacía falta por lo que tanto había medrado justa y legalmente, o que iba a permitir el expolio que se le pensaba hacer a su hijo. Ni que quien tanta sangre había vertido por los califas de Córdoba, el general Gálib (convertido en mano derecha de Subh al contar con su favor), o Abu Amir, iban a permitirlo. No lo harían.

La ambición ya no es que flotara en el ambiente, sino que se había convertido en un virus peligroso. Era momento de afianzar posiciones. Hisham como heredero sería el nuevo califa. La celada al tío pretendiente la prepararía el taimado chambelán. Las órdenes las ejecutaría Abu Amir. Ejecutar... literalmente. Las tropas bereberes no tendrían reparo en hacer frente a los eslavos de palacio, partidarios del cambio. Una transformación que no se llevaría a cabo tras estrangular a al-Mugirá y expulsar a las tropas rebeldes.

La entronización fue un hecho. Subh había logrado influir para que su amante pusiera en el trono califal al hijo de su señor y defendiera sus derechos. Era momento de formar gobierno. En nombre de Hisham se formó un triunvirato: Yafar al-Mushafi se mantuvo como *hayib*, como chambelán. Abu Amir fue nombrado visir y quedó como mano derecha del al-Mushafi. Los ejércitos y la armada siguieron en manos de Gálib. Subh quedó *de facto* como regente, ante la minoría de edad del Califa.

Pero Subh cometió un error complicado de ver ante quien acabaría hasta por ser leyenda, pues había ayudado a crear un monstruo cuya avidez no tenía límites. Para mantener su posición debía continuar apoyada por quienes podían protegerles de complots o invasiones, a ella y al pequeño califa; mantener la paz, el *statu quo* logrado por Alhakén con los reinos cristianos y el califato fatimí, y seguir su obra. Lo segundo podía parecer más complicado que lo primero, pero nada lo iba a ser. Máxime cuando el complot has dejado que crezca dentro de tu alcázar. Cuando has incubado con la mejor de las intenciones un huevo del que acabará por nacer una serpiente. Una víbora nada menos. Aunque no lo sea para todos.

Los reinos cristianos vieron la oportunidad de intentar atacar al poderoso califato. Los fatimíes también hicieron sus incursiones en el Magreb. Pero lo peor se iba a producir dentro de la Medina. Abu Amir empezó a destapar sus ansias y los enfrentamientos con el chambelán fueron cada vez más frecuentes. Subh sabía que les debía mucho a ambos, pero fueron las lanzas de Abu Amir las que la afianzaron en el poder. ¿Le amaba? Seguramente. Demasiado. Eso muy posiblemente la conduciría a su perdición personal.

Las ofensivas cristianas habían sido el detonante del enfrentamiento entre chambelán y visir. Uno apostaba por un planteamiento más defensivo. El otro, por la más brutal ofensiva de aceifas al norte del Duero y hasta el propio Finisterre si era necesario. Con el apoyo de la regente acabó por comandar las tropas capitalinas. El acercamiento a Gálib era ya como probado conmilitón. El prestigio que las incursiones militares del visir le proporcionaban era desmedido.

Saqueó Salamanca. Trajo de sus razias a Córdoba a más de 2000 prisioneros. Venció a los ejércitos coaligados de Ramiro III de León, el conde García Fernández de Castilla y Sancho II de Navarra. Su rapidez y eficacia le proporcionaron no conocer derrota alguna. Ya todos le llamaban no por su *kunya*, por su linaje; ni por su *nasab*, su patronímico o por su *nisba*, como mafirita que era. Nadie le llamaría más Abu Amir, sino que sería su *laqab*, su apodo, el que pasaría a la historia para orgullo de musulmanes y pavor entre cristianos: al-Mansur, el Victorioso. Comenzaba una nueva era para el califato de Córdoba y llevaba el nombre de Almanzor.

Subh siguió creyendo en él y continuó como regente en Medina Azahara. Desgraciadamente el joven califa había heredado la mala salud de su padre. Las tensiones en palacio, además, crecieron. Almanzor entendió como un estorbo la presencia del chambelán, que también acabó enfrentado con el general Gálib pese a que le había nombrado doble visir, esto es, con competencia civil y militar. Así, el que fuera amigo leal hasta el fin a la causa del desaparecido Alhakén, caería en entera desgracia. Subh permitió que los lazos entre Almanzor y el poderoso y respetado Gálib se unieran hasta el extremo de convertirse en suegro y yerno tras una boda donde la magnificencia, según cuentan las crónicas, desbordó todo lo visto. Subh no tuvo que convencer mucho a Hisham, al que como madre y regente controlaba[30], para que nombrara un segundo chambelán en la persona de Almanzor, cosa infrecuente por no decir que irregular en la forma de gobierno habitual. Diríamos que certificó la pérdida de gobierno del actual haciéndole cohabitar con otro nuevo. ¿Veríamos hoy posible que el jefe del Estado nombrara dos primeros ministros o presidentes del gobierno que compartieran el poder? Pues eso fue lo que ocurrió.

Al-Mushafi quedó arrinconado, fue posteriormente destituido, y acabó finalmente encarcelado y malviviendo hasta su oscura muerte. El destino de Subh estaba ahora en la mano de dos gallos, valga la expresión, como Almanzor y Gálib. Y Almanzor ya estaba imparable. Pues ni siquiera su suegro y mentor en tiempos, iba a poder frenarle. De hecho, el enfrentamiento se volvió inevitable. Almanzor llegó a construir su propio palacio, Medina Alzahira, conforme al *hayib* que es. Medina Azahara es el pasado, aunque ahí vivan Subh y el califa Hisham. La primera aún ve en

---

[30] Hay que entender, máxime en aquel momento, que lo que aquí parece transcrito, que se pudiera entender como si fuera Subh una madre controladora y egoísta, no lo es en absoluto. Pues, pasare lo que pasare, y pasará, ella seguirá fiel al legado y linaje de Alhakén, representado en la figura de su hijo. ¿Podemos hacernos siquiera una idea de las presiones que esta excepcional mujer tuvo que sufrir, y de qué manera intentaría siempre estar ahí, omnipresente, en un puesto vedado para la mujer?

Almanzor el valido perfecto para su hijo. El segundo, sabe que tiene en su tutor la mejor garantía para seguir de califa.

¿Fue determinante el apoyo incondicional y la legitimidad que siempre le aportó Subh a Almanzor para que este, pese a su innegable ambición, no quisiera hacerse con el poder y ser nombrado califa en lugar del califa? El caso es que, incluso apartado su suegro el general Gálib, reconvertido en enemigo enconado hasta el punto de enfrentarse en batallas, chocar entre ellos espadas personalmente, e incluso aliarse con sus antiguos enemigos de Navarra y Castilla para intentar derrotar a su yerno, Almanzor mantuvo la supremacía obtenida tras librarse de sus antiguos amigos y compañeros de manera férrea, en base a dos cosas: las innumerables victorias conseguidas con sus tropas bereberes, y la sustentación legitimadora del califa gracias a Subh. La eterna Subh, firme como cada una de las claves de los arcos de la impresionante mezquita cordobesa.

Almanzor atacó Zamora en varias ocasiones, recuperó Simancas, arremetió contra Léon, arrasó Sepúlveda, saqueó Barcelona, devastó Coimbra, asaltó Osma, asoló Astorga y Toro, y pasó especialmente a la historia por su *aceifa* más espectacular contra Santiago de Compostela en el año 997. Justo tras romper su relación con Subh. Muy posiblemente tamaño pillaje tuvo su origen en esta ruptura para consolidar su solitario poder de manera que la legalidad de su posición se viera refrendada por la mayor victoria contra el epicentro de la cristiandad peninsular, y uno de los focos del de toda Europa.

Subh, gracias a su relación de amor e interés mutuo con Almanzor, había logrado en muchas ocasiones vencer las conspiraciones contra su hijo Hisham. Ella recluida tras el vergel palatino de Medina Azahara, y él como brazo ejecutor externo, aunque sin osar tomar la dignidad califal para sí. Esta vez descubrirá en el 996 que la conspiración vendría de quien no podía haberlo esperado: Abd al-Málik, el hijo que Almanzor tuviera con una de sus concubinas, se postulaba como nuevo califa. Una nueva dinastía quería hacerse con el poder. Los amiríes querían obtener su presencia real tras la lejana llegada de Tarik hacía casi tres siglos. Su padre había sido inteligente y fiel a la legalidad de la dinastía Omeya. Y en la medida de lo posible, a Subh. Hisham seguramente nunca estuvo capacitado, quién sabe a ciencia cierta por qué razón, para gobernar más que solo *de iure*[31].

Abd al-Málik había tenido que vérselas con su hermano mayor, Abd Allāh, celoso de que el menor de los hijos fuese el favorito del padre, quien no dudó en conspirar contra su propia sangre junto con los cadís de Toledo y Zaragoza. Incluso pidió protección en suelo cristiano, lo que no impidió que finalmente fuera preso… y decapitado. Abd al-Málik, tan ambicioso como todos en su familia, pero algo más inteligente, logró hacerse nombrar chambelán de Hisham. Subh fue la primera que vio claro el peligro, pero no así el padre del flamante *hayib*. O al menos en apariencia, pues guardó siempre las formas ante ella. La tensión que Subh debía de soportar —las crisis palaciegas, el amparar un hijo seguramente incapaz en el poder, mantener el gobierno y ser, a pesar de todo, «reina» en la sombra— llegó a su punto máximo. Y ese temor por el derrocamiento de su hijo por el vástago de su confidente y amante, de su corregente durante décadas, hizo que Subh y Almanzor se distanciaran, para acabar por romper.

Eran tiempos en que la mujer muchas veces no pasaba de ser mercancía. Adorno especial para el hombre. Cultivada para provecho de quien la disfrutara. Oculta siempre ante la presencia masculina. Pieza de intercambio para alianzas y paces. Bien podemos recordar las rotundas palabras de la infanta Teresa de León cuando su padre Bermudo II la ofreció como garantía para evitar los ataques imbatibles de Almanzor el Victorioso: «La paz de los pueblos debe descansar en las lanzas de sus guerreros, no en el coño de sus mujeres». Subh siempre tuvo claro lo que era, y no lo que querían que fuera o hubiera sido.

La legitimidad por la que tanto había luchado «el Victorioso» podía venirse abajo si Subh hacía prevalecer el linaje Omeya. La ofensiva contra Santiago de Compostela, de la que rapiñó las

---

[31]   De derecho, más que *de facto* o realmente.

campanas de la catedral, transportadas a hombros de los propios vencidos[32], no fue sino el golpe de efecto para demostrar quién era el verdadero *sayyid*, el señor. Pese a que la *sayyida* ya no estuviera. Algo nunca visto en un Califato acostumbrado a que Subh fuera, lo quisieran ver o no, mucho más que una simple madre de califa. La crisis estaba servida. Los intentos por ver que nada pasaba, o que podía ser algo pasajero, se sucedían en apariciones de ambos en desfiles, en marchas triunfales... Subh llevaba tiempo viendo maniobras claras de que la nueva dinastía de Almanzor quería arrebatar en las personas de sus hijos lo que mantuvo de todos modos.

No iba a quedarse inactiva, llegando a recabar fondos para poder pagar ejército propio con que presentar batalla llegado el caso. Dinero con el que comprar voluntades, o sufragar apoyos. Si iba a haber una revuelta, no sería contra los omeyas sino contra los amiríes. Almanzor no iba a poder usar argucia alguna legal para hacer del califa Hisham un pelele, una marioneta en sus manos, fuera de la influencia de su madre. Hay quien dice que las intenciones de Almanzor iban en el sentido de esperar simplemente la lógica muerte del califa, al que sucederían de manera natural los hijos que él había logrado colocar en lo más alto de la jerarquía gubernamental. Fueran las ansias de Abd al-Málik, o que él realmente quisiera dar ya paso a esa dinastía con la que soñaba, para verla con sus ojos, el caso es que siempre se topó con la oposición, ahora ya abierta, de a quien todo debía.

—¿Ahora me sacas de Medina Azahara para llevarme como prisionera a tu Medina Alzahira? —le recriminaría una canosa Subh—. Yo te digo, Abu Amir, mi Muhammad, que nunca volveré a ser esclava. Y tú nunca llegarás a ser califa.

Subh logró hacerse fuerte de nuevo y buscar apoyos propicios para iniciar una guerra abierta en el flanco que más temía

---

[32]   Fernando III el Santo restituirá las campanas de la catedral de Santiago en 1236, tras la reconquista de Córdoba. Dice la leyenda que, ya que Almanzor las hizo transportar a hombros de cristianos hasta Córdoba, a hombros de musulmanes volverían de igual modo a Santiago de Compostela.

Almanzor: el del sur, en el Magreb. Su nuevo aliado sería nada menos que Ziri ibn Atiyya, un poderoso jefe beréber del Magreb. Estuvo a punto de costarle todo lo ganado al que se hacía llamar señor. Sin embargo, su victoria fue el afianzamiento para que el califato de Córdoba acabara por ser finalmente amirí, y su hijo Abd al-Málik, el califa cuando Alá se llevara a Hisham. Quiso antes, Dios o Alá, llevarse a Subh. Agotada. Luchadora hasta el final. No dejaría de ver a su hijo sin dejar de ser califa. Aunque ella ya no fuera nada ni nadie. Dicen que, tras ser desposeída de todo poder, cuando finalmente murió, al-sayyid Abu Amir Muhammad ben Abi Amir al-Maafirí, conocido como al-Mansur «el Victorioso», hizo su oración fúnebre, tras seguir descalzo por toda Córdoba al lúgubre cortejo de la que había sido señora del califato.

No se merecía menos.

BIBLIOGRAFÍA

BALLESTÍN, Xavier: *Al-Mansur y la dawla 'amiriya: una dinámica de poder y legitimidad en el en el occidente musulmán medieval*. Edicions Universitat Barcelona. Barcelona, 2004.

BARIANI, Laura: *Almanzor*. Nerea. Madrid, 2003.

ECHEVARRÍA Arsuaga, Ana: «El azote del año mil: Almanzor, según las crónicas cristianas». http://www.romanicodigital.com

ELIZARAN TXAPARTEGI, Inazio: *Subh la gran sultana vasca*. Edición Punto Didot. Madrid, 2017.

LÉVI PROVENÇAL, Évariste: *Historia de España, IV: España musulmana hasta la caída del califato de Córdoba: 711-1031 de J.C.* Espasa-Calpe. Madrid, 1957.

MARÍN, Manuela: *Las mujeres en al-Ándalus: fuentes e historiografía*. Universidad de Granada. Granada, 1993.

— "Una vida de mujer: Subh". En Manuela Marín & María Luisa Ávila. *Biografías y género biográfico en el Occidente islámico*. Editorial CSIC. Madrid, 1997.

Molina, Luis, ed. lit.: *Una descripción anónima de al-Ándalus*. Consejo Superior de Investigaciones Científicas. Madrid, 1983.

Pérez de Tudela Velasco, Mª Isabel: «La Historiografía reciente acerca de las mujeres andalusíes. Itinerario y balance». Universidad Complutense. Madrid, 2014.

II

SOFÍA CASANOVA

La corresponsal de guerra que pudo ser Nobel

Soy la única mujer española que vengo de aquellos lugares de desolación y muerte, en donde los hambrientos cavan sus fosas y en ellas se matan con sus mujeres e hijos.

Sofía Casanova, 1915

San Petersburgo, marzo de 1918

U N QUINQUÉ DE PETRÓLEO BARATO ahúma, más que alumbra, la triste estancia donde un brasero al menos ayuda a no pasar frío. La nieve cae copiosa, sin que parezca tener fin. La humedad de esa maravillosa ciudad no ayuda a que la sensación real de frío sea menor. Cerca de una las ventanas, se recuesta sobre sus postigos interiores una mujer para escribir rápido y no dejar nada al recuerdo. No hay peor enemigo de la verdad que los recuerdos. Sus notas en el cuaderno, escritas a lápiz, lograrán que todo quede reflejado tal y como pasó.

El rasgueo sobre el papel de algodón de su pluma de madera decorada al estilo ruteno es rápido y continuo. La tinta azul oscura Pelikán seca bien sobre las holandesas. Escribe apoyada sobre un cartón al que añade un papel secante. Los caracteres se suceden sin pausa con una caligrafía imposible. Quiere tenerlo cuanto antes para poder enviarlo por telégrafo a Madrid. Escribe con unos mitones para evitar que la mano se quede agarrotada por el rigor ambiental. En la cocina, su criada Pepa, que le acompaña a todos lados, gallega como ella, le prepara un té con limón mientras añora no contar con algo de miel de castaño con que endulzarlo. Sofía sigue ajena a Pepa, a la nieve y al frío. Escribe...

> Los guardias de la entrada, paisanos armados, caliéntanse en una hoguera. Me preguntan adónde voy; respondo que voy a ver al comisario Trotsky, y me señalan con franco ademán la escalinata. Penetro en el edificio, y en la sala contigua a un vestíbulo, donde se desparraman grandes paquetes de papel, veo sentados en torno de una mesa dos marineros, tres soldados y dos jóvenes judías, que escriben. Repito mi demanda de ver a Trotsky —ministro de Negocios Extranjeros, que es el más interesante de los compañeros de Lenin—, y sin más requisitos nos entregan dos pedacillos de papel timbrado con el número del piso y el número del cuarto donde el compañero Trotsky trabaja[33].

—¡Ay, señoriña! *A min temblame o pulso aínda.*

Sofía deja por un momento de escribir, sonríe a su buena ama Pepa y le dice:

—¡Desde cuando me llamas así, Pepiña! —Y algo burlona pregunta— ¿Tanto te ha impresionado el «compañero» Trotsky?
—*Él non*, señora —responde mientras le sirve el té en una blanquiazul taza de porcelana de Lomonosov que, sorprendentemente, han encontrado en una tienda junto al domicilio y comprado sin dudar—. Ese melenudo con perilla parecía *o diaño pero era pouca cousa. Pero a canalla que estaba con el ben armada si daba medo!*

Sofía ríe franca y, tras dar un breve sorbo a la reconfortante infusión, vuelve sobre el artículo que prepara para el diario *ABC*. Nada menos que la entrevista que acaba de tener con el «más

---

[33] Extracto del artículo «El antro de las fieras», escrito por Sofía Casanova y publicado en el periódico *ABC* de Madrid el 2 de marzo de 1918.

interesante compañero de Lenin». Según le dijo, era un conocedor y enamorado de España donde, no hacía tanto, estuvo para visitar a su amigo (como así le llamó) Pablo Iglesias.

Polonia, septiembre de 1914

La literata, novelista, poetisa y dramaturga española, Sofía Casanova, coruñesa de la parroquia de Almeiras en Culleredo, y que ese año cumpliría los 54, acumulaba experiencia tras experiencia desde que decidiera contar lo que ocurría, una vez estallada la Gran Guerra de 1914, desde Drozdowo, actual Polonia, donde tenía su residencia e iba a visitar a sus hijas habidas con el diplomático de ese país Wincenty Lutoslawaski. Por una de esas coincidencias en los saraos culturales que frecuentaba en Madrid, se lo había presentado Ramón de Campoamor como interesante filósofo, que también lo era.

El territorio polaco, eternamente condenado a sufrir los embates de todo imperio o potencia que lo rodeaba, fuera prusiano, ruso o austriaco, tuvo que aguantar los ataques de las fuerzas en colisión. En este momento de 1914 se trataba de la ofensiva prusiana sobre el ejército ruso que enfrentaría a ambos contendientes en la batalla de los Lagos Masuarianos. Este hecho forzaría a que Sofía y su familia tuvieran que escapar del horror de la guerra, tras haber sido su casa refugio improvisado de la batalla durante un mes. Pero la guerra es difícil de esquivar, máxime cuando te rodea con su pestilencia de barro, sangre y pólvora. Ante ella siempre hay dos posiciones (a parte de la de matar o morir). Hacer algo o solo huir. Sofía fue de las que quiso hacer algo más que alejarse del frente. Mucho más. Así que, cuando ella y sus hijas logran llegar a Varsovia, en realidad conseguirá una labor doble. Una no quería tener más trascendencia que informar al resto de su familia española, mediante unas conmovedoras cartas, de la situación que vivían. La otra, como Dama de la Cruz Roja, atender a tantos heridos como llegaran de los combates.

En este caso su compromiso fue total. Atendió en el hospital de la capital polaca de manera infatigable las consecuencias de la guerra, plasmadas en las tremendas heridas de los soldados evacuados a retaguardia. Destinada en los batallones de los moribundos, donde se apilan auténticos despojos humanos víctimas de los obuses caídos sobre las trincheras, con los miembros amputados, gaseados…, escribe sobre estos últimos: «¡Qué espantosa arma!... salí enferma del hospital... abrasados los labios, hinchada la garganta... arrojaban sangre por la boca...».

Llegan heridos de todos los bandos y, pese a la prohibición expresa del gran duque Nicolás de atender solo a los rusos y no a los alemanes, ella se salta el decreto en aras de la más lógica humanidad, enviando un informe de vuelta con la valentía y el arrojo del que vive el infierno en las miradas agónicas de los otros. No dejará de cuidar a cualquiera que tenga oportunidad. Seguramente en los anales de los tiempos y de todas las guerras habidas jamás se produjo una carnicería tan inmisericorde como la que se desencadenó en la Gran Guerra, o Primera Guerra Mundial, como ahora la conocemos. Ella misma llegaría a decir: «La Historia juzgará esta guerra como un salvajismo impropio de la civilización de estos tiempos»[34].

Está a punto de morir en varias ocasiones. De ser víctima del terrible gas mostaza en el mismísimo hospital, donde muchas compañeras enferman. De caer directamente en primera línea (¿hace falta recordar que abiertas las hostilidades todo lugar en guerra es susceptible de convertirse en «primera línea» aunque no lo sea en ese momento?). Aunque a veces no quedaba otro remedio que ir al frente, como cuando la enviaron en tren junto a otras compañeras a recoger 700 soldados a la localidad polaca de Skierniewice.

Sofia, cuyas cartas se habían convertido ya en crónicas habituales para varios periódicos, no había dejado de escribir, pues su alma literata jamás la abandonaba. Sus reportajes se leían y leerían en *La Época*, *El Independiente* o *El Liberal*, pero pasaron a ser un referente cuando Torcuato Luca de Tena, el director de *ABC*, le hizo en persona la proposición de que fuera la corresponsal de guerra del conocido periódico. Una relación que durará décadas.

---

[34]   Bernáldez Rodal, Asunción. «Sofia Casanova en la I Guerra Mundial: una reportera en busca de la paz en la guerra», *Historia y Comunicación social*, Vol. 18, 2016.

Gracias a su labor como cronista podemos estar al tanto de los hechos que vio y vivió, y los podemos rememorar junto a ella. Como el de Skierniewice: «Por el lado izquierdo aparecía todo el horizonte enrojecido por el intensísimo fuego, que no cesaba ni un instante, por el lado derecho la Rusia blanca y silenciosa… Y por fin llegamos a Skierniewice. ¡Cómo estaba aquello, Dios mío! Heridos, muertos, terror…». Sofía no entiende que nadie pueda ser germanófilo. Como finalmente no entenderá que nadie pueda justificar guerra alguna, convirtiéndose en una firme activista de la paz.

Paz que le costará disfrutar durante las turbulentas décadas en que será testigo de las atrocidades de dos guerras mundiales y de una revolución. Esta la vivirá de nuevo en primera persona sin haberlo imaginado, como consecuencia de tener que huir otra vez, en este caso de Varsovia, en 1915, durante la ocupación alemana.

Escapan de la capital con lo puesto, viendo cómo las llamas convierten en ruinas y escombros recuerdos y pertenencias. De su casa apenas puede salvar un par de libros, algunas cartas, y unas pocas fotos. Marchan en un tren hacia Minsk[35], llegan a Moscú, y desde ahí viajan a San Petersburgo. No deja de informar. Desde su visión humanista católica no puede ni quiere hacer apología de guerra alguna. Entiende que los gobiernos, que los hombres son responsables directos de lo que considera «asesinatos colectivos legales» —casi me atrevo a asegurar que lo hace sin uso del genérico, pues Sofía es una «protofeminista» en muchísimos aspectos[36], aunque su ideología conservadora, monárquica, y la abierta profesión de su fe no le confieran las características esperadas de una feminista al uso—.

En Rusia no dejará de llevar a cabo su labor de notario de la realidad, en tópico común. Su labor humanitaria en Polonia sería reconocida con la Medalla de Santa Ana por el mismísimo zar Nicolás II. No dejará de escribir pese a que, en las cada vez

---

[35] Actual capital de Bielorrusia.
[36] Sofía Casanova llegaría a escribir en 1926 que «Nada hay que dé tan exacta idea de la cultura de un pueblo como la situación que en su sociedad ocupa una mujer». ¿Qué feminista actual no suscribiría tales palabras?

más comunes revueltas del zarato[37], se llevará un golpe que dañará su vista para siempre. Pronto su tema será otro diferente al de la Gran Guerra tras el estruendoso cañonazo disparado por el crucero *Aurora* el 25 de octubre de 1917. La señal para la toma del Palacio de Invierno, residencia en ese momento del gobierno republicano de Kerenski[38]; del inicio de una revolución que cambiaría el mundo hasta nuestros días. Ahí estará Sofía para seguir contando a los lectores de *ABC* —con el retraso evidente como consecuencia de lo precario de las comunicaciones en aquel tiempo, pero sobre todo por lo convulsa de la situación, censura incluida— todos los acontecimientos que se sucedían. Testigo de excepción, escribe:

> Al escribir estas líneas se oyen los primeros cañonazos dirigidos a la roja enorme mole del Palacio de Invierno, donde el zarismo había concentrado sus imperiales esplendores y que ahora cobija al Gobierno republicano, bombardeado por sus contrincantes, los radicales pacifistas. En la negrura de la noche resuenan los disparos de las baterías de la fortaleza y los del crucero Aurora, para rendir el Palacio. El corazón y los nervios de quienes estamos en el centro de esta hoguera sufren, desmayan...[39].

Sofía en principio vio hasta con buenos ojos una revolución que llevara hacia una ruta de progreso, algo que Nicolás II había desechado, al dejar su política en manos de los más conservadores de

---

[37] El zarato de Polonia, conocido también como la Polonia rusa, y sucesor en gran parte del Gran Ducado de Varsovia, fue un Estado creado en el Congreso de Viena de 1815 tras la derrota de Napoleón Bonaparte. Estuvo integrado dentro del Imperio ruso hasta 1915, fecha en que quedó en manos de Alemania durante la Primera Guerra Mundial.

[38] Alexander Kerenski, primer ministro del gobierno provisional de la Revolución de Febrero, que acabaría con el zar Nicolás II derrocado. Eso no impediría al final, meses más tarde, la llegada de los bolcheviques al gobierno en la conocida como Revolución de Octubre.

[39] Extracto de uno de los artículos de Sofía Casanova titulado: «La Revolución Maximalista», crónica de la insurrección bolchevique de octubre de 1917 publicada en cuatro partes en el periódico *ABC* de Madrid los días 19, 20, 21 y 22 de enero de 1918.

sus consejeros. El Domingo Rojo[40] no le resultaría indiferente, aun siendo una convencida monárquica. Sin embargo, el asesinato de los miembros de la familia imperial, los desmanes que viera perpetrados por los revolucionarios, sufridos de cerca, la acabaron por convertir en férrea anticomunista. Dos de sus cuñados fueron acusados de contrarrevolucionarios y, aunque intentó aprovechar el contacto que había hecho con Trotski tras su increíble entrevista, para interceder por ellos, acabaron pasados por las armas.

Años más tarde su convencimiento sobre lo que opinaba del «socialismo real» fue ratificado de nuevo en sus tan queridas tierras de Polonia. Pero para eso quedaban aún al menos veinte años. Para ella, la matanza de Ekaterimburgo[41], significó un antes y un después definitivo de en qué se había convertido Rusia:

> Con la princesa Elizabeth, hermana de la zarina, sacrificaron los bolcheviques a una modesta mujer, una sirvienta lealísima, nacida de campesinos, que no quiso apartarse de su señora en el infortunio. En la mortuoria cantera siberiana cayeron juntas y se confundieron la sangre real y la de aquella hija del pueblo, vertidas ciegamente por la vesanía de la Rusia comunista.

Los meses posteriores a este macabro suceso no harían sino darle la razón. De un extremismo se había pasado a otro. Ella misma corría peligro. ¿Cuánto tardarían, no ya en censurar sus artículos o en impedir que los mandara, sino en cercenar su pluma de madera ante un pelotón de fusilamiento? Definitivamente era el momento de volver a casa. A España. A su Galicia.

Tras un tortuoso viaje en un tren de ganado, acompañada de sus hijas y nietos, regresa a Varsovia. El gobierno español se ha empeñado en traerla con bien de vuelta, y así será. Llega a La Coruña

---

[40] El Domingo Rojo o Sangriento fue una matanza de manifestantes pacíficos perpetrada por la Guardia Imperial rusa el 22 de enero de 1905, frente a las puertas del Palacio de Invierno en San Petersburgo. Se calcula que murieron unos doscientos manifestantes y ochocientos quedaron heridos, entre ellos mujeres y niños.

[41] El magnicidio perpetrado en dicha localidad rusa del zar y de toda su familia, junto con sus acompañantes y sirvientes.

en 1919 y es recibida en loor de multitudes como si de una auténtica heroína se tratara. Atrás deja dos infiernos vividos en pocos años. Intensos. Imposibles. Vuelve a la corte alfonsina donde había logrado hacerse un nombre y una reputación literaria prestigiosa, antes de marchar por matrimonio (un enlace que, por cierto, ha quedado roto y atrás) a Polonia, la que nunca dejaría de ser su hogar.

—¡Ya estamos de vuelta, Pepiña! —exclamó con los ojos acuosos Sofía a su fiel Pepa, frente a la bahía coruñesa.

—¡Ay, señora! —le respondió su criada y amiga—. *Eu cría que non volvería cheirar estes prados nin a miña casa de Mera!*

—¡Pues ya estamos de vuelta! —y cogiéndola del brazo, marcharon hacia otro homenaje que le aguardaba— ¡Recuperemos la vida que teníamos!

Vida sorprendente la de Sofía, pese a nacer en el seno de una familia humilde allá por 1861. Un abuelo marino de El Ferrol será el que tenga que ayudar a salir a su madre y hermanos adelante tras el abandono paterno que las deja en completa penuria.

Aun así, logrará estudiar y terminar de formarse en Madrid, a donde marcha con apenas trece años. Tras fallecer el abuelo, gracias a su vinculación con la Armada, se hace cargo de ella el general Patricio Aguirre de Tejada, que acabaría por ser preceptor de Alfonso XIII. Junto con José Pla, también ferrolano y hermano del marqués de Amboage, lograrán introducir a la joven Sofía mediante el escritor y hombre de la corte, Leopoldo Augusto de Cueto, marqués de Valmar, en los ámbitos palaciegos culturales, como la joven poetisa que era. Ya para entonces había despuntado con su lírica y visto sus poemas publicados en *El Faro de Vigo* tras descubrirlos su madre y decidir por su cuenta, dada la calidad de los mismos, mandarlos al periódico. Se había descubierto un talento, y se lanzaba hacia el éxito fruto de una serie de apoyos y serendipias.

El caso es que ahí vemos a Sofía. En palacio y frente al rey Alfonso XII. Joven e idealista. Sin miedo a recitar ante el también joven monarca —apenas se llevaban cuatro años— un poema de corte social, en el que exaltaba la dignidad y el trabajo humano:

Obreros que alcanzáis nobles victorias
del trabajo en el templo sacrosanto,
humilde obrero soy del pensamiento,
y os envío mi acento
con el saludo fraternal de un canto…

El edecán del rey entró con un recado. Sin embargo, Alfonso XII hizo gestos a Sofía para que continuara. Volvió a entrar con el aviso de que Antonio Cánovas del Castillo, a la sazón presidente del Consejo, le aguardaba. El rey siguió pidiendo bises a la poeta gallega. Una tercera vez el ayudante regio insistió:

—El señor primer ministro espera.

A lo que ya el monarca, rendido antes sus deberes, abrió sus brazos y exclamó quejoso a la propia Sofía:

—¡Ni siquiera me dejan escuchar versos![42]

Alfonso XII sufragó personalmente en 1885 su primer libro: *Poesías*. La vida social de Casanova era ya una flamante realidad. Era recibida en los mejores corrillos literarios de la capital, un prestigio ganado por sus letras para quien se refieren sus coetáneos como una «distinguida señorita que escribe»[43](sic). No de manera despectiva, sino con no disimulada admiración. En esos saraos culturales estará con lo más granado del momento. Desde sus paisanas Concha Espina o Emilia Pardo Bazán, hasta Benavente, Fernández Shaw o Ramón y Cajal, así como con políticos como Segismundo Moret o Antonio Maura. El todo Madrid. Y el todo Galicia, a la que vuelve

---

[42] Karol Meissner, nieto de Sofía Casanova, cita la anécdota ante el monarca en *Las tres muertes de Sofía*. Editorial Akrón, 2007. Los diálogos en cursiva son reales y el poema «El trabajo» fue publicado con posterioridad en el libro Fugaces, aunque Meissner no lo cita. Tan solo señala que «declamaba una poesía que exaltaba la grandeza y dignidad del esfuerzo y del trabajo humano».

[43] Xesús Fraga. «Sofía Casanova como poeta, una "humilde obrera del pensamiento"». *La Voz de Galicia*, 2 de noviembre de 2017.

cada año a disfrutar del verano una vez que marcha, tras su casorio con el diplomático–filósofo, que, como ya hemos citado, conoce en una de las veladas organizadas por Campoamor.

Diplomático que, por razón de su cargo, tenía obligación obvia de viajar, lo que le permitirá a Sofía dedicarse a la que sería casi pasión, aprender idiomas, que le darán acceso a expresarse allá donde fuera. A poder escribir en ellos. Y a comunicarse con personalidades mundiales como la polaca Maria Salomea Skłodowska, a la que conocemos más por el apellido de su marido, Curie, o con el gran novelista León Tolstoi, un hito de la literatura mundial. Acabaría por hablar nada menos que seis idiomas además del español y el gallego: el inglés, el francés, el polaco, el ruso, el italiano y el portugués. Escribiría en *The New York Times* y en la *Gazeta Polska*.

Entró en 1906 a formar parte de la Real Academia Gallega, institución que se creó sobre la base de la idea de su amiga Emilia Pardo Bazán. En 1909 un joven de 23 años ilustrará su libro *Princesa del amor hermoso*: Alfonso Rodríguez Castelao, padre del nacionalismo gallego, que no entrará en dicha Academia hasta 1934, y llegará a ser considerado como el más importante referente de la cultura gallega.

Funda también la inquieta literata el Comité Femenino de Higiene Popular, para dotar de educación a las madres de extracción humilde acerca del cuidado de sus hijos, lo que a nuestros ojos actuales podría ser un afianzamiento de roles de género, pero en aquellos momentos en que se centraban más en las necesidades reales de las mujeres de aquella época, era un avance y una idea práctica y moderna. Sus conferencias eran éxitos asegurados donde hombres y mujeres acudían a deleitarse con la que era ya una novelista y una poetisa de éxito.

Curiosa e inquieta, intenta hacerse un hueco como dramaturga. Escribe en 1913 una obra, *La madeja*, con el ávido interés —como el de cualquier autor—, de verla estrenada. Y para eso se va a acercar al más grande de nuestras letras de aquel momento (si es que tal título fuera posible, habida cuenta de lo granado que podemos encontrar en ese momento en el panorama literario español y sobre lo que sería difícil llegar con seguridad a acuerdo alguno sobre tal honor). El entonces director del Teatro Español: don Benito

Pérez Galdós. La manera en que llega a él la recuerda de manera magistral quien hace de literario celestino, el escritor ferrolano Ramón Goy de Silva que, habiendo conseguido que Galdós aprobara estrenar su obra *El eco*, se verá zalameramente obligado por Sofía a intentar que el ilustre canario añadiera otra obra a la programación teatral madrileña.

Goy de Silva topará con Casanova en casa de su común amiga Blanca de los Ríos, una sevillana casi de la misma edad que nuestra protagonista gallega. Autora prolífica y reconocida pintora, que como ensayista no tuvo precio y como anfitriona cultural, tampoco. Es entonces cuando conocerá Goy de Silva a Sofía que, con el desparpajo y encanto natural que irradiaba, le soltó con una sonrisa que iluminaba tanto como la hercúlea torre coruñesa:

—¡Mi *paisaniño*! ¡Me encanta conocerle personalmente![44]

Y entre la Pardo Bazán y la Casanova se sentó en una espléndida velada el que se convertiría en amigo suyo con el tiempo. Y al que pediría esa intercesión para lograr el sueño de un estreno en coliseo tan codiciado. ¡Y ahí le tocó al bueno de Goy de Silva pedirle favor a don Benito! Quien andaba agobiado por tanto autor que pretendía lo mismo, y en el empeño personal que tenía para que se representara la obra *Nena Teruel* de los reputados hermanos Quintero, que era lo que le apetecía. Tanto insistiera el gallego, hasta cediendo lo ya concedido para su obra, que Galdós no pudo, ante tal desbordante entusiasmo, que darle al menos el gusto de ir a conocer a la aspirante a dramaturga. Así lo hicieron en una visita sorpresa que ella recibió con un alborozo inusitado. Admiraba además a Galdós, habiendo sido, al parecer, la lectura de los absolutamente imperdibles *Episodios Nacionales* —para cualquier español cuando menos—, compañía incomparable en el extranjero. Al abrir la puerta, como nos cuenta el muñidor de tal encuentro, Sofía exclamó sobrepasada:

---

[44] Goy de Silva, «Galdós en casa de Sofía». Artículo publicado en *ABC* el 6 de abril de 1958.

—¡Maestro! —y estrechando sus manos «con filial efusión», condujo a don Benito como un «lazarillo amoroso» a un saloncito donde, una vez acomodado, tiró un almohadón a sus pies en el que Sofía se arrodilló para decirle:

—¡Qué emoción don Benitiño de mi alma! Es comparable a la que sentí en Roma cuando me recibió el papa.

—¡Bueno, bueno, señora —respondió un sonriente y desarmado Galdós—, que no es para tanto![45]

Leyó el primer acto de la obra (más bien la tuvo que leer Goy ante los nervios de Sofía, cuya voz no hacía más que quebrarse) y no quiso oír más el director del *Español*. Se leería ante la compañía del teatro. A los pocos días así fue. Se estrenó por delante de una obra de Valle-Inclán y hasta antes que la de su intercesor amigo. Elogiaron las críticas la obra mas no la interpretación de los actores que, siendo buenos, de cualquier obra pueden sacar oro; pero si la representan con mediocridad como fue el caso, ¡ni firmándola Lope se hubiera salvado! El entusiasmo por haber podido estrenar pudo con la decepción de que no fuera el éxito esperado y que se mantuviera más tiempo en cartel. Pero el caso es que, a los timbres de poeta y novelista, podía ya añadir el de dramaturga. Era feliz. Y así volvería a Polonia. Allí le pillaría su primera guerra. Que no la única.

Varsovia, noviembre de 1939

Sofía Casanova estaba entre la desesperación y la amargura por partes iguales. El pacto de no agresión entre Hitler y Stalin solo había servido para poner a Polonia bajo las botas de los nazis. Había vivido la invasión desde una localidad cercana a la capital, en la casa de un familiar del que fuera su marido. Su inquietud por dar a conocer de nuevo al mundo el horror de una guerra que solo había hecho que empezar, hizo que marchara a Varsovia en busca de la manera de poder enviar lo que anotaba, recogía y transmitía con su particular forma de escribir. Con su cartón y su secante sobre

---

[45] *Ibíd.*

él, Sofía hacía correr la tinta azul sobre el blanco de la hoja mientras narraba sobre la oscura sangre que corría por los campos y ciudades polacas. Los bombardeos sobre Varsovia lograrían que el número de muertos alcanzaran la terrible cifra de 40 000 civiles.

El encargado de la legación española, Casimiro Florencio Granzow de la Cerda, de padre polaco y madre española, sería el gran aliado de Sofía. Este, llegaría a ser Grande de España y se involucraría en contar el horror que se vivía, así como intentar salvar a los judíos que pudiera de lo que iba a ser el terrible y conocido Gueto de Varsovia. El Régimen de Franco había concedido unos salvoconductos para Casanova y su familia por mediación del embajador en Berlín, Antonio Magaz, amigo también de Sofía. Un pasaporte imposible[46], pero que les ponía bajo la protección teóricamente de la embajada española ante el *Reich*. No en vano había en cierto modo apoyado el régimen salido de la no menos terrible Guerra Civil española, pues el anticomunismo que profesaba hacía que viera en la figura del dictador, gallego como ella, un salvador de la que consideraba la peor de las plagas. El propio Franco quiso atraerla en un golpe de propaganda para que apoyara abiertamente la sublevación y el nuevo régimen surgido de Burgos en enero de 1938. Se llegó a producir incluso un cara a cara entre dos gallegos que, permítaseme el manido tópico, no llegarían a un acuerdo claro sobre de qué manera e intensidad Sofía Casanova, mujer ya de indudable prestigio, daría el espaldarazo a Franco. O no. El Régimen con el tiempo, también le devolvería con olvido su aparente tibieza. Aunque, pese a todo, ella acabara pasando por franquista, lo que no ha ayudado a recuperar su memoria como se merece. Pero eso es otra historia.

Sofía quiere mandar crónicas a su *ABC* como sea. La legación española y Casimiro Granzow se van a encargar de ello. Sin embargo, una amarguísima sorpresa la esperaba. Torcuato Luca de Tena, quien la rogara ser su corresponsal en aquel 1915, era el mismo que

---

[46] Según las leyes de entonces, Sofía Casanova se había convertido oficialmente en polaca (no existía la posibilidad de algo como la doble nacionalidad) como consecuencia de su matrimonio con el diplomático Lutoslawaski, aunque ella, evidentemente, siempre se iba a sentir y a considerarse española, incluso intentando el reconocimiento por vía legal.

ahora le negaba publicar, al ser contrarios sus artículos a Alemania, aliada del régimen en aquel momento pese a la neutralidad oficial española en el conflicto. Aquello supuso para la periodista y corresponsal de guerra que había sido, y con galones más que bien ganados, un mazazo del que saldría el silencio. No quería mandar sino lo que veía. «Yo siempre escribo la verdad» le llegaría a decir a su nieto Karol; y no iba a edulcorar o pasar por alto lo que era el horror nazi. Aquellas crónicas recogidas bajo el desgarrador y certero nombre de Polvo de escombros, tendrían que esperar para ser leídas y conocer el martirio sufrido por Polonia.

Martirio aumentado al pasar de las manos nazis, a las soviéticas. El terror rojo, al que tanto había combatido con sus palabras; del que huyera desde San Petersburgo. El que había visto que no iba a asentarse en su España, iba a instalarse en su Polonia. Si quería quedarse en ella, habría de dejar abandonados a su suerte a hijos, nietos… A toda su familia. La octogenaria luchadora decidió con amargura quedarse, en vez de huir a España como hubiera podido. Su tristeza era infinita. Sus casi ciegos ojos ya solo veían a través de recuerdos y de historias para sus nietos.

—¡Cuéntanos más, babunita[47]! —le pedían encandilados por ella— ¿Cómo fue aquello del Nobel?

—¡No, no! —decía otro— ¡Mejor cuando te dieron aquella medalla!

Ella sonreía y recordaba esos viajes que hacía en el periodo de entreguerras para seguir deleitándose de ese mundillo literario y político del que tanto disfrutó. Recordaba, nada menos, cómo el presidente del Gobierno y académico de la Española —de la que llegaría a ser su director—, Antonio Maura, se carteaba con tres mujeres espléndidas: Emilia Pardo Bazán, Concha Espina y ella misma. O más bien ellas con él, pues ya entonces se intentaba, en expresión más afortunada en el español de las Américas,

---

[47] Según su nieto Karol (*op. cit.*), era una forma hispanopolaca de mezclar términos y palabras en ambos idiomas con la que llamaban a Sofía, y que vendría a ser algo así como abuelita.

cabildear, para conseguir favores, posición o premios. Que la vida de un escritor apenas es nada sin ello, y como en cierta ocasión escuchara, «no hay nada más grande que el ego de un escritor». Aunque sea, que una cosa no quita la otra, bellísima persona.

Sofía había estrenado ya *La madeja* en 1913, como vimos, y aprovechó su popularidad para presentar la candidatura al premio Fastenrath[48] de la Academia, con su libro *Exóticas*, declarándose a Maura desde su residencia en Polonia, como «una española fervorosa que no deja de serlo». Premio que, por cierto, se le concederá. Maura tuvo curiosidad por conocerla, ocasión que tendría un par de meses más tarde en una conferencia en el Ateneo madrileño. De ese encuentro quedará una amistad —marcada como siempre en todo aquél que la conocía—, por el magnetismo que Sofía irradiaba. El advenimiento de la Primera Guerra Mundial hizo que la relación quedara en suspenso, pero se volvería a retomar cuando Maura volvió a ocupar la presidencia en 1921 y ella le escribió para darle ánimos por la guerra que España tenía que hacer frente en África.

A raíz de este momento, y aprovechando los viajes que realizaba, pudieron verse en ocasiones, y reafirmar su amistad, con lo que, cuando se produjo una inesperada nominación para Sofía, lo primero que hizo fue mandarle una carta a quien pensaba debería ser su primer valedor como director de la *Real Academia Española*, que era en ese momento. Así, el 1 de junio de 1925, desde la casa de Casanova, en la madrileña calle de Alberto Aguilera, le escribió:

> Como dije a Vd. cuando tuve el gusto de verle, mis paisanos los escritores y catedráticos gallegos me quieren proponer al premio Nobel con la adjunta demanda, que ruego a Vd. autorice con su noble firma, pues no es natural que fuera después de otras, sino la primera.

---

[48] Instituidos en honor del hispanista Johannes Fastenrath Hurxthal, miembro de la Real Academia, entre otras muchas a las que también pertenecía, y que promovería su viuda. Se conceden a autores tanto en lengua castellana como catalana. Los primeros fallados por la Academia y los segundos por el ayuntamiento de Barcelona.

Era un ruego cortés, elegante y sincero. Con él creía hacer lo que su conciencia le dictaba correcto para quien le correspondería hacerlo, si así fuera su decisión. La respuesta de Maura se produjo poco tiempo antes del fallecimiento del político. El duque firmó, y encabezó la solicitud de la candidatura española para el comité de los Premios Nobel de Estocolmo.

Sofía Casanova es autora de más de 1200 artículos (aunque ella jamás se considerara periodista), de obras de géneros como la narrativa (cinco novelas largas, ocho novelas cortas y relatos), ensayo, teatro y también de poesía. Entre las traducciones que nos han llegado (y que también realizó) cabe señalar la de la popular obra del más que conocido y, curiosamente, premio Nobel polaco, Henryk Sienkiewicz: *Quo vadis?* Fue condecorada en 1925 con la Gran Cruz de la Beneficencia, creada para premiar los actos considerados extraordinarios realizados en el transcurso de desastres. En este caso, por su altruista labor durante la Primera Guerra Mundial. Pues Sofía nunca entendió de ideologías cuando lo humanitario tenía que prevalecer.

Como cuando atendiera a los soldados españoles de la División Azul, que por destino o azar vagaban hambrientos y ateridos de frío por Varsovia. Serían acogidos y reconfortados de la mejor manera habida cuenta de las necesidades y precariedad de una cruelísima guerra que afectaba a todos. Estos soldados no la olvidarían. De hecho, a su regreso a España pedían ayuda para ella: «Un aliento de solidaridad hacia nuestra compatriota residente en Polonia» rezaba el titular de prensa en 1944[49].

Apenas la recordaba ya nadie. La que fuera en fama conocida en toda España, leída y admirada, apenas si era un fantasma en la memoria de pocos. El periódico que tanto había significado y supuesto para ella, y que fue la primera en abandonarla —o así lo sintió siempre ella—, publicó el 25 de enero de 1958 un escueto titular perdido entre otros: «Ha muerto Sofía Casanova». Ocurrió en Poznan, una bella y lejana ciudad polaca. Tenía 96 años. Nunca dejó de sentirse española.

---

[49]   Pedro José Villanueva, «Sofía Casanova, historia de una guerra», *La Nueva Crónica*, 29 de enero de 2017.

Sofía Casanova. Una mujer de derechas. Católica. Monárquica. Que ella misma se definió «socialista como lo fue Cristo, poniéndome al lado de los que sufran persecución y hambre». Una mujer compleja. Una mujer cuyo reconocimiento debiera de estar al margen de banderías para admirar como se merece a esta literata, poetisa, dramaturga, y corresponsal de guerra que incluso pudo llegar a ser nuestra primera mujer premio Nobel.

¡Ahí es nada!

Bibliografía

Cabrera Pérez, Cristina: «Sofía Casanova, primera corresponsal de guerra». Universidad de Sevilla. Sevilla, 2010.

Carretero Novillo, José María (a): El Caballero Audaz, «Sofía Casanova». *La Esfera*, 10 de mayo de 1915.

Casanova, Sofía: *En la corte de los zares. Del principio y del fin de un imperio.* Editorial Akron, 2007.

García Calero, Jesús: «Las cuatro guerras de Sofía Casanova». *ABC*, 21 de febrero de 2016.

Martín Rodrigo, Inés: *Azules son las horas.* Espasa Calpe. Madrid, 2016.

Martínez Martínez, Rosario: *Sofía Casanova: mito y literatura.* Xunta de Galicia, 1999.

Osorio, Olga: *Sofía Casanova.* Xunta de Galicia, 1997.

Queralt del Hierro, Mª Pilar: «Una española en la Revolución Rusa: Sofía Casanova». *Qué leer*, 2017.

Simon Palmer, María del Carmen: «Correspondencia de Antonio Maura con Emilia Pardo Bazán, Sofía Casanova y Concha Espina». *Revista de Literatura*, 2008.

Turrión, María José: «Sofía Casanova, una reportera en la Gran Guerra». *El País*, 23 de enero de 2014.

III

LAS MUJERES DE PALENCIA

Cuando la batalla tiene nombre de mujer

En tus muros se estrella Lancaster,
triunfa de él la mujer palentina
y al impulso de la Estudiantina
se instituye la Universidad.

Himno de la ciudad de Palencia

Aljubarrota, 1385

LOS EJÉRCITOS CASTELLANOS HAN SIDO DERROTADOS por las tropas portuguesas. Portugal seguirá siendo independiente.

La posibilidad de que suceda en el trono al fallecido rey Fernando de Portugal la esposa de Juan I de Castilla, doña Beatriz, hija del finado rey portugués y por tanto legítima heredera, llevará a un enfrentamiento que devendrá en guerra entre ambos reinos. Estamos en los tiempos en que la Península llevaba varios siglos de luchas en dos frentes. En el norte, entre los diferentes reinos y condados que se están formando y quieren arrogarse la unicidad peninsular preexistente a la invasión musulmana; la de la añorada época de los visigodos. En el sur, precisamente contra quienes la quebraron. Árabes, almohades, almorávides o los que en cada momento intentaron reinar sobre lo que los sarracenos denominan al-Ándalus. Un territorio que iba a llegar más allá incluso de los Pirineos. Hasta el noreste galo. Pero, inexorable y lentamente, cada vez más reducido. Especialmente tras el golpe recibido en la batalla de las Navas de Tolosa en 1212. Un punto de inflexión fundamental para la conocida como «Reconquista». Con posterioridad, las tomas de Córdoba

(1236), Jaén (1246) y Sevilla (1248) por Fernando III (único rey santo en la Historia de España), como veremos en el capítulo X dejarían reducidas las posesiones en la Península Ibérica a quienes la dominaran casi por completo, tan solo al reino nazarí de Granada.

La Corona de Aragón se había hecho poderosa al este peninsular, con los reinos de Aragón, Valencia, Mallorca y los condados catalanes unificados bajo la denominación de principado. La Corona de Castilla, pujante sobre la de León, pese a ser este reino más importante en principio (en él quedaban incluidos los ya inexistentes de Asturias y Galicia), añadiría esta corona castellana a sus territorios los andalusíes, el de Murcia, junto a las regiones que ya estaban, como el señorío de Vizcaya, el condado de Álava, y la reincorporada provincia de Guipúzcoa. Solo dos reinos cristianos quedaban al margen: el de Navarra (disputados sus territorios con Francia), y el de Portugal. El primero se anexionará por las armas en 1515. Pero con Portugal únicamente la política de matrimonios y herederos podría acabar en triunfo. Como sucederá al final, con gran éxito, entre Aragón y Castilla mediante el matrimonio entre Isabel y Fernando, los llamados Reyes Católicos.

A punto estuvo de que fuera el territorio luso el que se unificara antes con el castellano, pero tendremos que esperar hasta 1580 para que Felipe II de Austria, ya rey de España, consiga ser el primer monarca ibérico gracias a sus derechos como hijo de la emperatriz Isabel, a su vez heredera de su progenitor el rey Manuel I de Portugal. Pero esa es otra historia[50]...

---

[50] Felipe II de España sería proclamado ante las Cortes portuguesas como Felipe I de Portugal. Esta unión sería efectiva hasta 1640 con Felipe IV (III en Portugal). Para España, debilitada por su guerra con Francia, la sublevación que se produjo en Cataluña (la Revuelta de los Segadores) supuso un agravante, especialmente cuando las tropas portuguesas no quisieron combatir contra los sublevados, situación que el gran enemigo de la Monarquía Hispánica, el cardenal Richelieu, que gobernaba realmente en Francia, aprovecharía para promover un secesionismo portugués que, desgraciadamente para el iberismo, tendría éxito. Como curiosidad, Ceuta, territorio portugués, decidió libremente continuar bajo la Corona hispana, lo que le valió el título de Fidelísima. Paradójicamente, el escudo de armas de esta ciudad mantiene hasta nuestros días las de Portugal.

En estos momentos Europa está en guerra y Castilla en guerra civil. De una parte, la llamada Guerra de los Cien Años enfrenta principalmente a Inglaterra contra Francia, pero junto a ambos contendientes nos encontramos que intervienen más partes beligerantes. Los ingleses tendrán con ellos a borgoñones, bretones, normandos y portugueses. Los franceses, a genoveses, escoceses, aragoneses, navarros y checos del reino de Bohemia. ¿Y los castellanos? Los localizaremos en ambos bandos en según qué momento. Cosa tampoco rara, pues los bretones harán lo mismo y los borgoñones cambiarán de facción casi al final de la guerra. En nuestro caso, el cambio ocurrirá como consecuencia de un enfrentamiento interno. Parece que el *guerracivilismo* de alguna manera lo tenemos metido en nuestro ADN histórico desde que se enfrentaran en Hispania los *populares* de Quinto Sertorio contra los *optimates* de Pompeyo Magno casi cien años antes de que naciera Cristo.

Nos encontraremos en un punto en que dos ramas quieren hacerse con el cada vez más poderoso trono castellano. Ramas de un mismo tronco como no podía ser de otro modo. De una misma sangre: la del rey Alfonso Onceno. Por un lado, su primogénito Pedro, nacido de su unión con la hija del rey de Portugal Alfonso IV. Por otro, Enrique, uno de los muchos que tuvo fuera del matrimonio con su amante Leonor de Guzmán. Intentar narrar lo que supuso esta saga familiar alfonsí sería enormemente complejo; a la altura de cualquier producción habitual desarrollada en cientos de capítulos, con todos los tópicos de las telenovelas de nuestros hermanos de Venezuela. O de popularísimas series anglosajonas, como la saga literaria llevada a la televisión con el título *Juego de Tronos*[51], que, en comparación, parecerían más bien cuentos moralizantes para infantes inocentes. Porque nada más real que este juego de tronos hispano que no carece de

---

[51]   *Juego de tronos* (*Game of Thrones* originalmente) es una serie de televisión estadounidense de fantasía medieval, drama y aventuras creada por David Benioff y D. B. Weiss para la cadena HBO. Está basada en la serie de novelas *Canción de hielo y fuego*, del escritor estadounidense George R. R. Martin, cuyo primer libro se titula de igual modo.

nada: ambición, adulterio, batallas, asesinatos, sexo, fratricidio… ¡Solo faltan dragones!

El caso es que, a la muerte del rey Alfonso XI, toma posesión del ansiado trono Pedro, que en la historia nos iba a llegar, en un curioso acto de desdoblamiento, con dos sobrenombres: el Cruel y el Justo. Está claro que el concepto de márquetin político no es nuevo. Ni analizar un personaje sobre la base de qué bando se trate el que lo adjetive. ¿Cómo lo conocemos más? ¡Evidentemente por el primero! Lo que significa que, si es cierto que la historia la escriben los vencedores, el otro bando, el que le denominará como cruel fue el que alcanzó el triunfo. Bando en el que nos encontraremos a su hermanastro Enrique que, tras muchos complots, rebeliones y búsqueda de aliados, el que era conde de Trastámara (título dado por el rey, su padre), tras pasar él y sus mesnadas a servir a los reyes de Francia y Aragón, después de varias sublevaciones frustradas como consecuencia del enfrentamiento que tuvo Castilla con Aragón, vio ahí la posibilidad de dar ayuda a cambio de reconocimiento.

También ingleses y franceses apostaban y tenían su candidato. El Príncipe Negro, Eduardo de Woodstock, príncipe de Gales, se inclinaba por Pedro de Castilla. Carlos V de Francia, por Enrique de Trastámara. Para ayudar a este el francés mandaría a su condestable Beltrán Duguesclín, quien tras gran cantidad de combates y batallas sería figura decisiva y acabaría por conseguirle el trono a Enrique[52].

Enrique II de Castilla, que con ese nombre pasaría a la historia, iniciaría una nueva dinastía, la de los Trastámara. Le sucederá su hijo Juan, nacido en Aragón antes de que su padre lograra el título de rey. Será, por cierto, el último soberano al que

---

[52] Es el momento en que Beltrán, tras el último combate en Montiel, Ciudad Real, prepara una trampa para atraer con engaño al rey Pedro a su tienda. Allí le esperaba el bastardo Enrique, que se lanzó contra su hermanastro. Puñal contra puñal, quedó Pedro sobre Enrique. Ante tal situación Beltrán hizo lo mínimo, y empujó a los contendientes para que quedaran en posición invertida. Así mató finalmente Enrique a Pedro y dejó expedito su acceso al trono. Aún se recuerdan las palabras del felón francés ante su acción: «Yo ni quito ni pongo rey, pero ayudo a mi señor».

se coronará como otras monarquías todavía hacen, pues a partir de él y hasta el actual rey de España, Felipe VI, los monarcas serán proclamados ante las Cortes tras jurar leyes y fueros, para entonces, y solo entonces, sentarse en el trono y ser aclamados. Pues el pueblo sería soberano hasta para nombrar reyes. En aquellos tiempos, al menos en apariencia; hoy, totalmente. Pero eso nos da una visión de la modernidad jurídica que la monarquía hispana tuvo y ha tenido, y la importancia del incipiente parlamentarismo en los reinos peninsulares[53].

Cuando Juan I es coronado, la Guerra de los Cien Años continúa como una sangrienta realidad. El Trastámara sabe bien que su padre le debe el trono a Francia, y por eso el cambio de facción antes mencionado, que llevará incluso a que una flota castellana al mando del almirante Fernando Sánchez de Tovar, llegue casi hasta Londres y amenace seriamente la capital inglesa. Lo contará el cronista Pedro López de Ayala: «Ficieron gran guerra este año por la mar, e entraron por el río Artemisa [Támesis] fasta cerca de la cibdad de Londres, a do galeas de enemigos nunca entraron»[54].

A Juan I le interesaba esta alianza francocastellana por otro motivo. Había aparecido un candidato a usurparle el trono en la figura del duque de Lancaster: Juan de Gante, de la casa de los Plantagenet[55]. A la muerte en 1377 de su hermano el príncipe de Gales, el ya citado y famoso Príncipe Negro, el hijo de este accedió al trono de Inglaterra con solo diez años. Fue necesaria una regencia, donde el duque de Lancaster, obviamente, protegió los intereses de su sobrino… y los suyos propios. Cuando por motivo

---

[53]   Parlamentarismo que, como está reconocido por la UNESCO, y así está registrado desde 2013, tiene sus orígenes en las Cortes de León de 1188 convocadas por Alfonso IX.

[54]   Pedro López de Ayala (1332-1407). *Crónicas de los Reyes de Castilla Don Pedro, Don Enrique II, Don Juan I, Don Enrique III*. Biblioteca Virtual Cervantes.

[55]   La casa de Plantagenet sería una dinastía que gobernaría Inglaterra desde que así lo hiciera su fundador, Godofredo de Anjou, que en la batalla llevaba en su casco para ser reconocido una rama de retama o genista. De ahí su apodo. De esta casa son los conocidos reyes Ricardo Corazón de León o el llamado Juan Sin Tierra.

de todas estas cambiantes alianzas que reflejamos, Juan de Gante se casó con Constanza de Castilla, hija del rey Pedro I (el Cruel o el Justo), su padre el rey de Inglaterra, Eduardo III, decidió proclamarle directamente como rey de Castilla. Nada menos. Solo había un problema, en Castilla ya había rey, Juan I, pero por la acción de su padre Enrique a la hora de serlo y por su origen bastardo, tenía una precaria legitimidad de la que el duque de Lancaster, al estar casado con la hija del verdadero monarca a los ojos de muchos, quería aprovecharse.

¡Qué mejor momento que llevar a cabo y hacer efectiva su reclamación al trono castellano en esta situación de debilidad en la que se había metido Juan al querer hacerse con Portugal! Así, el yerno de Pedro I de Castilla se lanzaría al ataque y conquista de las tierras hispanas. La batalla de Aljubarrota el 14 de agosto de 1385 fue el detonante. Enfrentamiento que se ha convertido en un hito transcendental en la historiografía portuguesa y para los portugueses en general[56]. Tan es así que la tradicional amistad anglolusa tendrá un claro precedente en el Tratado de Windsor que se firmaría en 1386. ¡Castilla está en un brete!

La batalla, perdida por Juan I, pese a su aplastante superioridad numérica en caballos, bagajes y efectivos, tuvo como consecuencia además una mortandad de miles de hombres. Las tropas, diseminadas. Los ejércitos, diezmados. ¿De qué había servido montar incluso una armada para cercar Lisboa también por mar? ¿Dónde quedaron los integrantes de un ejército de 40 000 efectivos que invadieron Portugal para hacer prevalecer por las armas el Tratado de Salvaterra de Magos[57]? Casi 10 000 muertos

---

[56] Para darnos cuenta de la magnitud que para Portugal supone esta batalla (por otro lado, lógicamente olvidada en España), basta con hacer una visita al monasterio mandado construir tan solo un año después de la misma, con el nombre de Santa María de la Victoria, y conocido como Mosteiro da Batalha, o Monasterio de la Batalla. Patrimonio en la actualidad de la Humanidad por la UNESCO debido a su magnificencia artística. O leer el canto de *Os Lusíadas*, joya de la literatura lusitana escrita por uno de los mayores poetas portugueses: Luís de Camões.

[57] A la hora de realizarse el matrimonio entre Beatriz de Portugal, hija del rey Fernando I, con Juan I de Castilla, y asegurar la continuidad en el trono, se

castellanos. Más de 5000 prisioneros. «*A sublime bandeira Castelhana / foi derribada aos pés da Lusitana*»[58]. Castilla estaría no menos de dos años de luto…

Era necesaria esta introducción tan extensa sobre el acontecimiento protagonista de este capítulo para entender la situación de Europa en ese tiempo; cómo se consolidaban reinos o entraban en crisis, con territorios que se añadían o incorporaban unos a otros. Una victoria podía cambiar la Historia para el futuro. ¿Podemos, por ejemplo, pensar en una Francia actual más pequeña con reinos o Estados independientes? ¿Cómo podía ser hoy una hipotética nación de Borgoña independiente? ¿Una Inglaterra continental que a lo mejor sería un Reino Unido, pero entre Inglaterra y Normandía y no con Escocia, que a su vez estaría emancipada? ¿Podemos imaginarnos que Castilla hubiera pasado a manos de una dinastía inglesa o que Portugal y Castilla hubieran protagonizado una unión dinástica al margen de la Corona de Aragón?

Todo habría sido posible. Actos, batallas, hechos concretos, hacen que lo que ahora nos planteamos como ucronías hubieran podido convertirse en realidad. Aljubarrota fue uno de esos momentos en que los amantes de la mecánica cuántica y de los multiversos pondrían como fecha para que unos (improbables) viajeros del tiempo cambiaran el devenir de los acontecimientos. Lo que esa derrota tan aplastante sobre las tropas castellanas supondría, podría dar la victoria a los ingleses del duque de Lancaster. ¡Castilla podría ser inglesa! Pero siempre tuvimos quienes defendieran su tierra, esta, al margen de su condición o de su sexo. Y este hecho, tan sorprendente como trascendental y desconocido, fue uno de ellos.

* * *

---

llevaron a cabo capitulaciones matrimoniales. Se firmaron el 2 de abril de 1383 en la localidad de Salvaterra de Magos y quedó estipulado que, a la muerte del rey portugués, caso de que no hubiera hijos varones, la corona pasaría a su hija, y su marido se podría titular como rey de Portugal.

[58] Camões. *Os Lusíadas*. Canto IV. Estrofa 40.

El rey portugués ya ha pasado a la acción. Ha recuperado territorio propio y varias plazas que se mantenían leales a Beatriz de Portugal. Villareal de Pavões, Chaves y Bragança capitularon a finales de marzo de 1386. Almeida lo hará a principios de junio. El Tratado de Windsor ha logrado el apoyo explícito de Portugal y hecho legítima la aspiración de Juan de Gante, duque de Lancaster, y de su mujer Constanza de Borgoña, hija de Pedro I, infanta de Castilla. Lancaster invade la Península por Galicia el 25 de julio, con un desembarco en La Coruña. Establecerá su corte en Orense. Junto con el nuevo rey de Portugal, Juan de Avis, que reina como Juan I, estudia el plan para avanzar por lo que era el reino de León.

Juan I de Castilla convoca Cortes en Segovia ante la crisis evidente. Se ha pasado de estar a punto de conseguir un nuevo reino para la Corona, a poder perderlo todo. Hay que hacer levas e intentar reorganizar de nuevo el ejército. Hay ciudades que tras la gran mortandad de la malhadada batalla de Aljubarrota se quedan casi indefensas. Todos los hombres disponibles tienen que acudir al llamamiento para defender a su señor natural contra los extranjeros que invaden las tierras de sus ancestros. Podrían llegar con rapidez y sin apenas resistencia a Zamora y a Toro.

Palencia es una de las ciudades por obvia proximidad a la zona del ataque angloluso, donde se aprestan sus hombres a unirse a la leva; a combatir contra el ocupante portugués. La pinza entre las tropas que han cruzado el Duero, y las inglesas que vienen por el norte es clara. Los hombres recogen sus armas. Cada cual la que tiene. La que puede. Las Cortes han dado mandato claro. No van a dejar de lado a su rey. Y allí marchan para enfrentarse en combate contra quienes han hollado suelo patrio. En la ciudad les despiden las mujeres, los niños. Acongojadas por verlos partir sin saber si será la última vez que lo hacen. No parten para arar los campos. Ni para recoger el fruto de las vides. Ni para segar las mieses. Parten para segar vidas. Para proteger las suyas.

La línea defensiva quiere hacer un frente que vaya desde León a Toro, pasando por Benavente y Zamora. Las tropas castellanas no están en su mejor momento. Sin embargo, nada hay más peligroso que un animal herido. Castilla lo estaba. El ancestral reino de León pisoteado por botas extrañas... Lancaster cree que tiene la victoria fácil. Sin embargo, se encontrará con una resistencia inesperada en el centro de ese despliegue: en Benavente. Juan de Gante no se la quiere jugar. Mejores batallas se pueden dar y ganar. Y la línea defensiva, al fin y al cabo, está rota. ¿Para qué gastar hombres cuando hay paso expedito hacia el centro del reino? Mueve sus tropas en aparente huida, pero hacia el interior peninsular. En los cercanos pueblos de Valderas, Medina de Rioseco, Villalón de Campos... entra el pánico. Se ven perdidos. El camino a Palencia está libre. Caída Palencia, Valladolid y la misma Segovia pueden ser las siguientes.

No queda otra opción más que dejar tierra quemada al enemigo. Si siempre se cuenta como expresión que «al enemigo ni agua», hasta el vino se derrama si no es posible transportarlo. A lo plantado se aplica fuego. Que nada encuentre de provecho. Que su saqueo sea yermo y con suerte la falta de víveres de algún modo le detenga. No le detuvo. El enemigo sabe de la cercanía de una ciudad de renombre. No en vano había sido sede del prestigioso *Studium Generale*[59] con rango casi como el que tenía la Universidad de París. Sería un lugar perfecto para avituallarse, tomar descanso y protegerse en su interior. Conquistarla sería cosa hecha. Con todos los hombres alistados en las tropas del rey Juan, y estas dejadas a sus espaldas, los soldados de Lancaster no imaginan que pueda ocurrirles nada. Palencia ya casi está a la vista. Desde el camino se divisa a lo lejos la almenada torre de San Miguel, iglesia que tuviera el honor, según se dice, de ver el enlace de Rodrigo Díaz de Vivar, el Cid, con doña Jimena.

---

[59] El *Studium Generale* fue fundado en 1208. Los Estudios Generales son el antecedente de lo que hoy conocemos como Universidad (la primera en el mundo que se denominaría así fue la de Salamanca), siendo la de Palencia otra de las precursoras. Es posible que fuera el germen de la creada en 1241 en Valladolid, a donde pudiera haberse trasladado.

La Península Ibérica en la segunda mitad del siglo XIV. Lo que se ha dado a llamar «La España de los Cinco Reinos», sería de las dos coronas y los tres reinos, pues las Coronas de Castilla y la de Aragón se formaron asimilando una serie de reinos que incluso serían usados como moneda de cambio en las luchas de poder, al tener todavía los territorios un carácter patrimonial. Todo esta división territorial interna en cada corona seguiría presente posteriormente con sus diferentes Cortes, leyes propias y fueros, durante siglos. Cuando se habla de las Españas no deja de haber cierta razón histórica para ello.

Palencia, mayo de 1388

Las campanas de San Miguel empiezan a sonar a rebato. Todos los vecinos saben ya qué significa, aunque son sobre todo vecinas, pues varones solo quedan ancianos y niños. Creían estar en una ciudad segura. Hasta hoy.

—¡Los ingleses! ¡Que vienen los ingleses!

El clamor es ya pólvora hecha calles por donde arde la noticia con la celeridad de la yesca. El alboroto de gritos y ayes es parejo al doblar alocado de las campanas. Algunas de las mujeres suben a la torre de la iglesia, que más parece castillo, para poder ver mejor el peligro que se cierne sobre ellos. Otras, a las murallas. Algunas, a San Antolín, la vieja catedral en obras donde el gótico se abre paso sobre el románico. Por el oeste se divisan pendones azules con doradas flores de lis; bermellones con dorados leones. Pero no los leones púrpuras ni los dorados castillos de las armas de León y Castilla. Las noticias que en su momento les llegaran como rumores ahora se hacen realidad ante sus ojos. No otras tropas pueden ser sino las del pretendiente —que en mala hora venga, murmuraban entre dientes muchas— del duque de Lancaster. Hay que llamar a concejo.

—¡Señoras! ¡Vecinas! —intenta poner orden en la plaza mayor donde todas se han concentrado, quien ejerce de alcaldesa en funciones—. ¡Haya sosiego! Que con gritos o lamentos no se va a ir el inglés.

—¿Y qué propones? —pregunta una de las presentes.

—¡Quién sabe si nuestros hombres estarán ya todos muertos! —espeta otra.

Ese pensamiento de pronto se instala en la plaza. Si el invasor había llegado tan lejos era por alguna circunstancia. Nada bueno. Sin embargo, raro era que no hubiera alcanzado a la ciudad noticia de batalla alguna. A menos que, de tan cruenta, ninguno hubiera podido volver grupas y huir para dar aviso de lo acontecido. No. Algo había pasado, pero no tan malo como se podía imaginar. Tal vez fuera oportuno mandar algún zagal para buscar a las tropas del rey Juan. Para ver dónde estaban los hombres de Palencia. Si muertos sobre el campo de batalla, o ignorantes de que su ciudad iba a ser tomada. Siempre y cuando el enemigo lo lograra, pues no se lo iban a poner fácil.

—¡Palentinas! —exhortó la alcaldesa ocasional haciendo que su voz quedara sobre la de todas—. ¡Ni está todo perdido, ni Palencia tomada! No vamos a dejar que nuestras casas, nuestros hijos, nosotras mismas, sean presa fácil para el inglés.

»Seguramente no esperan otra cosa sino paso franco por nuestras puertas. ¡Pero yo os digo que ni por la de la Puente por donde se les atisba, ni por la de Monzón, ni por la del Paniagua, ni por San Lázaro! ¡Por ninguna puerta pasará hombre que no sea castellano! Y si intentan escalar nuestras murallas, ¡allí les esperaremos para lanzarlos al río de cabeza y que el Carrión los lleve al mar, de vuelta a su isla!

Ni una palabra más hace falta. Enseguida todas se movilizan. Buscan armas que pudieran haber quedado —arcos, preferentemente—; toman pértigas para empujar escalas —incluso valen los mismos rastrillos—; comprueban el material con que defenderse desde las barbacanas y que se pueda arrojar desde las troneras. Se afilan hoces, cuchillos y guadañas. ¡Hasta las azadas! Todo lo que pueda ser útil para la defensa se dispone a lo largo de las murallas.

Desde la torre de San Miguel puede atisbarse cualquier movimiento de los de Lancaster. El río ayudará como defensa natural. El puente no será sencillo de cruzar si logran los soldados llegar ante su puerta. Para vadearlo tendrán que formar estrecha hilera que convertirá a los asaltantes en blancos fáciles de alcanzar, aun tirando a bulto.

Los ingleses apenas si preparan un vivac ante la ciudad. Enrabietados tras no poder conseguir botín alguno en los pueblos y villas anteriores, la visión de la galana ciudad se les ofrece como merecido trofeo. El labrantío no se ha tocado, pero ni una cabeza de ganado hay a la vista. Ni ternero despistado ni oveja descarriada puede descubrirse. Mejor. Todo estaría bien guardado dentro, estabulado y a la espera de ser rapiñado. Los exploradores de Lancaster llegan a dar cuenta de su batida tras otear bien las defensas y el estado de la ciudad. Sobre la puerta de la Puente flamea una bandera carmesí con una cruz de oro. La Cruz de la Victoria que el rey Alfonso VIII, el de la Navas, le otorgara al obispo de Palencia, Tello Téllez de Meneses —el mismo que fundara los Studium Generale—, por la heroica actuación de los palentinos en la famosa batalla de las Navas de Tolosa, dada el año 1212. Una jornada en que se llenaron de gloria. Veremos si las palentinas son ahora capaces de hacer lo mismo.

—¡Señor! —se presentan los rastreadores ante el duque—. No hay vestigio de hombre alguno. Por las almenas nada más pueden verse mujeres. Imagino que creían a sus maridos de vuelta o que comprobaban quiénes éramos.

—¿Mujeres? —pregunta extrañado el de Lancaster.

—Sí, alteza —responde otro de los batidores—. Solo ellas defienden la ciudad.

—¿Que «defienden» has dicho? —repite burlón el lugarteniente inglés del duque que se encuentra a su lado—. Veremos qué tardan más en abrirnos, si las puertas, ¡o sus piernas!

Por chanza era tomada tal defensa imposible. Se aprestaron por tanto al ataque. No sería cosa complicada. Se les haría admonición para que abrieran las puertas y les dieran paso. Si osaran no hacerlo —no había tiempo, ganas ni víveres para plantear un asedio—, se tomarían las murallas. ¡Y por San Jorge que esa noche dormirían en Palencia!

La demanda con la que se pide franquear las puertas resulta inútil. ¡Ilusas mujeres! ¿Acaso esperan combatir ellas a todo un ejército? ¡Una milicia con faldas! Qué desatino. Se prepara, pues, el asalto. Se lanza con escalas y cuerdas engarfiadas. Pero nada sale como se suponía. Desde lo alto de las murallas la resistencia llega primero en forma de todo tipo de proyectiles. Aceite hervido convertido en cascadas que abrasan a los soldados que más se aproximan a las murallas. Escalas rechazadas por las mujeres, que las empujan con las horcas que tienen. Cuerdas, cortadas con hachas. Algunos ingleses llegan a pisar las piedras palentinas solo para encontrarse con la muerte a manos de quienes blanden, aguerridas y sin miedo, cualquier cosa que permita defender y atacar en singular combate.

Lancaster no da crédito. ¡Sus hombres derrotados! Su pendón incapaz de subir y tremolar donde aún sigue el castellano. Mujeres que combaten como los más valerosos caballeros con que se haya enfrentado. ¡Vencido por un ejército de mujeres! Y sin remedio. Sin bombarda o máquina de asedio alguna que ayude a la acometida se hace imposible la victoria. Imposible llegar con minas por la zona del río. El tiempo, además, apremia. Uno de los exploradores de retaguardia, dejados para no ser pillados a traición por la espalda, llega con una noticia aún más preocupante: Las huestes de Juan I de Castilla se han rehecho y, a saber por quién o cómo, conocen el asedio a Palencia y marchan a buen paso hacia ellos.

Mujeres de Palencia, el día es vuestro. Hasta aquí ha llegado la aventura del inglés.

El duque se vio de repente más atrapado de lo que creía, con apoyos cada vez menores. ¡Ni siquiera disponía de medios para conquistar una ciudad «solo» protegida por mujeres! Había llegado demasiado lejos, pero no lo suficiente. Hay momentos para combatir y otros para negociar. Era la hora de negociar.

No tardó en llegar a un acuerdo con el Juan de Castilla y a dejar tirado al Juan de Portugal. Mucho había arriesgado para nada, y el apoyo portugués no había servido más que para afianzar al de Avis en su trono de Lisboa. El 8 de julio de 1388, en la localidad aquitana de Bayona, se firmó el tratado homónimo. Un acuerdo de paz en el que se pactó renuncia de derechos al trono, culminado como era costumbre habitual mediante una alianza familiar[60]. Así, Lancaster transfirió cualquier derecho legítimo en su hija Catalina —que llegaría a ser la abuela de Isabel I la Católica, y de la que esta heredaría muchos de sus rasgos—, y Catalina contraería matrimonio con el hijo primogénito de Juan I de Castilla y Leonor de Aragón, Enrique, que reinaría con el ordinal tercero.

La boda se realizó en un lugar emblemático en este conflicto, y que tanto había admirado al rey. Evidentemente, no pudo ser otro que la catedral de San Antolín, en Palencia. Por la puerta de los Infantes, la que hoy en día llaman los palentinos «de los novios» en conmemoración de aquel casorio, saldrían los jovencísimos desposados. Y ambos lo harían además con nuevo título de rango superior, que superara así las desavenencias dinásticas entre las casas de Borgoña (de la que venía la legitimidad por Pedro I el Cruel) y de Tratámara (la del propio rey). Nada mejor que el título de príncipe para

---

[60] No hay que olvidar que el concepto de Estados como tales aún no existe y mucho queda para ello. Las posesiones y dominios territoriales eran «propiedades» familiares, por así decir.

el heredero de la Corona, lo que seguía la tradición de otros reinos. Como en Inglaterra con el príncipe de Gales, o en Aragón, con el principado de Gerona. De este modo, las Cortes de Briviesca otorgaron a los casados el título de príncipes de Asturias, desde entonces y en adelante, título asignado para el heredero a la Corona, que lo sería proclamado ante las Cortes.

Las mujeres de Palencia también tendrían su honor reconocido. El rey Juan les otorgó el denominado «derecho de toca». De este modo se convertían en «caballeros», y no tenían ya que inclinarse ante el rey. Además, podrían lucir en sus tocados una banda de color rojo y oro, un derecho hasta ese momento solo exclusivo a los hombres. Las mujeres de Palencia lo ostentarán hasta hoy, y quedará así reflejado en su tradicional traje, con el que muestran, orgullosas, ser herederas de quienes supieron luchar. De quienes supieron morir. Porque ambas cosas no son preceptivas de los hombres. Sino de quienes están dispuestos a ello. Como ellas lo estuvieron.

* * *

Adenda

Me resulta pasmoso que un acto tan heroico y con resonancia en la historia en varios puntos, como el título comentado de príncipe de Asturias, no tenga historiografía importante o ni siquiera básica para poder conocer la realidad de aquel suceso. La poquísima que hay, para colmo, disiente en cómo transcurrieron los hechos. Por la lógica de lo que supone la guerra en aquel tiempo en que las ciudades estaban bien almenadas, y aunque Palencia no fuera plaza especialmente fortificada o con alcázares importantes, como Ávila o Segovia por poner ejemplos conocidos, tenía buenas murallas y alcázar propio. Por eso me he inclinado por esta versión de los acontecimientos. Es evidente que la narración es propia, como lo son los diálogos, ya que nada hay escrito de manera fehaciente sobre cómo ocurrió el asedio a Palencia. Ha sido licencia que permita al lector imbuirse mejor en el relato descrito.

Existe otra versión que más raya en la leyenda. Se cuenta que, preparado el sitio por parte de las tropas inglesas, al llegar la noche se dispusieron a descansar para el asalto que se produciría al día siguiente. En ese momento las mujeres palentinas, ante la oportunidad de aprovechar el descuido de la noche, la poca vigilancia, y que los invasores estaban más expuestos, sin sus cotas, petos, coletos y demás protecciones —que para dormir no era cosa de andar armado de pies a cabeza, máxime cuando no se espera ataque alguno de unos defensores tan mermados—, salieron de la ciudad. Ataviadas con la ropa de sus maridos, hermanos o padres para ir más cómodas en el asalto, y con guadañas, hoces, facas y cuantos aperos pudieran causar la muerte, se lanzaron a degüello, «como fantasmas», sobre los desprevenidos ingleses. Es obvio que, en la reacción inglesa tras la sorpresa inicial, morirían no pocas mujeres, pero la acometida, por inesperada y ante quien la realizaba, hizo su efecto y puso en desbandada al inglés.

No cabe duda que como narración resulta más interesante, y, aunque en la guerra como en la historia todo es posible, y muchas veces la realidad es más sorprendente que cualquier ficción o suposición, resulta complicado que fuera esta la versión ocurrida en vez de la narrada en el capítulo. Tal bochorno desde luego daría una razón de por qué no se tiene constancia de ello, pues no creo que al de Lancaster le apeteciera poner en crónica una derrota de este calibre en campo abierto por parte de mujeres armadas con aperos de labranza, por muy de noche que fuera. En cualquier caso, la realidad sí es una y única: Palencia no sería tomada. Y ese logro se debió a la determinación de unas arrojadas mujeres que supieron que, para vivir, no solo hay que saber cómo dar la vida, sino estar dispuestas a morir para preservarla.

BIBLIOGRAFÍA

DÍEZ CANSECO, Vicente: *Diccionario biográfico universal de mujeres célebres*. Imprenta de José Félix Palacios. 1844.

García Luaces, Pedro: *Almanaque de Historia España*. Ciudadela, Barcelona, 2010.

Ramirez Vaquero, Eloisa, et al.: *La Dinámica Política*. Istmo. Madrid, 2005.

Real Academia de la Historia. Boletín. Tomo CXCVII. Número III. Año 2000.

Sáez Abad, Rubén. *Aljubarrota 1385: Juan I de Castilla y la Guerra de Sucesión de Portugal*. Almena Ediciones. Madrid, 2011.

Suárez Fernández, Luis: *Historia de España antigua y media. Vol. I.* Ediciones Rialp. Madrid, 1976.

VV. AA: *Castilla y León, puerta de la Historia*. Antología. M.A.R. Editor. Colección de Narrativa, nº 68.

—*Historia de España: Edad Media*. Gredos. Madrid, 1978.

IV

Doctoras de la Medicina

Cuando Higía de nuevo fue llamada Salus[61]

—Hija, la vida es más que leer libros.
—Eso ya lo sé, madre... Lo aprendí leyendo.

Carme y Amelia Folch, en *El ministerio del Tiempo*.

Siempre nos estamos quejando de que no sabemos hacer películas o series con nuestra historia. ¡Con tantos hechos en los que somos protagonistas! O con tantísimos personajes que han hollado esta piel de toro desde Gárgoris y Habidis[62] hasta nuestros días. Los anglosajones siempre han sido más hábiles, sobre todo cuando no han echado mano del recurso al directo biopic que suele salir escasamente exitoso. Pero sí cuando plantan al personaje histórico en cuestión en un momento concreto de su biografía, y lo hacen partícipe como parte de la trama de un protagonista inventado para el argumento. O usan el recurso de basarse en uno real para jugar más abiertamente con la época, despertando el interés por ese momento histórico o por los hombres y mujeres en que estaban basados realmente.

Al menos, creo que resulta más interesante ver lo que pudo ser la corte inglesa medieval en *El león en invierno* o, más divertida, ver la isabelina en *Shakespeare in love*, aunque su historicidad sea

---

[61] Higía (en griego Ὑγεία o Hygeía, diosa griega de la curación, de la limpieza (de su nombre deriva la palabra *higiene* tan fundamental en la Medicina). Su homóloga romana fue Salus, de cuyo nombre deriva la palabra *salud*.

[62] Gárgoris y su hijo Habidis son reyes seculares de tiempos de Tartessos, cuyas figuras podemos contemplar en unos bustos de la fachada este del Palacio Real de Madrid.

muchas veces más que cuestionable. Pero *Master and Commander* es más visual para imaginar cómo pudo ser el viaje de la *Beagle* con Charles Darwin, aunque la película no sea sobre el famoso biólogo ni sobre su expedición. O cómo pudo ser la unificación italiana en el siglo XIX gracias a *El Gatopardo*. Hay que comprender que el cine tipo Hollywood en la mayoría de los casos no quiere hacer documentales sino entretenimiento y, al final, películas como *Gladiator* o *Braveheart* son más espectaculares, aunque en estos ejemplos citados, todo aspecto relacionado con la historia tiene de rigurosidad lo que *La guerra de las galaxias* a la ciencia ficción clásica. Es mero entretenimiento.

Cuando nos encontramos en que el lector o el espectador de libros y películas sobre historia se encuentra en una situación de desconocimiento acerca de lo tratado, el síndrome «Código Da Vinci» se cierne sobre esas personas de bien que creerán que, aunque sea algo novelado o recreado, es poco menos que la verdad revelada. Independientemente de por la razón que sea: por edad, imposibilidad de acceso al estudio o a la información (no digo a la presunta información que desborda redes sociales y entorno digital y que hace que nadie sea capaz de con un cedazo de sentido común, cribar tanta posverdad desbordante), o simple ignorancia sobre el tema por no haber sido materia de su estudio. El caso es que lo que podía ser un buen instrumento, a veces se convierte en un *boomerang* lesivo.

En España, como se señalaba, parece que no somos capaces de hacer este tipo de cine, aun cuando hubo un intento de llevarlo a cabo desde principios del siglo XX. Por citar algunas películas, incluso del cine mudo: *Los héroes del sitio de Zaragoza* (1905), *Don Pedro el Cruel* (1911), *Dos de Mayo* (1928), *El héroe de Cascorro* (1929), *Prim* (1931), *Los últimos de Filipinas* (1945), *La vaquilla* (1985), de Berlanga —seguramente la mejor película sobre nuestra guerra civil—. Y, más recientemente, *Esquilache* (1989), *El rey pasmado* (1991), o *La conjura de El Escorial* (2008). Que podrán gustar más o menos, pero son dignas. Como lo son las series de televisión *El pícaro* (1974), la más que interesante propuesta de *Paisaje con figuras* (1976), *Cervantes* (1981), *Isabel* (2012), o la popular *El ministerio del Tiempo* (2015). Y a esta última me voy a referir.

Comprendiendo que hacer ficción con visos de verosimi-litud es en extremo arriesgado, y hacerla sobre nuestra Historia sin caer en maniqueísmos, ideologización del contenido, o en los peores tópicos posibles, más que complicado, sí quiero darle el mérito de hacer que el gran público (como suele decirse cuando se llega a una audiencia amplia no segmentada) disfrute viendo cómo una «patrulla del Tiempo[63]» recorre siglos a base de saltos cuánticos, para encontrarse con Lope antes de embarcar con la Felicísima Armada, el Cid por las campas de Castilla, Napoleón en España, Franco en Hendaya, Isabel la Católica o Ambrosio de Spínola… Con personajes como Goya, Cervantes, Torquemada, Velázquez… Y si bien uno de los personajes protagonistas es un claro remedo de Alonso de Contreras[64], otro es la suma de tres mujeres representadas en el personaje de Amelia Folch, una joven barcelonesa nacida en 1857, de 23 años, universitaria, indepen-diente, y con ansias ávidas de conocimiento.

Una mujer catalana basada en otras tres mujeres catalanas curiosamente. Todas de la misma generación podríamos decir, y que tendrán el timbre de conseguir ser las primeras médicos y doc-toras[65] en España. Son la leridana Martina Castells (1852–1884),

---

[63] *La Patrulla del Tiempo* es una obra de ciencia ficción de Poul Anderson que comenzó a publicarse en 1960, citada por el propio creador de *El ministerio del Tiempo*, Javier Olivares, como referencia evidente para su serie.

[64] Alonso de Guillén, o de Contreras como es conocido, fue un madrileño nacido en 1582, aventurero, corsario y soldado de los Tercios españoles. Su autobiografía inspirará a muchos autores, desde Torcuato Luca de Tena a Arturo Pérez Reverte.

[65] Doctoras en Medicina, quede claro. El equívoco como habitual metoni-mia de llamar doctores a los que solo son médicos, y no necesariamente doctores, llega a nuestros días. La primera mujer española que alcanzó el título de doctora fue la barcelonesa Juliana Morell, en leyes, por la francesa Universidad de Aviñón en 1608, ya que su vida la desarrollaría en el país vecino. La primera doctora española con título dado por una universidad española sería la madrileña María Isidra de Guzmán y de la Cerda, o Ma-ría Guzmán como aparece en el callejero madrileño, o Isidra de Guzmán como se la nombra allá donde obtuvo el título: en Alcalá de Henares. En la Universidad de Alcalá es donde sería nombrada doctora y maestra en la Facultad de Artes y Letras humanas en 1785.

la tarraconense Elena Maseras (1853–1905), y la barcelonesa Dolors Aleu Riera (1857–1913). Las tres lograron algo que en la década de los 70 del siglo XIX era todo un logro en sí mismo: pisar las aulas de la universidad como mujeres. Suena raro, pero es que la mismísima Concepción Arenal, cuando quiso estudiar para licenciarse en leyes, tuvo que recurrir a una argucia más propia de una película o a una obra de vodevil: vestirse como un hombre. Estábamos en 1841, y la que será una de las primeras feministas de verdad, tuvo que cortarse el pelo, vestir levita, pantalones y sombrero de copa, e ir casi embozada con la capa para asistir a las clases de la Universidad Central de Madrid[66].

Barcelona, 1872

En casa de la familia Maseras no pueden estar más excitados. Ha llegado el día. Elena lo ha estado esperando desde hace tiempo. Toda su familia no ha hecho otra cosa sino apoyarla en su decisión. No en vano proviene de una familia que es toda una saga dentro de la Medicina. Ella quería y deseaba seguir esa estela familiar, no tanto por tradición, sino por un verdadero interés en la Medicina: un interés que, obviamente, había interiorizado en su caso con facilidad. Es cierto que debido a estas circunstancias familiares, pero también por haber vivido en realidad lo que supone la Medicina, y el componente vocacional, imposible de dejar de lado para aquellos que quieren enfrentarse a ese reto diario de luchar contra la enfermedad y la muerte.

Para hacernos una idea, en aquella época se veían cada año innovaciones revolucionarias que afectaban a los conceptos de ciencia, como la que provocó el naturalista inglés Charles Darwin con la publicación de *El origen del hombre* en 1871. Y dentro de la Medicina, por citar algunos ejemplos, los estudios del médico francés Paul Pierre Broca gracias a los que se con-

---

[66] Cierto es que, una vez descubierta (pues un engaño así resultaba complicado mantenerlo por tanto tiempo), el rector tras un examen, y viendo que ciertamente su vocación era real y no algún capricho raro, pudo ya asistir de manera abierta a las clases. ¡Pero solo como oyente, eso sí!

siguió explicar la posible razón de la afasia[67]; los del médico noruego Gerhard Armauer Hansen para lograr determinar el bacilo de la lepra en 1874 o los de bacteriólogos como el danés Hans Christian Gram o el patólogo alemán Karl Weigert, que empezaron a diferenciar a las bacterias gracias a sistemas de tintado. Estamos en la época en que la tuberculosis es el «mal del siglo». Apenas en 1866 acababa de revelarse que se podía contagiar, y hasta 1882 no se averiguaría cuál era el agente que la provocaba. Tampoco hasta 1895 descubriría los Rayos X el físico alemán Wilhelm Conrad Röntgen.

El uso cada vez más científico del microscopio en Medicina dará un salto cualitativo en 1877 gracias a las innovaciones del físico y óptico alemán Ernst Abbe y su colega y compatriota Carl Zeiss. En España se crearán en este periodo cátedras y laboratorios donde este instrumento será herramienta fundamental, y que llevará en el futuro a nuestro Ramón y Cajal a lo más alto gracias a precursores españoles que convertirían su uso en un hábito en la investigación y en las clínicas. Nombres como los de Eloy Carlos Ordóñez, o Aureliano Maestre de San Juan. El aún no laureado con el premio Nobel, Santiago Ramón y Cajal, acababa de licenciarse en 1873 en Medicina con apenas 21 años. Llamado a filas, partió a la guerra en Cuba al año siguiente. Las especializaciones médicas empezaban a aparecer en España. Desde la Dermatología a la Cirugía, pasando por la Ginecología o hasta la Psiquiatría.

En esa España de 1870 se sufrió un ataque de fiebre amarilla, que afectaría especialmente a Barcelona, con casi 1300 muertes. La mencionada tuberculosis entre 1873 y 1889 provocó en esta región más de 28 000 fallecidos. Nada comparable con las epidemias de cólera de 1885 y el rebrote de 1890, con el que se pudo acabar gracias a lo aprendido un lustro atrás. Esa epidemia costó más de 120 000 muertos en España; solo en Valencia, la región y zona donde se registraron más víctimas, hubo

---

[67] Según la RAE, la afasia es la «pérdida o trastorno de la capacidad del habla debida a una disfunción en las áreas del lenguaje de la corteza cerebral».

casi 22 000[68]. La difteria, la viruela, el sarampión, y hasta el paludismo, no eran problemas menores en ese último tercio del siglo XIX.

Esta es la época que les toca vivir a nuestras futuras médicas. Lo que no les importa en absoluto, sino todo lo contrario. Hace que su resolución por ingresar para estudiar medicina fuera aún mayor. Solo había un escollo: las mujeres no podían ser universitarias. El ardid de la ferrolana Concepción Arenal le valió para acabar una carrera, pero como oyente. Jamás podría ejercer oficialmente como abogada. ¿Es realmente buena idea dedicar años de duro estudio en una ciencia como la médica, en plena evolución en ese momento, sin que luego resulte de provecho ese esfuerzo al no poder llevar a cabo tu labor como galeno? Es más, ¿acaso será posible incluso que puedan pisar las aulas de las facultades de Medicina?

La verdad es que no estaba prohibido hacerlo. No jurídicamente. Sencillamente, al legislador no se le había ocurrido pensar en ello. ¿Por qué y para quién hacerlo? Aunque el viejo adagio jurídico de «todo lo que no está prohibido, está permitido», tenía en este caso en contra a la costumbre (una de las tres fuentes del Derecho junto con la ley y la jurisprudencia), pues tampoco desde el punto de vista no jurídico la había con relación a que ninguna mujer quisiera, no ya cursar una carrera, sino siquiera entrar a una facultad. Para evitar que pudiera haber escándalo alguno, o surgir un problema al plantear Elena Maseras su intención, el asunto acabó por llegar alto. Muy alto. Tanto como la persona que acabaría por firmar un permiso especial que la permitiera hacerlo.

---

[68] Esa pandemia del cólera en la zona de Valencia casi logró, de hecho, que este libro que tienes en las manos, amable lector, no fuera posible. Mi familia directa se vio afectada por tal peste, llevándose a mi bisabuela y a todos sus hijos… menos dos. Mi abuelo y mi tío abuelo, que estaban a la sazón, aquel año en Londres. Mi bisabuelo Maximiliano, tal vez por haber sido marino y soldado en África, seguramente había hecho acopio de los suficientes anticuerpos y elementos de inmunidad para no verse afectado. Pero el caso es que si mi abuelo José hubiera estado en ese momento con su familia, ahí hubiera quedado truncada esta rama familiar, y este que escribe, jamás hubiera nacido, ni escrito este libro. A veces la realidad asusta más por lo que pudo ser que por lo que fue, siendo terrible lo ocurrido en cualquier caso.

—La verdad es que don Amadeo[69] se ha portado de manera regia —comentó el padre de Elena, don Miguel, mientras veía cómo se preparaba su hija camino a la calle del Carmen barceloní donde se encontraba el antiguo Colegio de Cirugía, convertido desde 1843 en la Facultad de Medicina—. Gracias a esa Real Orden no tendrás ya problema alguno para llevar a cabo tu sueño.

—Eso... ¡y que aprobé los exámenes de bachillerato previos a los que estaba obligada para conseguirlo! —remarcó ufana Elena.

—¿Puedo acompañarla, padre? —dijo Agustín, su otro hijo, más joven que Elena—. Ya sabe que yo también pienso cursar Medicina[70].

—¡Claro que puede! —respondió de inmediato Elena—. ¡Aunque no te hagas ilusiones que el listo de la familia nunca fuiste tú! —rio alegre la exultante nueva estudiante.

—¡Agustí Alfons! —terció la madre, doña Francisca, pues aquella era una reunión familiar al completo ante tan fasto día—, ¡ya puedes vigilar bien a tu hermana, que a saber entre quienes le tocará sentarse entre tanto pillo como sois los estudiantes!

—Madre, creo que sé valerme por mí sola de sobra —tranquilizó firme Elena a su inquieta madre—. ¡Estamos en 1872 ya! Las mujeres reclamamos nuestro sitio sin necesidad de hacernos pasar por hombres. Además, ya sabe que solo podré estudiar de manera privada... por ahora. ¡Estoy segura que pronto pisaré las aulas también, como todos!

Sonriente, abandonaron su domicilio para dar un paseo hasta la facultad, justo donde se encontraba el hospital de estilo gótico de la Santa Cruz. Al entrar en ella, las miradas eras todas faros que enfocaban a Elena. El asombro era entendible. Aunque, en efecto, la orden permitía que pudiera estudiar en la universidad y su ingreso

---

[69]   Amadeo de Saboya. Rey de España desde 1871 a 1873.

[70]   Agustí Alfons Masseras i Ribera terminará la carrera de medicina, marchando en 1885 a Filipinas. Con 25 años accedió a la Cátedra de Patología de la Facultad de Medicina de Manila, donde acabaría llegando a ser el Decano de la misma. Escribiría un tratado sobre enfermedades tropicales. Viajaría incluso a Japón para estudiar in situ la enfermedad del beri-beri.

en la misma, no la facultaba el poder hacerlo junto con sus compañeros en las mismas clases. Con lo que esta pionera en lograr el acceso a la universidad desde hacía siglos tuvo que hacerlo «por la puerta de atrás». No le quedó otra que empezar estudiando de manera privada, solitaria, pese a estar matriculada.

Su capacidad de estudio y su desmedida atención, empezaron a tener un reconocimiento por parte de sus profesores. Tan solo había podido matricularse de cuatro asignaturas el primer año. Y llevar a cabo su aprendizaje sin tener que coincidir con el resto de alumnos como se ha comentado. A Elena en principio le dio igual siempre que pudiera llevar a cabo su afán de llegar a ser médico. Pero tampoco se encontraba plenamente cómoda con esta situación. El doctor Juan Giné y Partagás, que ocupaba la cátedra de Higiene de la facultad de la que luego llegaría a ser rector, fue uno de los que la prestaría un especial apoyo y protección. Y gracias a la intervención del catedrático de Terapéutica, el doctor Narciso Carbó y Aloy (que había sido el encargado de combatir el brote de fiebre amarilla en Barcelona en 1870, por cuyos trabajos a raíz de sus estudios al respecto le supondría ser condecorado con la Cruz de la Beneficencia), cuya intercesión fue fundamental para que, finalmente, Elena pudiera también acceder a las aulas en condiciones de casi plena igualdad.

La entrada en el aula no pudo ser más emotiva. El resto de estudiantes prorrumpieron en un aplauso unánime. Elena Maseras se había ganado el respeto de sus compañeros. ¡Habían pasado tres años desde que empezara la carrera! Pero, aun así, los prejuicios seguían presentes de tal modo, que no se le permitiría sentarse con ellos, mezclada entre los compañeros como era lo habitual, sino que se le asignó un sitio especial, en la tarima, al lado del profesor, con esa aún pacata mentalidad de querer de algún modo proteger a la que se consideraba una débil mujer. Aunque el logro estaba hecho, y las grandes andaduras empiezan por pequeños pasos. Así se narraría en una publicación de la época:

Al abrirse la matrícula del presente curso académico, se inscribió en la asignatura de Terapéutica una señorita que tenía ya aprobada la de Anatomía. Hará próximamente un mes y medio, pasando lista el Sr. Carbó, catedrático de la primera de las expresadas asignaturas, nombró a la discípula en cuestión. Esto produjo una gran sorpresa entre todos los alumnos, y entonces dijo el profesor que la señorita de que se trata se halla inscrita como alumna y que tenía por lo mismo la obligación de asistir a clase si quería optar a los exámenes ordinarios. Sabedora, sin duda, dicha señorita de la indicación hecha por el Sr. Carbó, decidióse a asistir a la cátedra y el día 14 al entrar el profesor de Terapéutica en el local designado para las explicaciones de dicha asignatura, llevaba a su lado a la bella matriculada.

La sorpresa que se apoderó de los escolares allí reunidos al ver a su condiscípula, a la que saludaron con una salva de aplausos, ya pueden figurarse nuestros lectores. Desde dicho día 14 la indicada señorita, a la que acompaña su hermano, también alumno de medicina, continúa concurriendo a la cátedra, tomando asiento al lado del señor Carbó. Excusamos manifestar que este incidente ha aumentado la asistencia a la cátedra indicada[71].

Elena acabaría finalmente la carrera y todos sus estudios en 1878. Sin embargo, sus esfuerzos podían quedar en nada, debido a que nadie había previsto que esta situación llegara hasta tal punto. Y el punto fue que Elena quisiera ejercer como médico. Un nuevo frente se abría. La burocracia empezó su lento devenir llegando a que los exámenes de licenciatura se retrasaran por tres años. Además, la idea que tenía Elena era la de sacarse el doctorado y llevar a cabo su labor como médico con todas las de la ley y con el mayor reconocimiento. Tras tanto bregar, la primera mujer que logró entrar y matricularse en una universidad no lograría hacerlo.

Elena Maseras obtendría el placet para examinarse y obtener la licenciatura en junio de 1882. Pocos meses más tarde, en octubre, pudo realizarlo y sacar una brillante nota de Excelente. Seguramente agotada por lo que le había supuesto nada menos que una década de esfuerzo y sacrificio, dejó la lucha por lo que

---

[71] *El siglo médico*, n.º 1165, 23 de abril de 1876, pp. 271-272. Citado por Consuelo Flecha (*vid. bibl.*).

parecía un imposible. Cansada, harta tras tantos formulismos sin sentido, abandonó incluso la posibilidad de obtener el título de doctor[72]. Trabas que darían al traste con una posible gran médico, pero que no la impidieron ser una gran profesora, ya que decidiría dedicarse a la enseñanza. Magisterio que impartiría en las localidades de Vilanova y Geltrú, en Barcelona, y finalmente en la isla de Menorca, en Mahón, donde acabaría sus días tras ser la primera maestra del primero colegio de niñas de la localidad.

La puerta que ella había abierto no iba a quedar cerrada, por más que los cambios políticos de ese convulso siglo XIX convirtieran a la sociedad española en un pueblo a la deriva. Unos bandazos que nos llevarían, desde la Revolución Gloriosa de 1868, el derrocamiento de Isabel II y la regencia posterior del gobierno provisional, pasando por el reinado efímero de Amadeo de Saboya, a una aún más efímera República (la primera, en 1873, que en solo un año sumaría cuatro presidentes, cuatro Jefes de Estado, y un sinnúmero de gobiernos), para acabar con el golpe de Estado de Pavía, una jefatura de Estado ejercida por un militar, el general Serrano, y, tras el pronunciamiento en Sagunto de otro militar, el general Martínez Campos, la restauración borbónica de 1875 en la figura de Alfonso XII. Y a partir de ahí, como le dijera el rey a su mujer cuando iba a tener que asumir esta la regencia como consecuencia de la tuberculosis que acabaría con él: «de Cánovas a Sagasta y de Sagasta a Cánovas».

El caso es que, por esa puerta que abriera Elena Maseras en 1872, solo dos años más tarde entraría otra mujer. Y con un resultado diferente. Se trata de Dolors Aleu Riera, una barcelonesa nacida en 1857 (cuatro años más joven que Elena), hija de un doctor en

---

[72] Curiosamente hay una nota en el *Diccionario biográfico de médicos catalanes* (*vid. bibl.*, edición solo en catalán), en que se refiere a un doctorado conseguido en Madrid por Elena Maseras, dedicándose desde ese momento a labores pedagógicas, lo que nos puede llevar a pensar que de algún modo conseguiría tal título, pero no en Medicina, pues resultaría incongruente el que no se hubiera dedicado a ella tras tantos esfuerzos. Lo más normal es que, ante tan dilatada espera, se dedicara a estudiar Magisterio, pues tiempo de sobra tuvo para poder sacar tal título.

Farmacia, Joan Aleu, que decidió también cursar esta dura carrera para desempeñar tan vocacional profesión. Como su compañera pionera, tampoco pudo entrar en principio a las clases. En su caso, se cuenta que como consecuencia de algunos exaltados que la llegaron a lanzar piedras cuando iba a la facultad. Su padre, que era también gobernador general de Cataluña, teniente de alcalde de la Ciudad Condal y jefe de la policía municipal, la obligaría a hacerse acompañar de dos escoltas para evitar cualquier desgracia.

Afortunadamente, y tal como le sucediera a Maseras, cuando por fin logró entrar en las aulas, recibió, como Elena, el cariñoso saludo por parte de sus compañeros, entre aplausos de aprobación y bienvenida. Con la condescendencia de la época hacia las «bellas matriculadas», pero con el empuje que iba ya a ser imparable. Se habían convertido en noticia en los principales periódicos de toda España, y motivo de debates políticos y discusiones jurídicas. La opinión pública empezaba a comprobar la irrupción de ciertos cambios, impensables no hace tanto al haber relegado a la mujer a aspectos domésticos. Aspectos que no son menos importantes aunque así se hayan querido ver, menospreciando una labor que, no por tópica, dejaba de ser primordial. Sin embargo, estaba comenzando un antes y un después para la mujer: el visualizar como posible y normal el acceso efectivo a las mujeres a la educación, y el papel que podían desarrollar con posterioridad como profesionales.

Era una corriente que empezaba a aparecer en los periódicos donde manos femeninas escribirían artículos, como los de la ensayista, novelista y periodista palentina Sofía Tartilán, que denunciaría: «La culpable indiferencia con que durante tantos siglos se viene mirando la educación de la mujer, parte integrante de las sociedades, de los pueblos y de las familias, que puede considerársela, no solo como la mitad del género humano, sino como algo más, puesto que la madre forma al hijo y la esposa al esposo»[73]. Aspectos en los que también estas tres pioneras echarían su cuarto a espadas. Pero no adelantemos acontecimientos.

---

[73] «La educación de la mujer», cita sacada de la serie de artículos publicada en *La Ilustración de la Mujer*, 1873-1874.

Dolors, al igual que Mercedes, tuvo que quedar a la espera del consentimiento expreso para poderse examinar de la licenciatura tras años de estudio. Curiosamente, le llegaría el suyo antes que a Elena Maseras, eso sí, en abril del mismo año 1882. Su nota también sería la de Excelente. Tal vez por ser más joven o por haber tenido que esperar menos años que su predecesora, siguió hasta conseguir el doctorado, cosa que obtuvo ese octubre, el mismo mes en que a Elena le llegó tan solo su permiso para el examen de licenciatura. Dolors Aleu presentó su tesis *De la necesidad de encaminar por nueva senda la educación higiénico-moral de la mujer*, y el que había sido protector de las dos alumnas, el doctor Joan Giné y Partagás, la prologó. Dio cuenta de que suponía un testimonio de las aptitudes naturales de la mujer para los estudios teóricos y prácticos de la carrera médica. Todo un aldabonazo.

De hecho, según se recoge en los anales de la Real Academia Médica de Cataluña, ambas pupilas habían coincidido bajo su magisterio expreso. El 24 de noviembre de 1878, dentro de la cátedra del doctor Giné, tuvo lugar una sesión clínica en las que las ponentes fueron, por un lado Dolors Aleu como observadora, y por otro Elena Maseras como consultora. Era la primera vez que se veía algo igual en las aulas de la universidad española: dos estudiantes mujeres, juntas en pleno ejercicio práctico[74].

La noticia de este doctorado salió en la prensa nacional. Aunque con cierto retintín, todo hay que decirlo. Así informaba el periódico *El Liberal*, en su número del 12 de octubre de 1882, del acto de investidura del grado de doctor de Dolors Aleu: «Ha recibido la investidura de doctor en la Facultad de Medicina de Madrid, la señorita doña Dolores Aleu y Riera. Felicitamos por adelantado a los enfermos que fíen la curación de sus dolencias al nuevo *doctor con faldas*[75]». ¡Menos mal que este periódico era de los de línea progresista en ese momento! Como se puede leer, la investidura se hacía en la capital, pues hemos de entender que en

---

[74] Publicado en *La Independencia Médica* el 1 de diciembre de 1878. Citado en el *Diccionario Biográfico* (*vid. bibl.*).

[75] Las cursivas son mías.

ese momento no había transferencia educativa alguna, y los aspectos legales dependían directamente de la Administración Central, la única facultada para expedir títulos. El de doctor tenía que ser firmado, como norma habitual, por el ministro del ramo.

Una administración donde se estudiaba la lógica petición subsiguiente: el que estos títulos no fueran ahora papel mojado y no les sirviera de nada a las mujeres que quisieran seguir los pasos de Elena y de Dolors para obtener este doctorado. Título que también conseguiría, hagamos un inciso, la tercera de nuestras protagonistas: Elena Castells. La última en acceder a la universidad, aunque la primera de todas en conseguir tal grado. Pero sigamos con la historia de Aleu. En ese trepidante año de 1882, el Consejo de Instrucción Pública[76] accedió por fin de manera lógica a los requerimientos para que esta sinrazón no fuera tal, facultando a las mujeres para ejercer la profesión médica. Aunque frenó al mismo tiempo nuevas matriculaciones de mujeres[77]. Llevaban con esta discusión en el aire desde la petición hecha para la entrada de Elena efectuada en 1871, sobre la base de la libertad educativa y de cátedra que estableciera La Gloriosa. Los bandazos históricos se notaban también en las decisiones de este Consejo de Instrucción Pública.

El senador por Zaragoza, José Magaz, en un voto particular emitido al respecto de la incorporación académica de las mujeres, inspiró un artículo del senador por la Real Academia de la Historia, Manuel Colmeiro, publicado en 1879, que dice: «Hay que facilitar a las mujeres los medios de perfeccionar su educación intelectual y ganar honrosamente la vida. No hay razón para excluir a la mujer de toda participación en los beneficios de la enseñanza oficial». Aboga

---

[76] El Real Consejo de Instrucción Pública era el máximo órgano consultivo para todo lo referido a la enseñanza pública. Estaba formado por rectores de universidad, doctores, miembros de las Reales Academias, dignidades eclesiásticas siempre que tuvieran el grado de doctor, y personalidades de talla intelectual probada gracias a sus obras o trabajos.

[77] Otra Real Orden de 1888 cambiaría la decisión de 1882 para permitir el libre acceso a la privada, y si quisieran acceder a la educación pública será «la Superioridad (sic) la que "resuelva según el caso y las circunstancias de la interesada"».

asimismo por que se quite cualquier obstáculo para obtener todos los títulos posibles, licenciatura, doctorados... y, sobre todo, deja claro los derechos que de ello pueda derivarse el conseguirlos por parte de ellas, para que puedan dedicarse a una labor, en este caso, «al ejercicio de la profesión de la clínica y arte de curar».

Dolors Aleu, pues, se convertiría con todos los derechos, en una médica ejerciente. Durante veinticinco años lo haría en la barcelonesa Rambla de Cataluña, en el número 31, en las especialidades de Ginecología y de Medicina Infantil. Llevaría a cabo una labor docente complementaria como profesora de Higiene Doméstica (haciendo velado honor a la diosa que da su nombre a tan importante necesidad para la salubridad), en una academia sita no muy lejos de donde pasaba consulta, que era también su domicilio: la Academia para la Ilustración de la Mujer, ubicada en la Rambla de Canaletas (apenas a un paseo de diez minutos), que ella misma instituiría junto con la concertista de arpa Clotilde Cerdà y Bosch, más conocida como Esmeralda Cervantes, que sería, por cierto, una firme impulsora del movimiento antiesclavista.

Habida cuenta de la especialidad que había cogido, y por su condición de mujer, el éxito de su consulta fue total. Ella misma cuenta que «en los pocos meses que llevo de práctica he visitado enfermas que hacía más de seis años que sufrían una dolencia y que me declararon que hubieran dejado que pasaran muchos más si no hubieran tenido ocasión de consultar con una señora». Tratándose de lo que estamos refiriendo y máxime en esa época, era normal que el extremo pudor llevara a tantas mujeres evitar ponerse en manos (nunca mejor dicho sin ironía alguna) de un hombre extraño en tan incómoda situación. Hecho que las lectoras comprenderán incluso hoy en día, bastante mejor que el que escribe este capítulo.

Además, Dolors siempre aprovechó para hacer defensa de la importancia de la educación para la mujer, exigiendo la equiparación de la calidad de aquella a la que disfrutaban los varones. Escribiría varias publicaciones con relación a aspectos prácticos relacionados con la maternidad, o incluso de denuncia con respecto a la vestimenta del momento, ya que las mujeres se veían obligadas a seguir unas modas, entre otras cosas, insanas. «La prenda que más daño causa al cuerpo de la mujer es el corsé. Se lleva muy apretado, para aumentar la delgadez del cuerpo. ¡Como si lo delgado fuese equivalente de lo hermoso!»[78]. Esta última frase es de una actualidad que merecería ser enmarcada. Felizmente casada y con dos hijos, el pequeño, Camilo, que seguiría sus pasos, falleció a los 21 años de tuberculosis, lo que precipitaría el que ella le siguiera tras una incurable depresión. Murió a los 56 años de edad.

Pero habíamos citado a una tercera pionera, que curiosamente era la mayor de las tres, aunque por bien poco. Martina Castells y Ballespí, una leridana nacida en 1852, dentro de un ambiente absolutamente médico que la imbuiría desde pequeña. Su padre, su abuelo, su bisabuelo… toda una saga que Martina quiso seguir junto con sus hermanos. Habida cuenta de la brecha abierta por Elena y Dolors, Martina entraría unos pocos años más tarde, en 1877, pero su petición para hacer el examen de licenciatura llegaría casi a la par que el de aquellas. Cierto es que con el empujón del doctor barcelonés José de Letamendi, profesor suyo. Superado también el trámite y obtenido el aprobado, la última en llegar sería la que, posteriormente a la consecución de su licenciatura, en octubre de 1882 alcanzaría el grado de doctor, siendo por tanto la primera doctora en Medicina de España.

El título con la que defendería su tesis en el colegio de San Carlos de Madrid sería *Educación física, intelectual y moral que debería darse a la mujer para que contribuyente en grado máximo a la perfección y la dicha de la Humanidad*. Una reivindicación del papel de la mujer realizada de forma tan valiente como brillante. En ella asegura que hay una relación evidente entre la educación de la mujer y la felicidad de la Humanidad. La mujer, para Martina, era la base del bienestar social. Y para que esto fuera posible,

---

[78]   Galería de Científicos Catalanes. «Aleu i Riera, Dolors. Barcelona 1857 - Barcelona 1913. Médico».

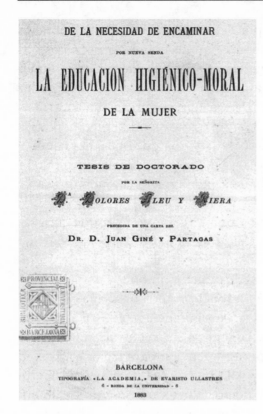

DE LA NECESIDAD DE ENCAMINAR

POR NUEVA SENDA

LA EDUCACION HIGIÉNICO-MORAL

DE LA MUJER

TESIS DE DOCTORADO

POR LA SEÑORITA

D. DOLORES ALEU Y RIERA

PRECEDIDA DE UNA CARTA DEL

DR. D. JUAN GINÉ Y PARTAGAS

BARCELONA
TIPOGRAFÍA «LA ACADEMIA,» DE EVARISTO ULLASTRES
6 – RONDA DE LA UNIVERSIDAD – 6
1883

Portada de la publicación de la tesis doctoral de Dolors Aleu i Riera, defendida en 1882 en Madrid. La dirigió su gran valedor, el catedrático Juan Giné y Partagás, futuro rector de la Universidad de Barcelona. Dolors siempre le agradeció su apoyo «en las infinitas dificultades presentadas en mi carrera, siendo, en una palabra, el único que ha levantado su elocuente frase apoyando al sexo débil contra los ataques del fuerte». Dolors se especializaría en Ginecología y Pediatría, y esta sería la primera publicación de muchas más con el fin de mejorar la calidad de vida de la mujer a la que se dedicó en cuerpo y alma.

había que fomentar la educación de la mujer española. Su tesis fue aprobada por unanimidad por el tribunal. Como curiosidad que enmarca más esa época y lo especial del caso, el protocolo establecía una serie de abrazos al nuevo doctor por parte de los miembros del tribunal de los que, por la condición de mujer de Martina, decidieron prescindir.

Por cierto, que, aunque parezca sorprendente, con relación a las fechas exactas sobre cuándo fueron obtenidos los doctorados por Dolors Aleu y Martina Castells, y quién ostenta el timbre de gloria de ser la primera, unas fuentes citan que fue Dolors, y otras Martina. Haciendo acopio de todas ellas, y teniendo en cuenta que por más que nuestra sociedad actual se encuentre en un afán competitivo constante, y en un concepto del tiempo tan cronométrico, no me parece ese hecho un dato relevante, más propio de libros de récords con nombre de cerveza negra irlandesa, pues estaríamos hablando a lo mejor de días de diferencia y, en cualquier caso, del mismo mes del mismo año. Lo relevante es que al margen de dicho timbre de gloria de haber sido la primera doctora en medicina, estoy convencido de que a ambas les hubiera parecido una disquisición intrascendente, pues lo verdaderamente importante fue el logro que la dos consiguieron.

Lo relevante también es que ambas pudieron lograr lo que empezó Elena Maseras. Que las tres se licenciarían en ese mismo año de 1882 (de nuevo, da igual señalar un pódium con tres medallas que numeren posición en unos imaginarios cajones olímpicos), y que demostraron que el empeño, la voluntad y el esfuerzo, casi todo lo pueden. Elena no podría, cierto, ni tener tal título de doctora ni ejercer la medicina. Y Martina, que lo logró, a los dos años apenas de haberlo conseguido, y habiéndose especializado en pediatría, vería su sueño truncado por una muerte en extremo prematura, con tan solo 31 años, debido a una nefritis consecuencia de su embarazo. Dolors, de este modo, se convertiría en un modelo y ejemplo a seguir. Ella llevaría el recuerdo de sus dos compañeras. El de las primeras médicos españolas de nuestra historia.

De este modo, y gracias en parte a ellas y a otras tantas que le siguieron, la *Gaceta de Madrid* (que es como se conocía antes al *Boletín Oficial del Estado*) publicaría el 8 de marzo de 1910 una Real Orden del Ministerio de Instrucción Pública que permitía por primera vez la matriculación de alumnas en todos los establecimientos docentes. Sin tutelas ni autorizaciones previas ni expresas. En el periodo que va de 1882, fecha de la licenciatura y doctorado de nuestras pioneras, a 1910, fecha de la citada Real Orden, tan solo treinta y seis mujeres lograron conseguir ser licenciadas universitarias, entre las que dieciséis se matricularían para alcanzar el doctorado, y apenas la mitad conseguirían defender su tesis y obtener el título de doctor.

El caso es que la universidad verdaderamente empezó entonces, y solo entonces, a tener de manera legal, y para siempre, sus puertas abiertas de par en par en aras de alcanzar una igualdad real entre hombres y mujeres. Entre todas aquellas personas que, independientemente de su sexo, desearan alcanzar los conocimientos deseados, y convertirse en lo que ellas quisieran. Cosa que debemos a una intrépida y avanzada Concepción Arenal, pero muy especialmente a estas tres médicas que fueron un paradigma para tantas.

Bibliografía

Calbet i Camarasa, Josep M. y Corbella i Corbella, Jacint: *Diccionari Biogràfic de Metges Catalans*. Seminari Pere Mata, Universitat de Barcelona, 1982.

Camps i Surroca, Manuel y Camps y Clemente, Manuel: «El controvertit títol de la primera doctora en medicina». *Butlletí mèdic*. Collegi Oficial de Metges de Lleida.

Corbella i Corbella, Jacint: «La Reial Acadèmia de Medicina de Catalunya. Memòria històrica gràfica». *Revista Catalana d'Història de la Medicina i de la Ciència*, Sèrie Gràfica 4, Publicació número 142, 2010.

García, Betsabé: *Juguen dames. Les primeres universitàries: Helena Maseras, Dolors Aleu i Martina Castells*. Ara Llibres. Barcelona, 2010.

López de la Cruz, Laura: «La presencia de la mujer en la universidad española». Bogotá, 2001.

Farreras, Carina: «La primera médica española». *La Vanguardia*, 2 de abril de 2018.

Flecha García, Consuelo: *Las primeras universitarias españolas*. Narcea. Madrid, 1996.

López Piñero, José María: «La medicina y la enfermedad en la España de Galdós». *Cuadernos Hispanoamericanos*, núm. 250-251-252 (octubre 1970 a enero 1971).

Peña, Daniel: «Cien años con mujeres en la universidad». *El País*, 8 de marzo de 2010.

Peset, José Luis: «El Real Consejo de Instrucción Pública y La Restauración Canovista». *Historia y actualidad de la Universidad española*. Fundación Juan March. Madrid, 1980-1985.

V

ÁNGELA RUIZ ROBLES

Cuando al e-Book se le llamó Libro mecánico

El científico no busca un resultado inmediato. No busca que sus ideas avanzadas sean fácilmente aceptadas. Su deber es sentar las bases para los que vendrán, señalar el camino.

Nikolas Tesla

Harvard, Massachusetts (Estados Unidos), 1944

EL INGENIERO HOWARD HATHAWAY AIKEN está terminando de acoplar los últimos engranajes mecánicos a lo que era el IBM Automatic Sequence Controlled Calculator, o por sus siglas, el ASCC. El doctor Akien, tras obtener su titulación en Física en la prestigiosa universidad americana de Harvard apenas hacía cinco años, se encontró con un serio problema cuando tenía que resolver numéricamente una serie de cálculos de las ecuaciones diferenciales con las que trabajaba. A la hora de relacionar una función con sus derivadas, la resolución de muchas de ellas era casi imposible de hallar de manera correcta, pudiendo solo aproximarse a la posible solución. Aun así, encontrar una herramienta adecuada para poder acercarse lo máximo posible con un grado de exactitud deseable, sería complicado. Pero era necesario.

De este modo, Howard Aiken se puso a trabajar en una máquina computacional que permitiera tal grado de aproximación. Lograría el apoyo financiero de la potente empresa International Business Machine Corporation, la IBM, que desde sus comienzos en 1911 en temas de tabulación y computación entre otros campos, empezó a destacar desde que se convirtiera en tal corporación en 1924, hasta nuestros días. En 1944 el mundo estaba en guerra. Estados Unidos también. Para ese conflicto la armada era un puntal fundamental para el éxito en la misma, con lo que todos estos factores permitieron que el genial ingeniero Aiken lograra desarrollar y terminar de construir lo que se conocería finalmente como *Mark I.*

Con esta máquina sería posible la ejecución automática de los necesarios cálculos complejos. Su funcionamiento estaba basado en componentes mecánicos que se moverían mediante señales de tipo electromagnéticas. La lectura de las cintas perforadas de papel actuarían como los programas o instrucciones necesarias para su funcionamiento.

—¿Orgulloso, doctor Aiken? —preguntó su ayudante, la por entonces teniente Grace Hopper de la Armada, doctora también por Yale en matemáticas—. Creo que ha hecho un gran trabajo.

—¡Hemos hecho un gran trabajo, teniente! —contestó el también en aquel momento oficial de la Armada Aiken—. Una máquina como esta es colosal solo con los números que la representan: 15 metros y medio de largo por 2,40 de alto; cinco toneladas de peso; 1.400 interruptores; 760.000 ruedas rotarias y relevadores; más de 800 kilómetros de cable… Pero esto es solo el inicio, estoy convencido.

* * *

Bruselas, 1963

Es la edición XIII de la Exposición Internacional que se celebra en la capital de los belgas, donde inventores de todo el mundo vienen a mostrar sus invenciones, así como esperar la suerte de algún galardón. Entre los participantes hay una veterana de este tipo de certámenes. Es una profesora nacida en 1895 en Villamanín, un pequeño pueblo de la montaña leonesa. Doña Angelita, como la conocen todos, es la tercera vez que viene a Bruselas.

Ya recibió en 1957 una Medalla de Bronce, y la repetiría justo al año siguiente dentro de las novedades pedagógicas. Este año iba a recibir la Medalla de Plata.

—Yo a usted la conozco —dijo acercándose a ella otro inventor español participante por primera vez—. ¡Usted es Ángela Ruiz Robles! Sí hombre, ¡la que está desarrollando una enciclopedia mecánica!

—Pues sí, es cierto. Y por ella estoy aquí —respondería la maestra con una cordial sonrisa—. Veo que me ha reconocido, pero que, además, sabe de mi invento.

—¡Pero cómo no voy a conocerla! —exclamó ilusionado el colega admirador—. ¡Si me quedé pasmado cuando leí su entrevista en el diario *Pueblo* donde contaba usted todo lo que ha hecho. Bueno. ¡Y tiene ya más reconocimientos que los que tendré yo en dos vidas, madre mía!

Doña Angelita volvía a sonreír modesta aunque sin dejar de estar ufana por lo que, es cierto, había conseguido. Su primera distinción fue en 1947, nada menos que la Cruz de Alfonso X el Sabio, concedida, según se establece en la orden civil que lleva el nombre de tan ilustrado rey, «por méritos contraídos en los campos de la educación, la ciencia, la cultura, la docencia y la investigación o que hayan prestado servicios destacados en cualquiera de ellos en España o en el ámbito internacional». Una Cruz, además, que se la había impuesto el mismísimo alcalde del Ayuntamiento de El Ferrol, a donde llegara hace ya casi treinta años. Desde entonces, su vida como docente se había desarrollado por completo allí.

* * *

Corría el año de 1918 cuando una joven maestra, tras obtener su grado en la Escuela Normal de Magisterio en León y haberse estrenado como profesora cerca de su lugar de origen, impartiendo sus primeras clases en La Pola de Gordón, en la comarca de la Montaña, llega a Galicia. Había obtenido una plaza para el concello de El Ferrol, concretamente para una de las trece parroquias con que cuenta el municipio: la de Santa Eugenia de Mandia[79]. Una parroquia con apenas varios centenares de habitantes y medio centenar a lo sumo de alumnos. Unos alumnos que, como todos los que pasaron por su aula, jamás olvidarían a doña Angelita. Como ella no lo haría jamás teniéndoles siempre en mente. El magisterio de Ruiz Robles era verdaderamente vocacional. Vivió siempre para la enseñanza y para sus alumnos. Alumnos que veía cargar todos los días con sus pesadas carteras, hecho este que sería seguramente su primera inspiración para lo que iba a pergeñar. Fue su manzana de Newton. Su bañera de Arquímedes. Pero para que ocurriera lo que iba a ocurrir, siempre hay un antes.

Doña Angelita pasaría ahí diez años desarrollando una labor que incluso continuaría cuando la pequeña escuela cerrara. De ese modo, seguiría visitando en las mismas casas a quienes necesitara de sus lecciones, y de una manera desinteresada, altruista. Ya que este sería uno de los rasgos que más claramente podemos encontrar en ella a lo largo de su vida. Ni siquiera sus invenciones tuvieron como meta obtener un beneficio que no fuera el que pudiera derivar del mismo para aquellos que las pudieran usar. Cuando tuvo que abandonar Mandia, sus vecinos la tenían en un grandísimo aprecio reconociendo el magnífico trabajo que había desarrollado en su parroquia[80]. No en vano tres años antes, en 1925, de manera colectiva solicitaron a las autoridades «una distinción oficial por sus méritos indiscutibles».

Ya nadie criticaba a esa joven que llegó con tanta ilusión como la que mostraba abiertamente, con una vitalidad exenta de complejos. Como cuando montaba a caballo, no a mujeriegas como debía de esperarse del recato propio de su cargo, sino como

---

[79] El topónimo gallego actual es Santa Uxia de Mandiá.

[80] El periódico *El Ideal Gallego* el 18 de diciembre de 1925, publicaría un artículo sobre ella y su actividad en la citada escuela indicando que estaba «realizando una magnífica labor».

cualquier hombre, a horcajadas. Al fin y al cabo, como cualquier joven, que recordemos que no dejó de llegar a dicha parroquia con unos muy lozanos veintitrés años. Los mayores llegarían a escandalizarse «porque una maestra no puede hacer estas cosas», llegando incluso a quejarse ante el alcalde. Pero esa maestra haría mucho más en su día a día para acallar tales ranciedades y ganarse el respeto de todos. Hasta conseguir, como queda citado, esa primera distinción salida del cariño de los vecinos de Santa Eugenia.

Marcharía en 1928 definitivamente a Ferrol con la familia, donde iba a residir y llevar a cabo toda su labor pedagógica y vital hasta su muerte en 1975. Ferrol, de hecho, la recoge y reconoce ya como hija suya y cierto es que si uno es de donde pace (como rústicamente nos recuerda el refranero), en esa tierra también se casaría y tendría descendencia. Tres hijas habidas con un marino mercante, del que enviudaría tempranamente. Tuvo que lidiar siempre, como cualquier mujer, con lo que hoy conocemos como conciliación laboral, ya que por la profesión de su marido eran habituales las veces que se encontraría sola con él navegando como parte intrínseca de su trabajo. Mujer, madre, ama de casa, maestra… Todo lo era y todo lo hacía sacando tiempo de donde fuera.

—Buenas noches, mamá —le dirían con arrobo sus hijas al acostarse—. ¡No estés mucho tiempo trabajando, ¿eh?

—No os preocupéis —respondería ella—. Siempre hay un poco de tiempo más en el día que aprovechar.

Y como recuerdan sus hijas (¡incluso más tarde su nieto!), se quedaban dormidas escuchando el sincopado y característico sonido ya olvidado de las teclas golpeando el rodillo, tras quedar impresas por la cinta bicolor palabras, frases, libros… escritos a costa de horas de sueño. En apenas ocho años, entre 1938 a 1946, escribiría dieciséis libros. Sus publicaciones siempre trataron modos y maneras de hacer más sencillas las labores de estudiantes y profesionales. Sus primeras obras y más reconocidas serían *Compendio de ortografía castellana*, *Ortografía castellana* y *Taquigrafía martiniana abreviada moderna*.

Un especial método taquigráfico, de hecho, fue lo primero que inventaría en 1916, con 21 años y al inicio mismo de su carrera, con los apuntes de sus estudios aún calientes en sus manos. Este procedimiento estaba basado en un sistema de signos y caracteres basado en «vocales martinianas», llamadas así por Francisco de Paula Martí Mora, el introductor en España del sistema de estenografía (o taquigrafía) en 1799[81]. El método de Ruiz Robles, como ella misma explica, «sobrepasaba con facilidad grandes velocidades en la escritura y la traducción». De este modo, «la taquigrafía radiografía la palabra rápidamente, su condición de arte-ciencia es el álgebra de las letras, como el álgebra es la taquigrafía de los números». Verdaderamente ponía pasión en aquello que hacía.

Ángela, como maestra, quiso hacer que las cosas resultaran más fáciles. No para ella como docente, sino para sus alumnos. Quería desarrollar una herramienta que fuera cómoda y ayudara a sus pupilos. Sin equivocar, como en estos tiempos se hace con ciertos programas informáticos tan en boga usados por los malos profesores, el presuntamente mejorar sus clases, con resultarles más cómodo el darlas a tales perezosos educadores. Ella piensa en quiénes y cómo van a poder disfrutar de sistemas o de instrumentos que les haga la vida más fácil. Como ella misma diría en una ocasión, «se viene a este mundo no solo a vivir nuestra vida lo más cómodo y mejor, sino a preocuparse de los demás para que puedan beneficiarse de algo ofrecido por nosotros».

Tanto fue así que, en los periodos más convulsos de nuestra historia en el siglo XX, doña Angelita supo y tuvo muy claro cuál era su papel y qué había que hacer en cada momento y con quién contar para llevarlo a cabo. Al margen de banderías, política o ideología. Pues nunca se le supo actividad alguna o adscripciones reconocidas en esos campos. Cierto es que

---

[81]   Francisco de Paula Martí Mora, por cierto, es otro de los grandes olvidados de la invención, pues fue el inventor de la pluma estilográfica o pluma fuente, décadas antes de las patentes oficiales en Inglaterra y Francia, donde un estudiante que vivía en París, el rumano Petrache Poenaru, quedaría con la gloria del invento.

los cambios educativos que introdujo la República fueron de su agrado. Las ideas krausistas habían ya arraigado con facilidad en España, con la Institución Libre de Enseñanza (ILE) como mascarón de proa. Desde su creación en 1876, la ILE siempre abogó por imponer tales ideales krausistas para de este modo hacer realidad que la enseñanza fuese pública, gratuita, obligatoria y laica en todos los niveles primarios. Y sobre todo hay que señalar el empeño de dos grandes mujeres como doña Emilia Pardo Bazán y Concepción Arenal, para que estuviera garantizado el acceso a la educación a la mujer.

Con la instauración de la República ciertos aspectos educativos supusieron un aliciente en la tarea docente de muchos maestros. Pero también hubo momentos terribles. En el año de la Revolución de Asturias de 1934, se encargaría, al ser nombrada gerente, de la Escuela Nacional de Niñas del Hospicio, realizando como siempre una sobresaliente labor. Tal revolución dejó en un estado precario a muchas familias de maestros que acabaron en la cárcel. Con un espíritu caritativo consecuente con su fe cristiana, se suscribiría a un fondo de ayuda para esas familias consistente en cincuenta céntimos mensuales. Al estallar la terrible Guerra Civil española, el alzamiento triunfa en La Coruña como casi en toda Galicia.

La irracionalidad que toda guerra conlleva, siendo esta civil, se convierte en exponencial. De este modo Ángela Ruiz Robles, doña Angelita, sería investigada y se le abriría un expediente por una acción tan noble como era el estar suscrita para apoyar, como ella decía, a los más vulnerables: «No me pareció que fuese nada malo el atender a los niños». La Comisión Depuradora del Magisterio de La Coruña, que incoara tal expediente contra ella en 1936, y ante la avalancha de declaraciones favorables a la maestra, junto con su sencillo a la vez que sincero alegato, acabaría archivando tal expediente sin, por supuesto, dar paso a la sanción de un mes de empleo y sueldo con que se le quería hacer penar. Se la confirmaría con todas las de la ley en su cargo en 1941.

Durante ese tiempo tampoco quedaría mano sobre mano. ¡Todo lo contrario! Seguiría impartiendo clases privadas, las cuales no dejaría de darlas durante los siguientes años para preparar a opositores de diferentes cuerpos. Pero sobre todo empezando a escribir esos libros ya mencionados. Su dedicación a la enseñanza es total. Citemos lo que recogen sus biografías a partir de este momento: En 1945 será profesora de la Escuela Obrera gratuita. En 1948 enseñará taquigrafía, ortografía, gramática y mecanografía en el Colegio Ibáñez Martín, que iba a ser ya su destino definitivo. De hecho, en 1959 accederá al cargo de directora, que mantuvo hasta su jubilación. Sin olvidar las décadas que estaría al frente de su propia institución: la academia para adultos, ELMACA, un acrónimo hecho con los nombres de sus tres hijas: Elena, Elvira y María del Carmen, creada para preparar a todos los jóvenes que estaban sin trabajo tras la guerra. Su objetivo siempre fue por y para «la juventud, que estuviera bien preparada para que encontraran trabajo».

Pero también quería algo más. Quería que esa preparación resultara fácil. Resultara divertida. Además, que fuera práctica. Y que no supusiera un esfuerzo físico extra. ¿Físico? Aún hoy en día, y pese a la implantación de nuevas tecnologías, los niños y jóvenes que marchan a las escuelas, colegios, institutos... van cargados de mochilas aún mayores y más pesadas que las de los exploradores alpinos; o arrastran *trolleys*, que tal vez no pasarían el control para ser considerados equipajes de mano por ciertas compañías aéreas. ¿Es necesario acarrear tal peso, entonces y hasta hace no tanto, en esas recias carteras que los niños portaban con la esperanza de no hacerse dejado nada en casa?

A raíz de esta motivación inicial aparentemente tan simple, doña Angelita empezaría a trabajar en varios proyectos, especialmente uno que ahorrara las «energías intelectuales y físicas» para todos los alumnos que contaran con su invención. Con lo que realizaría en 1944 la primera de sus creaciones: el proyecto del Atlas Científico-Gramatical con el que poder conocer España mediante su gramática, la sintaxis, la morfología, la ortografía y la fonética. De hecho, tanto en francés como en inglés, podía leerse: *El primer Atlas Gramatical de la lengua española, lo que es una ayuda para los extranjeros*[82]. Esta obra estaría aprobada por el Ministerio de Educación Nacional (sic) para servir de texto en las escuelas, según está publicado en el *Boletín Oficial del Estado* de 7 de septiembre de 1959. Obviamente, no podía dejar de lado la taquimecanografía, por lo que también crearía una máquina *ad hoc* que permitía llevar a la práctica el método ya desarrollado por ella. Con esta máquina y su sistema se podía garantizar una lectura rápida y una traducción de lo anotado, de manera natural. Además, podía utilizarse y era aplicable para otros idiomas, no solo para el español.

Pero la revolución vendría en 1949. Doña Angelita, que cuando le preguntaban por qué tenía ese alma de inventora, respondía que lo que hacía lo hacía «por vocación, nacida de la inquietud que se apodera de mí cuando me doy cuenta de que puedo participar en que la Humanidad aprenda con el menor esfuerzo posible». Con la idea de que el peso de las carteras no fuera una cruz añadida en el camino al Gólgota, que parecía que era el ir a unas escuelas ya de por sí con sistemas de enseñanza arcaicos (recordemos la influencia en ella de la ILE y de las ideas krausistas), con estos ideales quiso hacer algo que no fuera solo alivio físico, sino intelectual. Y divertido. Algo que en estos días, cuando se habla de trastornos como el TDAH en los niños, algunos pedagogos dan una visión controvertida: «No existe Trastorno de Déficit de Atención e Hiperactividad (TDAH), solo niños aburridos en clase[83]».

---

[82] Tenía una idea sobre lo práctico que sería, y así quiso hacer en todas sus invenciones, el que se usara un solo idioma. En el sistema taquigráfico lo había conseguido en cierto modo, pero para el resto de sus inventos llegó a pensar en el uso del esperanto. Una lengua que llegó a tener un reconocimiento en España cuando incluso Alfonso XIII llegó a nombrar a Zamenhof, su creador, Comendador de la Orden de Isabel la Católica. Sin embargo, su uso acabaría politizado al ser habitual en las fuerzas antifranquistas durante la guerra, aunque ya en 1950 volvió a ser tolerado, creándose nuevos grupos y asociaciones esperantistas. Creo más que Ruiz Robles no terminó de verlo práctico, centrándose en las lenguas universales del momento junto con el español: el francés y el inglés.

[83] María Acaso. *Reduvolution: hacer la revolución en la educación*. Paidós. Barcelona, 2013.

Se propuso concebir un libro «ideovisual, didáctico y a su vez interactivo». Se pondría manos a la obra, a dibujar esquemas a lápiz y con tinta azul sobre papel de cebolla; a lograr lo que nadie aún había sido capaz de prever. El artilugio quería semejar en cierta medida un libro, pero tendría que ser muchos libros en uno. Para llevar a cabo esa idea a la práctica, implementó un sistema de carretes intercambiables donde estaría transcrita la información. Por otro lado, se usarían láminas diferentes para que el alumno pudiera interactuar con ellas, aprendiendo a medida en que la iba tocando, allá donde se planteara la pregunta o donde el alumno quisiera aprender más (cuando era inimaginable algo como una pantalla táctil por supuesto). Para que todo fuera de fácil lectura, se podrían usar lentes de aumento o hasta que fueran graduadas para cada usuario en concreto, haciendo más fácil la lectura, pero también que cupiera más materia reduciendo el libro en volumen y peso. Y algo absolutamente revolucionario: la posibilidad de que el propio texto ¡estuviera iluminado por sí mismo! Según indica en la patente, que tuvieran los textos «la propiedad de ser luminosos para estudiar y leer sin más luz que el resplandor del mismo».

El caso es que el día 7 de diciembre de 1949, nuestra admirada maestra ferrolana Ángela Ruiz Robles inscribiría en la Oficina Española de Patentes y Marcas este innovador artefacto de «un procedimiento mecánico, eléctrico y a presión de aire para lectura de libros». Sería registrada esta patente con el nº 190.698, y publicada el 16 de enero de 1950. En ella hablaría incluso de los nuevos materiales que estaban apareciendo para construirlo. De este modo explicita la utilización de materiales ligeros como el papel terso y la cartulina obviamente, pero también del uso del plexiglás (o cristal irrompible), la goma elástica (que resistiría la presión del aire), y el propio uso de la electricidad. Aunque debiera de hacerse con materiales «Higiénicos por poderse hacer en materias impermeables». Perdóneseme la broma, pero esta propiedad está claro que era obvia que una gallega la tuviera en mente, habida cuenta del húmedo clima norteño.

El aparato contaría con pulsadores mecánicos, a la vez que eléctricos. Con un sistema de pilas (o batería de algún tipo) podría incluso iluminarse a voluntad según el alumno fuera pulsando o interactuando con la lección correspondiente. Esta interacción sería claramente un antecedente de lo que hoy conocemos como «hipertexto», ya que a medida que el alumno interactuara, se iluminaría la bombilla correspondiente a la referencia que se tratara. Contaría con «abecedarios automáticos» que, además, mediante otros pulsadores mecánicos, podrían formarse incluso pequeñas frases. En sus bocetos podemos ver hasta tres líneas de abecedarios con 15 pulsadores diferentes sobre ruedas que portaban tipos para formar palabras. Un rústico teclado, podríamos decir, pero en extremo práctico para lo que se pretendía conseguir.

Estamos hablando de la historia de una mujer pionera, inventora, y de todo lo que supuso su invento. Para ser conscientes de la grandeza de lo realizado por esta ferrolana de León, que gracias a su familia cada vez más está siendo ya reconocida de manera universal, hemos de acercarnos visualmente a su obra. Es interesante ver fotos, croquis o diagramas de su invento, de lo que fue el prototipo. Pero dejemos a la propia doña Angelita, a doña Ángela Ruiz Robles, hablarnos y describirnos su invento como recoge una publicación[84]:

> Abierta [la maleta o caja que lo porta], consta de dos partes. En la de la izquierda lleva una serie de abecedarios automáticos, en todos los idiomas: con una ligerísima presión sobre un pulsador se presentan las letras que se deseen, formando palabras, frases, lección o tema y toda clase de escritos.
>
> »En la parte superior de los abecedarios lleva a la derecha una bobina con toda clase de dibujo lineal, y en la de la izquierda otra con dibujo de adorno y figura.
>
> »En la parte inferior de los abecedarios, un plástico para escribir, operar o dibujar. En la parte interior, un estuche para guardar asignaturas. En la parte de la derecha van las asignaturas, pasando por debajo de una lámina transparente e irrompible, pu-

---

[84] *Gaceta de la Actualidad Técnica.* Año II, núm 14, septiembre 1955.

diendo llevar la propiedad de aumentos, pueden ser estos libros luminosos e iluminados para poder leerlos sin luz.

»A la derecha e izquierda de la parte por donde pasan las materias lleva dos bobinas, donde se colocan los libros que se desee leer en cualquier idioma; por un movimiento de los mismos van pasando todos los temas, haciendo las paradas que se quieran o queda recogido.

»Las bobinas son automáticas y puede desplazarse del estuche de la Enciclopedia y extenderse, quedando toda la asignatura a la vista; puede estar sobre una mesa (como los libros actuales) o perpendicular, facilitando comodidad al lector, evitando con ello gran número de esfuerzos intelectuales y físicos. Todas las piezas son recambiables.

»Cerrado, queda del tamaño de un libro corriente y de facilísimo manejo. Para autores y editores el coste de sus obras se aminora considerablemente, por no necesitar ni pasta ni encuadernado y queda impresa de una tirada, o cada una de sus parte (si consta de varias), resultando este procedimiento un bien general»

Si esto último no es adelantarse (¡desde 1949, recordamos!) a lo que es un *e-book* o un *i-Pad* o una *tablet* o lo que luego nos vendería la tecnología foránea como la gran novedad del pensar diferente (que parece que siempre nos es ajeno en nuestros pagos), que venga Juanelo Turriano (que debería ser el santo patrón laico de los inventores españoles) y lo vea. Hablamos de que faltan todavía veintidós años hasta la fecha considerada oficial de la invención del libro electrónico en Estados Unidos. Y, sin embargo, esta gallega nacida en la montaña leonesa nos lo acaba de presentar con toda la visión de lo que nos iba a llegar sin que nadie en aquel momento lo imaginara siquiera.

Su éxito tuvo reconocimiento en las exposiciones de inventos, tanto nacionales como internacionales. Su actividad fue frenética viajando con su idea, dándola a conocer, y al menos teniendo la satisfacción de que no había creado algo sin valor.

Hagamos recuento de las distinciones que recogería durante estos años. En 1952 recibe la Medalla de Oro y Diploma en la Primera Exposición Nacional de Inventores Españoles. En 1956, el Ministerio de Educación Nacional le concedería el Lazo de la Orden de Alfonso X el Sabio, un grado por encima de la Cruz que ya había recibido años antes. En 1957 obtendría el Oscar a la invención en la Feria Oficial y Nacional de Zaragoza. Ese mismo año ganaría la Medalla de Bronce en la Exposición Internacional de Bruselas, su primer galardón internacional. Y solo un año más tarde, en 1958, le sería entregada la Medalla de Bronce por las novedades pedagógicas también en Bruselas. En su propia patria chica de adopción, en Galicia, sería nombrada Gestora Delegada de los Inventores Españoles para dicha región en 1959.

Sin embargo, el proyecto no ve la luz. Ella sigue pagando el coste del mantenimiento de la patente hasta que decide aprovechar estos años y replantear todo lo que había hecho para presentar en 1962 una nueva patente de una *Enciclopedia Mecánica* con todas las mejoras posibles. En esta ocasión incorporaría aspectos aún más revolucionarios, como la posibilidad de tener sonido de tal modo que las explicaciones de cada tema puedan además escucharse, y también podría usarse tanto de manera vertical como horizontal. Simplemente increíble.

Ángela Ruiz Robles ve que cada vez hay más innovaciones tecnológicas en otros campos, pero en la educación no se ven plasmados:

> Si los muertos resucitaran, verían los avances en teléfonos, en que ya no tardamos 24 horas en llegar hasta Madrid, en los televisores… Se darían cuenta del paso del tiempo. Pero si miraran la enseñanza, pensarían que no había pasado el tiempo, o que se equivocaron de siglo y que continuábamos como en la Edad Media.

Como especifica y podemos así cotejar con la idea original, esta *Enciclopedia Mecánica* renovada que presenta:

> Consta de dos partes. En la de la izquierda lleva una serie de abecedarios automáticos, en todos los idiomas; con una lige-

rísima presión sobre el pulsador se presentan las letras que se deseen, formando palabras y frases. En la parte superior de los abecedarios lleva a la derecha una bobina con dibujo lineal y en la de la izquierda otra con dibujo de adorno y figura. En la parte inferior de los abecedarios, un plástico para escribir, operar o dibujar, y después poder borrar lo hecho. En la parte de la derecha van las asignaturas, pasando por debajo de una lámina transparente e irrompible, pudiendo llevar la propiedad de aumento; pueden ser estos libros luminosos e iluminados, para poder leerlos sin luz».

»Pueden utilizarse tintas o pinturas fluorescentes o fosforescentes, con lo que se consigue una cómoda lectura en la oscuridad. Una parte de la caja dispone en su interior de un dispositivo magnetofónico o medio análogo de grabación sonora, que permite dotar de sonido a las lecciones desarrolladas. Otra de las partes del libro o del estuche está provista de instrumental para dibujo y trabajo cultural, así como reloj, brújula, termómetro, barómetro y cuantos instrumentos se consideren oportunos.

»A derecha e izquierda de la parte por donde pasan las materias lleva dos bobinas, donde se colocan los libros que se deseen leer en cualquier idioma; por un movimiento de las mismas van pasando todos los temas, haciendo las paradas que se quieran o quedar recogidos. Las bobinas son automáticas y pueden desplazarse del estuche de la enciclopedia y extenderse, quedando toda la asignatura a la vista. Puede estar sobre una mesa, como los libros actuales, o perpendicular, facilitando comodidad al lector. Entre bobina y bobina va un estuche para llevar varias asignaturas. Todas las piezas son recambiables. Cerrada, queda del tamaño de un libro corriente y de facilísimo manejo. El peso puede rondar los cuatro kilos pero, una vez industrializado, se reduciría considerablemente. Para autores y editores el coste de sus obras se aminora considerablemente, por no necesitar ni pastas ni encuadernado y quedar impresa de una tirada.

»Bastaría tener un solo libro para toda la vida, y diversos rollos de papel con infinidad de temas. Las editoriales podrían contribuir a perfeccionar el sistema con depósitos de material escolar

En esta ocasión no quiere dejar el proyecto en papel y bocetos como ocurriera en 1949, con lo que consigue realizar físicamente un prototipo que se construiría en el parque de artillería de Ferrol. Aprovechando contar con tan magníficos mecánicos, saldría finalmente un modelo construido con bronce, madera, zinc y papel. No era la idea, pero resultaba una maqueta práctica para poder ser visualizada y presentada en exposiciones, y ante quienes quisieran invertir en esta *Enciclopedia Mecánica*[85]. Ella insistía en que lo que pretendía con esta innovación era, como podemos verla y oírla en una entrevista dada a Televisión Española[86]: «Aliviar la enseñanza. Con el mínimo esfuerzo conseguir los máximos conocimientos».

Sin embargo, la prensa especializada tildaba aquello como un «invento que rozaba el mundo de la abstracción». O en palabras del periodista Luis Matías López, su opinión sobre la *Enciclopedia Mecánica*, como voz influyente que era en esos albores de los años setenta del pasado siglo xx, sería:

> Las palabras de doña Ángela suenan un tanto utópicas. La sustitución de los libros, en su actual forma, parece más un sueño que un proyecto viable, pero la idea está ahí, en espera de «padrinos» que la hagan posible.

El 20 de octubre de 1971 se firmó un estudio previo en el Instituto Técnico de Especialistas en Mecánica Aplicada, S.A. (ITEM), con un predesarrollo del producto para comercializarse de manera importante, único modo de que resultara rentable. El estudio se calculó sobre la base de 10 000 unidades, que supondría una inversión inicial de entre 100 000 y 150 000 pesetas, una cifra alta para la época. El precio de comercialización, sin embargo, se estimó entre 50 y 75 pesetas por aparato, lo que estaba al alcance

---

[85] Desde el 2006 al 2012 se pudo contemplar como una gran atracción, esta Enciclopedia dentro de la Exposición del Museo Pedagógico de Galicia (MUPEGA) en Santiago de Compostela. Hoy en día podemos admirar aquel prototipo que nunca llegaría a ser de uso ni comercializado, en la Exposición permanente del Museo Nacional de Ciencia y Tecnología de La Coruña.

[86] Ver Bibliografía.

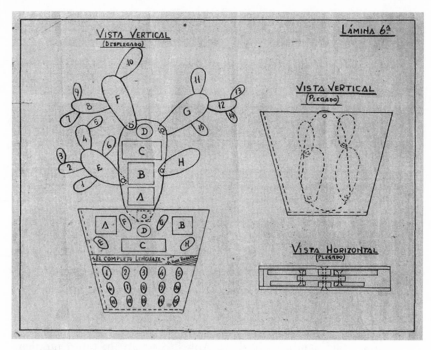

Una de las láminas del Libro Mecánico *según diseño de la autora. Este tipo de láminas eran intercambiables y permitían una interactividad con ellas. Las partes, como el caso de esta lámina, se desplegaban o replegaban para guardarse mejor dentro del soporte del libro. Muchas de ellas se iban encendiendo según se interactuaba con las diferentes partes que mostraban.* Archivo de los herederos de Ángela Ruiz Robles, publicado en 2013 por los Ministerios de Economía y Competitividad, y el de Educación, Cultura y Deporte.

de cualquier alumno independientemente del poder adquisitivo de su familia. ¡Casi estuvo a punto de ver doña Angelita por fin su obra hecha realidad! 25 000 duros del momento lo impidieron, pues, pese a que el propio Ministerio de Educación y Ciencia lo había aprobado como un libro de texto, la financiación jamás se consiguió. Ni pública, ni privada. Las editoriales no quisieron apostar por un proyecto que no acababan de entender.

Paradójicamente sí llegaría una propuesta de financiación y compra de este invento que en tanto se estaba adelantando a su tiempo. Vendría (¡cómo no!) de Estados Unidos. Doña Angelita nunca quiso que su invento saliera de España ni que fuera otro lugar donde lo viera hecho realidad. ¡Quién sabe qué hubiera pasado si hubiera aceptado tal propuesta!

Alegoría de la Villa de Madrid, representada como mujer. Tal es la importancia femenina, que Clío, musa de la Historia según la mitología clásica, mujer como el resto de sus hermanas, nos da lecciones desde el origen de los tiempos de un reparto de papeles entre hombres y mujeres.

Mariana Pineda en capilla. La granadina Mariana es todo un símbolo contra el absolutismo del rey felón Fernando VII, cuya traición a la Constitución salida de las Cortes de Cádiz permitió entrar de nuevo en España, en apoyo del monarca, a los Cien Mil Hijos de San Luis, una expedición militar francesa. Obra de Juan Antonio Vera Calvo realizada en 1862.

María de Pacheco. Noble castellana nacida en La Alhambra granadina en 1497, conocida como la Leona de Castilla. Esposa del toledano Juan Padilla, fue una de las almas de los Comuneros junto con Bravo y Maldonado. Museo del Prado. Madrid.

Juana I de Castilla con sus hijos. Primera reina en ejercicio de la Historia Moderna, de una España unificada. Hija de Fernando V de Aragón y de Isabel I de Castilla, tras la muerte de esta, las luchas por el poder entre las diferentes facciones la llevaran a ser finalmente encerrada por su padre, y mantenido tal encierro por su hijo Carlos, que pasaría a correinar sus territorios.

Isabel Barreto, almirante y adelantada de las islas Salomón al fallecer su marido, Alvaro de Mendaña. Desde su infancia fue muy bien educada, culturalmente hablando. No solo recibió instrucción en latín, griego y gramática, sino también en geometría, matemáticas y geografía.

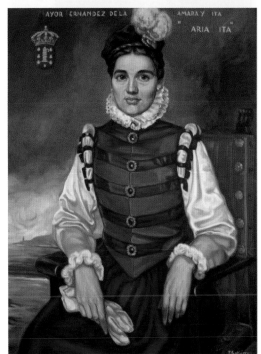

Mayor Fernández Pita, más conocida como María Pita. No dudó, como el resto del pueblo de La Coruña, a lanzarse a las murallas para defenderlas del asalto de la Contraarmada inglesa, que tras el desastre de 1588 de la mandada por Felipe II contra Inglaterra, fue la respuesta bélica enviada por la anglicana Isabel I.

Urraca I de León y de Castilla, casada con Alfonso I de Aragón y de Pamplona. Tuvo que vérselas durante su reinado con fuertes luchas intestinas en las que no contó con su marido el monarca aragonés, más interesado en sus guerras particulares y en hacerse con los territorios de su consorte para su propia Corona. Ayuntamiento de León.

Berenguela I de Castilla. Su sangre no podría concentrar, en ascendentes y descendientes más importantes personajes y, sobre todo, transcendentales para lo que va a ser España. Por sus venas corría la sangre de Urraca I, su tatarabuela, mujer que no solo ciñó corona, sino que ejerció el poder. A su muerte, su hijo Alfonso Raimúndez reinaría como Alfonso VII el Emperador. Ayuntamiento de León.

A la izquierda, Beatriz Galindo, que pasaría a la posteridad con el sobrenombre de la Latina, por ser mujer docta como pocas en su tiempo sobre esta materia. A la derecha, Sofía Casanova, novelista, poetisa, dramaturga y corresponsal de prensa, que estuvo a punto de obtener el Nobel.

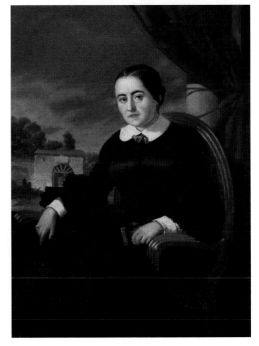

Cecilia Bohl de Fäber, escritora del siglo XIX, que, como tantas otras mujeres a lo largo de la Historia, tuvieron que hacerse pasar por hombres para triunfar. Firmaba su obra con el seudónimo Fernán Caballero.

Representación de Egeria, cronista de viajes hispana ya en el siglo VII. Como buena viajera, no deja de reseñar en sus escritos aspectos curiosos, todo aquello que le llamase la atención pero que además fuera interesante relatar para futuros lectores.

Mercedes Formica. Falangista convencida, su carrera profesional la ejerció básicamente durante el franquismo. Feminista, fue novelista de la Generación del 36 y ejerció como abogada.

Ángela Ruiz Robles, maestra, pionera e inventora. Sus aportaciones a la mejora de los medios y métodos para la enseñanza tuvieron gran reconocimiento en las exposiciones de inventos, tanto nacionales como internacionales.

Malinalli, doña Marina. Heredera de un cacique del pueblo Oluta, en México, fue llamada la Malinche, por el sobrenombre con el que denominaban los naturales del país a Hernán Cortés. Un hecho inusitado en la Historia que prueba la importancia que tuvo la participación de esta mujer excepcional en la conquista de la futura Nueva España.

Escarapela que ostentan en la actualidad las mujeres de Palencia en su traje tradicional, con la que muestran, orgullosas, ser herederas de quienes supieron luchar en el siglo XIV para defender su ciudad.

Carmen de Burgos, Colombine. Mujer bohemia, amante de los viajes, el arte y la literatura. Republicana y feminista, luchó contra la pena de muerte y contra las guerras; peleo a favor del divorcio y batalló acerca del voto femenino, pero, sobre todo, fue la primera periodista profesional de España.

Dolors Aleu Riera, barcelonesa nacida en 1857, hija de un doctor en Farmacia. Médica con todos los derechos en una época en que a la mujer le era muy difícil ejercer esa profesión; mantuvo durante veinticinco años su consulta en la Rambla de Cataluña en las especialidades de Ginecología y Medicina Infantil.

Las Sinsombrero, nombre por el que son conocidas las mujeres pertenecientes por edad a la Generación del 27, pero que nadie recuerda, en contraposición a sus colegas varones.

Elecciones generales del 19 de noviembre de 1933, la primera vez que la mujer pudo votar en España. Un derecho para la mujer que hoy veríamos increíble que no tuviera.

Desde 2018, a propuesta de la alcaldesa de Madrid, Manuela Carmena, Ángela Ruiz Robles cuenta con una calle propia en el distrito de Villaverde en una nueva zona donde primarán las actividades de tipo innovador. No merecía menos ni lugar más adecuado donde estar para siempre su nombre.

EPÍLOGO

Illinois, Estados Unidos, 1971

El novato universitario Michael Hart había salido a dar un paseo. Un día para ver los fuegos artificiales del 4 de julio, los tradicionales en todo el país en el día de su fiesta nacional. Sin embargo, le apetecía más disfrutar de otro plan en un lugar menos caluroso: el Laboratorio de Investigación de Materiales. De camino entró en un establecimiento donde, por ser el día que era, le obsequiaron con un ejemplar de la Declaración de Independencia de los Estados Unidos. ¡Aquello molaba! Tenía que compartirlo con sus amigos. Era un texto del que estar orgullosos:

> *We hold these truths to be self-evident, that all men are created equal, that they are endowed by their Creator with certain unalienable Rights, that among these are Life, Liberty and the pursuit of Happiness*[87].

¡Hermosas palabras! Y para algo tenía una cuenta de usuario de la Universidad de Illinois que le había proporcionado ese mismo día el mejor amigo de su hermano, a la sazón encargado de la computadora central de esa institución, la Xerox Sigma V[88]. Se puso manos a la obra para trascribirla en un teletipo y poderla

---

[87]   «Sostenemos como evidentes estas verdades: que los hombres son creados iguales; que son dotados por su Creador de ciertos derechos inalienables; que entre estos están la vida, la libertad y la búsqueda de la felicidad».

[88]   Este ordenador concretamente será uno de los 15 nodos de la red de ordenadores de las diferentes universidades norteamericanas, que posteriormente se convertiría en lo que hoy conocemos como Internet.

compartir por un todavía, incipiente correo electrónico. Pero no pudo. ¡Pesaba nada menos que 5 K de memoria[89]!

Con lo que pensó de qué manera podía llevar a cabo el que ese texto, ¡o tantos otros!, no pudieran almacenarse para que pudiera leerlos un lector cualquiera desde el dispositivo que contara. Porque seguro que a no muy tardar los ordenadores podrían estar al alcance de todos. Ni pensar en algún tipo de artefacto portátil por el que se pudiera incluso leerlos. Así empecerá a desarrollar el conocido Proyecto Guttenberg, una biblioteca digital de acceso gratuito donde poder leer a Shakespeare, a Homero, a Mark Twain, la Biblia... Aquellos que están ya libres de derechos y por tanto, de dominio público. Michael Hart en doce años lograría transcribir 313 libros. Hoy ese proyecto cuenta con más de 50 000 títulos. Esos archivos convertidos en textos electrónicos fueron lo que hoy conocemos como libros electrónicos o *e-books*. Michael Hart nunca sabría que la idea de un lector de los mismos para aprender, un mecánico *e-reader*, había tenido su antecedente más de dos décadas antes en un pequeño pueblo marinero gallego llamado Ferrol. Y realizado por una mujer visionaria llamada Ángela Ruiz Robles. Doña Angelita.

BIBLIOGRAFÍA

ABAD, Mar: «Ángela Ruiz Robles: la española que vislumbró la era digital en los años 40». Yorokobu, 21 de junio de 2015.

---

[89] 5 K de memoria equivalen a unos 5100 bytes. Para hacernos una idea, 1 Megabite (MB) son 1 000 000 de bytes. Unas 1000 K. Lo que equivale a un libro de 500 páginas, o un minuto de música en MP3. O unas cuatro fotos en baja resolución que se mandan por WhatsApp. Esa Declaración de Independencia... era solo una página, y no se podía enviar por la magnitud del archivo en comparación con la capacidad de la Red en ese momento.

Annals of the Computation Laboratory of Harvard University. Volume I. Cambridge, Mass.; Harvard University Press, 1946-1967.

CON CIENCIA: «Ángela Ruiz Robles, la inventora gallega del libro electrónico». RTVE, 12 de noviembre de 2013.

CULTURAGALEGA.ORG.: «Ángela Ruiz Robles. Mestra exemplar, escritora e inventora no eido da didáctica». Comisión de Igualdade. Consello da Cultura Galega, 2007.

LEBERT, Marie: *History of Project Gutenberg*. Project Gutenberg News, 2010.

PAYÁ, Carmen: *Una mujer triunfa*, Dorimar, 1963.

REBOREDO, Daniel. «El sueño krausista y la Institución Libre de Enseñanza». *El Diario Vasco*, 28 de octubre de 2006.

ROJAS ROMERO, Elena. «El libro mecánico, precursor del libro digital, nació en 1949 y su inventora fue una maestra de El Ferrol». *Marchamos: Revista de Comunicación interna de la Oficina Española de Patentes y Marcas*, Año XII, no 39, 2010.

SECRETARÍA GENERAL TÉCNICA. CENTRO DE PUBLICACIONES: *Ángela Ruíz Robles y la invención del libro mecánico*. Ministerio de Economía y Competitividad y Ministerio de Educación, Cultura y Deporte. 2013.

VI

Doña Marina, Malinalli

Una mujer para hacer una nueva España

*Después de Dios,
le debemos la conquista de la Nueva España a Doña Marina.*

Rodríguez de Ocaña, dicen que citando a Hernán Cortés

Valladolid, 1550

Las calles de la ciudad estaban calladas en esa tarde fría de otoño. Casi parecía que era ya invierno por culpa del viento norteño. A una de las casas solariegas, tan modesta como noble, un soldado cincuentón, de barba luenga y ya cana, entraba como si fuera la suya. En la sala, junto al crepitar que dos recios leños de roble hacían en el fuego de la enorme chimenea, una dama morena, serena, vestida con ropajes tan de calidad como sencillos, aguardaba silenciosa mientras leía un viejo ejemplar del *Amadís*. Al ver entrar al que era buen amigo y conocido desde hacía más años de los que quisiera recordar, una sonrisa franca que desarmaba, tanto como su ingenio, dio la bienvenida al recién llegado:

—¡Bernal!, hoy os dejáis ver más tarde —dijo con tranquila admonición.

—Mi doña, no estuvo en mi ánimo haceros esperar, pero ¡ya sabéis cómo son estas cosas de tanta solemnidad! —respondió el soldado—. Y tampoco quiero demorar mucho mi regreso a Guatemala. A ver si estas Juntas aclaran ya si lo que estamos haciendo en aquellas tierras de ultramar y por las que tanto luchamos, es contrario a Dios, al Diablo, ¡o a lo que ese dominico, el tal Bartolomé de las Casas, dice que hicimos![90]

—Sosegaos, amigo Bernal, sosegaos —respondió de nuevo la anfitriona con una sonrisa que, sin embargo, escondía una enfermedad que pronto acabaría con ella.

—Eso quisiera yo —refunfuñaba el veterano—, y no digo que no hiciéramos cosas que, tal vez, no fueron correctas. Como lo que le hicimos a Guatemozín[91]. ¡Pero los usos de la guerra son los que son! Que no parece sino que aquellas «guerras floridas» como mejor sabéis vos que yo, de esas guerras mexicanas, ¡fueran de verdad a base de geranios y claveles!

La anfitriona reprimió una carcajada ante su anfitrión, viéndole como estaba tan enojado. Llamó a la criada para que le trajera un poco de vino caliente con nuez moscada, a ver si así el calor se iba para dentro y templaba su ánimo. Una vez servido el hipocrás, mirando ambos hacia la hipnótica lumbre, animó a su amigo con una sugerencia:

—Ya que tanto os encorajina el que otros hablen de lo que no han vivido, o saben de oídas de otros que ni sabemos si saben o no, ¿por qué no os animáis a escribir la verdadera historia de lo que fue aquella conquista de la Nueva España?

El soldado por un momento dejó de mirar el fuego. Dio un tiento al especiado vino. Y tras cavilar un poco, como si de pronto demasiados recuerdos se le agolparan en la mente, le respondió:

---

[90] Hace referencia a las Juntas de Valladolid y los célebres debates que tuvieron lugar en 1550 y 1551 en el Colegio de San Gregorio de Valladolid dentro de la llamada polémica de los naturales (referidos a los indígenas americanos), y que enfrentó dos formas antagónicas de concebir la conquista de América.

[91] Cuauhtémoc, el héroe nacional mexicano por excelencia al representar la resistencia final al invasor. Sería sometido a tortura tras la caída final de Tenochtitlán-México, para que dijera qué se había hecho con el tesoro de la ciudad. Años más tarde Cortés le mandaría ajusticiar ahorcándole tras las sospechas de una conspiración liderada por él junto con otros caciques, contra los españoles.

—¡Quién iba a creer tales cosas? Apenas si reconoció el Emperador la gesta de don Hernando, y a vos… A vos…

—¿A mí? —preguntó sin dejar su inteligente sonrisa.

—¡A vos ni os reconocen ni saben que existís! Este empeño en venir a ver a vuestro hijo Martín y que abandonarais vuestra cómoda residencia en Chapultepec para intentar dar con él en Castilla, justo ahora que el que fuera vuestro esposo Jaramillo ha muerto (que Dios le tenga en su gloria) no sé a qué porfía se hace. Pero al mismo tiempo os escondéis en las sombras de un olvido tan injusto, ¡que si la gente supiera que sin vos dudo que hubiéramos logrado tan gran conquista, no habría calle para tener tanto cortesano a vuestra puerta para besar el terciopelo de vuestro vestido!

Rio ahora de buena gana la anfitriona y amiga, y poniéndole una mano en el hombro, le dijo:

—Pues escribid, fiel amigo, escribid. Y de mí no os preocupéis. Hice lo que tenía que hacer. Haced ahora vos que el nombre de don Bernal Díaz del Castillo sea también famoso por sus letras, y haced inmortal lo que pasó. De mí… ¡alguien tal vez escribirá!

* * *

Unos la llaman La Puta. La Chingada. Otros, han olvidado su nombre. Dicen que nació para ser princesa. Acabaría siendo esclava. Y señora de nuevo. Su pueblo era un pueblo al que dejaría, a su pesar y a la fuerza, para ser savia nueva de otro ajeno. Amante, esposa, madre… Todo eso lo fue, sí, pero sobre todo fue la clave para un Imperio. O para dos. Uno que ayudaría a derrotar. Otro sin cuyo concurso el conquistador de tales tierras jamás hubiera podido decirle al emperador de otras lejanas en la mar, que tantas más le había procurado como todos sus padres y abuelos juntos. Porque al César Carlos de Gante, I de España y V del Sacro Imperio germánico le hizo aún más grande un extremeño versado en leyes por la Universidad de Salamanca llamado Hernando de Cortés. El mayor conquistador en gesta desde Alejandro Magno. Pero no es menos cierto que no hubiera sido posible tal hazaña sin el concurso de una mujer fuerte, inteligente, dicen que hermosa, y con tanta o más personalidad, recursos y coraje, que los amos de los mundos en que le tocará vivir.

Era nahúa. La llamaron doña Marina. Pero para eso aún quedaban años.

Región de Coatzacoalcos[92]*, ca. 1513*

—¡Malinalli! ¡Malinalli! ¡Tu padre te hace llamar!

—¡Ya voy, *siuatekutsin*! —contestó la joven con cara preocupada, al salir corriendo no sin terminar su ofrenda de copal en el altar de la casa.

—¡Mucho «amada señora» para tu madre, pero ve pronto al llamado de tu *tekutsin*, que es tu padre! Veremos si por mucho tiempo…

El «amado señor» era uno de los caciques del pueblo de Oluta. Una villa no muy lejos del mar oriental por el que pronto vendrían empujados por Ehécatl[93] enormes lienzos de tela llevando casas de madera de donde saldrían hombres-dioses. El padre de la joven se encontraba más en el *Mictlán*, en el inframundo, que

---

[92] El nombre se refiere estrictamente a la ciudad portuaria, hoy en día sita en lo que conocemos como el Estado de Veracruz, en México, cuyo significado curiosamente hace alusión al lugar donde míticamente se establece la partida hacia el este de Quetzalcóatl, la divinidad principal azteca, en un barco hacia su morada al otro lado del mar, dejando la promesa de su vuelta.

[93] Dios del viento, al que se le considera como otra representación de Quetzalcóatl, el dios del sol, de tez clara y barbado que habría de volver por Oriente, y al que parece ser que confundieron con Cortés. Este mito pudo ayudar en un principio a los conquistadores, pero precisamente las mujeres fueron las primeras que, al yacer con ellos, se dieron cuenta de lo humanos que eran tales dioses, como refiere magistralmente el académico Antonio Mingote en su *Historia de la Gente*. Círculo de Lectores. Barcelona, 1984.

en el de los vivos. Para desgracia de la joven, casi más bien una niña todavía. Ella se había educado de la mejor manera como la élite a la que pertenecía su linaje. Una educación que le hizo destacar en el *calmécac*[94] donde sobresalía por su facilidad para el estudio, hablando correctamente tanto su idioma *mixé* natural, como el náhuatl, así como gustando de las artes pese a su temprana edad.

Por desgracia, ni las ofrendas ni los médicos pudieron hacer nada por su padre. Apenas si pudo despedirse de él. Nunca imaginó que su muerte sería también la despedida de la vida que tenía, y que su destino estaría marcado para transitar por caminos que nadie podría jamás haber previsto, ni aún el más sabio de los *teopixqui*, de los sacerdotes del templo. Pues pronto su madre iba a contraer nuevos esponsales, como parte de la casta a la que también pertenecía, ya que siendo también noble como lo era su marido, no tardaría en buscar quien le pudiera continuar su estirpe mediante un hijo varón. Al fin y a la postre, en tantas culturas tan diferentes y alejadas andan en igual visión con relación a la supremacía del varón sobre la mujer. Tal vez por un reflejo de las sociedades guerreras, que todas han y hemos sido. Y la inteligencia muchas veces sucumbe ante la realidad de la fuerza.

Heredera de un cacicazgo, Malinalli Tenepal, una niña nacida como heredera para ejercer el poder ante su pueblo, y desde muy temprana edad preparada para ello, se vio relegada al darle su madre un hermanastro. Por tanto, un sucesor predominante sobre ella. No todos lo iban a ver así. Su padre había sido tan querido como respetado, y había logrado la paz con los terribles mexicas de la gran Tenochtitlán a base de negociar tributos lo menos gravosos para su pueblo. Malinalli era la heredera a los ojos de muchos, y eso no podía ser así. Sin embargo, cuando la ambición se desborda, el amor se transforma en envidia y hasta en odio. Su propia madre urdió un plan para hacerla pasar por muerta. No sería difícil, ya que esclavas y sirvientas tenía de sobra para convertir la muerte de una de ellas, especialmente escogida por su parecido,

---

[94] Colegio especial para gente de la nobleza, en contraposición con el Telpochcalli donde se instruían los hijos de la vasallos o del común.

por la de su hija. ¡Quién iba a negar que una madre no reconocería muerta a quien pariera, aún desfigurada por unas supuestas fiebres!

Ahora solo hacía falta que desapareciera. Y nada mejor para conseguirlo que mediante un trato con traficantes de esclavos que dejarían al pueblo tranquilo a costa de un buen negocio. Como lo fue la venta de una princesa para ser llevada a quienes seguro que pagarían un buen precio por una sirvienta tan bien preparada. Así fue. Y así llegaría hacia la región frontera con los mayas llevada a la fuerza por unos tratantes mexicas de Xicalango, hacia una zona al sureste casi anegada en agua cercana al mar, lo que la convertía en un exuberante vergel de frondosidad inimaginable para cualquier occidental en aquella época.

Comenzaría una vida de servidumbre y de inevitable resentimiento, al no entender cómo era posible que su suerte fuera ahora la de una esclava de las que tantas tuviera su padre, en manos de quienes eran sus enemigos naturales. Aunque no eran menos abundantes los enemigos en un nuevo mundo donde se diría que estaba más dividido que en taifas lo estuvo Al-Ándalus, o en feudos Europa entera. No menos infrecuentes por tanto, eran los enfrentamientos y batallas entre ellos. Cada cacique hacía de su señorío su minúsculo reino, con el que muchos no se conformaban. Si para colmo, como era el caso, el lugar donde llegó Malinalli era frontera, el conflicto era inevitable.

De una de esas contiendas acabaría como tributo de los vencidos mexicas de Xicalango a los mayas de Potonchán, donde pasaría al servicio del cacique Tabscoob, el primero que empezaría a tener trato con unos recién llegados por el mar. Con un adelantado que llegaría en 1518 llamado Juan de Grijalba, que entre la toponimia local de ese lugar, *tlapalco* o lugar de tierra mojada (casi anegada dirá cualquiera que viaje a esos parajes), y el nombre del que se hacía llamar dueño de todo aquello, al final los oídos castellanos, que nunca fueron especialmente buenos para lenguas y sonidos tan complejos, acabaron por nominar ríos y todas aquellas tierras como las de Tabasco.

¿Qué impresión le causarían a Malinalli aquellos nuevos guerreros de tez clara y ropajes extraños? Solo podemos aventurar con cierta seguridad que ávida curiosidad más que temor alguno. Por su carácter conocido y comportamientos posteriores es fácil deducir que la que se había transformado de aquella niña joven convertida en mercancía de nuevo, en una joven mujer esclava del poderoso cacique maya, estaría más interesada en conocerles que en huir de ellos. Al fin y al cabo, no creía que esos años de esclavitud, en los que dominaría la lengua maya sin que ella imaginara lo importante que ese nuevo saber iba a suponer para ella y para la Historia, fueran a ser peor con otros señores a los que servir. Pues no es fácil, pese al tiempo, saberse preparada para lo más alto, y tener que asumir que su vida es ya la más baja; que ni siquiera le pertenece.

Para quien ha nacido dentro de un sistema de castas inamovible, haberse convertido en una persona excluida de un sistema social debía de ser desesperante. Como esclava toda su vida sería la del servicio y el trabajo rutinario sin consideración alguna hasta que muriera o fuera sacrificada para acompañar a su señor sirviéndole en la otra vida, o bien incluso como ofrenda a los dioses si la situación lo requiriera. Sabemos cómo eran aquellas sociedades en un tiempo tan cruel como cualquier otro; tan injusto como en cualquier latitud diferente; era lo que le había tocado vivir y fue una superviviente. Y mucho más. Sobre todo a partir del 14 de marzo de 1519.

Batalla de Centla. Los indígenas mayas chontales[95] comandados por el orgulloso cacique Tabscoob van a enfrentarse contra los invasores del mar. Pero no sería contra Grijalva que conociera y al que creyó haberle dejado claro quién era señor de aquello, sino con quien pondría el primer hito de la Conquista de México: Hernán Cortés. El día antes, las tropas españolas tomarán el pueblo de Potonchán. La batalla campal del día siguiente es demoledora, pues junto con el uso de las desconocidas armas de fuego, se producirá la primera carga de caballería en América. Con escasos 16 jinetes, pero que producirían pavor ante los que consideraban no menos que cen-

---

[95] «Extranjeros», según su significado en náhuatl. Muy posiblemente llamados así despectivamente por sus enemigos aztecas. Un término seguramente asimilable al concepto etimológico de «bárbaro» que usaban los romanos.

tauros. Así, apenas 400 soldados ganarían la primera de las batallas contra miles de aquellos mayas.

El resultado no fue sino la entrega de este tributo al vencedor, y el intento de una alianza con el vencido. En el pago de nuevo Malinalli sería moneda de intercambio junto con otras compañeras entre las que destacaría casi de inmediato. Tanto que tras el *Te Deum* de campaña tras la victoria se hizo misa para bautizarlas y recibirlas como las primeras cristianas en aquellas tierras, y hay quien asegura que el nombre que recibiría sería dado por el propio Cortés recordando la estirpe de sus padres, Martín y Catalina, de donde saldría uno de los nombres con los que pasaría a la historia: Marina.

Valladolid, 1550

María había llegado por la mañana a la casa solariega que había conseguido gracias a la buena renta que su padre, Juan Jaramillo, le había legado a su muerte. Jaramillo había obtenido una ganancia ciertamente importante en los años que estuvo al frente de la encomienda de Xilotepeque que le concediera Hernán Cortés, junto con algo más valioso: la mano de doña Marina. De ese enlace nacería María. Un matrimonio que parecía que ponía fin a la tormentosa relación entre Malinalli y el que sería nombrado marqués del Valle de Oaxaca por la conquista de la llamada Nueva España. Pese a esta nueva condición familiar, la que fuera mano derecha del conquistador aún tuvo que hacer un nuevo viaje a Honduras con quien llegara a ser llamado y conocido en esas tierras por ella. Pues Hernán Cortés era llamado Malinche, esto es, el que tenía a Marina o iba con Malintzin.

Nunca en la Historia se diera un caso en que un mismo nombre designara tanto al varón protagonista de una empresa de esta envergadura, y a la mujer que aparentemente fuera solo su faraute. Su heraldo. Su intérprete. Pero es que tan Malinche fue Cortés como Marina. Tan importante uno como la otra. Y él siempre lo supo aunque apenas lo reconociera. La deseó. La amó. La necesitó. La despreció. La respetó. Y la quiso olvidar. Como ella mismo hizo. Parecía que habían nacido uno para el otro y casi fue lógico que un solo nombre acabara designando a ambos. Aunque esto también se haya olvidado.

Malinche…

—Madre, os veo hoy más fatigada —le dijo María a su madre doña Marina cuando la vio aún morosa en el tocador habiendo sonado ya Tercia en la iglesia de San Benito.

—No es nada, hija —respondió con un inusitado brillo apagado en sus ojos color obsidiana—. Algo mohína… ¡Demasiados recuerdos me trajo ayer a la cabeza la visita de Bernal!

—¿Qué os aflige, madre? Contadme. ¿Es por las noticias sobre Martín y su lucha por sus asuntos con la Corte? ¿El recuerdo de padre? ¿El de don Hernando…?

—La melancolía no es buena amiga. ¡Y un poco todo, María! De Martín sé que saldrá adelante, aunque le cueste sufrimientos. ¡Es tan terco como su padre! Del tuyo, sé que fue feliz con doña Beatriz de Andrade cuando fingimos mi muerte (¡otra vez más aunque esta vez con mi consentimiento!) para que se pudiera casar con ella, y seguir siendo alcalde de esa nueva ciudad de México sin necesidad de escándalos. Al fin y al cabo, fueron bonitos esos años de paz con él… pero no era feliz. ¿No crees que hice bien permitiéndole que rehiciera su vida como se merecía tan buen hombre, soldado leal y tan noble como fue? Al fin y al cabo, y como dijera anoche Bernal, ¡ni saben si existo o existí!

—¡Cómo podéis decir esas cosas, madre! ¡Seguro que ahora que tantos libros se publican no me extrañaría que salierais en más de uno![96] —intentó animarla zalamera sentándose junto

---

[96] Es ciertamente notable el hecho de que Malinalli-Marina salga, en efecto, representada gráficamente tantas veces en varios códices de la época, como el Florentino (1547-1580), el de Tizatlán, el de Tlaxcala, con especial mención a lo que se conoce como el Lienzo de Tlaxcala de 1552 (casi una novela gráfica, un cómic, de lo que fue la Conquista) donde aparece de manera protagonista incluso en batalla. O en las ilustraciones de la *Historia de las Indias* de fray Diego Durán hechas por los miniaturistas, los *tlacuilos*, de Texcoco. Un hecho inusitado en la Historia, sin duda, y que da prueba de la importancia que se le quiso dar a la participación de esta mujer excepcional.

a ella mientras que, cogiéndole el cepillo, empezó a peinarle la aún larga cabellera, aunque cana, que solía luego recoger en dos rodetes laterales.

Doña Marina le hizo un gesto con la mano como queriendo espantar una mosca o una idea tan absurda. Sin embargo, su cabeza pronto volvió a cruzar el océano y a revivir cosas… demasiadas cosas… Volviendo la cabeza hacia su hija, empezó a contarle:

—¿Sabes? Tú naciste ya cuando todo había acabado. ¡Ya, ya! No me pongas esa cara… ¡Te lo habré contado mil veces, supongo! Pero no termino de quitarme de la cabeza lo que fue todo aquello… ¡Cuando imagino de nuevo aquel encuentro con Hernán! Sí, no me mires así. Sabes que quise mucho a tu padre. Pero ese maldito *teule*[97] se te metía en el corazón como lo hizo en mí y en todos los locos que le siguieron. ¡Unos pocos cientos de orgullosos y arrogantes que ni sabían dónde estaban y que no buscaban sino el oro! Unos cientos contra millones. Y ganaron. Ganaron… Ganamos.

»¿Seré yo ya tan española como para tener en mí el orgullo de decir que sin mí no se habría logrado? Tal vez. Pero ¿cómo si no hubieran podido saber tanto de los que eran también, nunca más mis señores naturales, sino mis enemigos? Cuántas veces oí como muchos de aquéllos altivos aztecas me llamaban «traidora». ¿Cómo puede nadie traicionar a quien ni ama? Ese nunca fue mi pueblo. Los soberbios hijos de Aztlán[98] se creían con más derechos que nadie sobre esas tierras que todos labraban y vertían sus sangres por ellas: tlaxaltecas, mazahuas, otomís, purépechas, chichimecas, botunás, tepanecas, chontales, totonacas… ¡Ya no recuerdo tantos y tantos pueblos! Pagando muchas veces hasta con carne y con sangre por vivir en paz. Por vivir. ¡Ah mexicas! Os creísteis con derecho para tener dominio sobre nosotros… pero al final dejamos de ser vosotros para ser otra cosa.

---

[97] Parece ser que era la palabra con la que llamaban a los españoles asimilándoles de algún modo con «dioses».

[98] Lugar casi mítico de donde provenían los aztecas

»Aún puedo acordarme, María, de la primera vez que vi a Cortés. Si sus armas, arcabuces y culebrinas, echaban fuego, él lo provocaba. ¡Debí darme cuenta en seguida de que más que un dios era un diablo! Pero un diablo al que nadie pudo resistirse. Ni sus hombres. Ni otros hombres que mandaron por él (como los que mandara desde Cuba ese mediocre del gobernador Velázquez) y a los que luchó, venció e hizo suyos. Como ocurriera en Yucatán nada más desembarcar él. Como pasó en Tabasco donde nos conocimos. Donde se le odió, pero jamás se le venció. Como pasara en Cempoala, donde empezaron a unirse a su ejército. Como cuando llegamos a la altanera república de Tlaxcala...

»Cortés ya sabía entonces dos cosas. Una, por uno de sus capitanes, Alonso Hernández de Puertocarrero, al que me entregó: Que yo conocía y entendía el maya y el nahúa tras verme hablar con varios de aquellos que traían de porteadores y, sobre todo, con el admirable páter Jerónimo de Aguilar, cuyas aventuras y desventuras merecerían al menos una buena novela de esas que tanto se están poniendo ahora de moda[99]. La otra, que me deseaba tanto o más como la fortuna y la fama que perseguía. Así, casualmente fue el bueno de Alonso el que fuera mandado a España con su primera carta para el Emperador, y yo así pasé a ser suya sin darse cuenta que él acabaría siendo mío.

»Yo no era ninguna tonta, hija mía, menos tras tantos años como esclava sirviendo a quien mi padre hubiera tenido como poco por igual. Sabía cómo comportarme, qué quiere un amo, y cómo sobrevivir sirviéndole con un simple secreto: adivinar lo que necesita y adelantarme a sus deseos. Con Hernán nada era simple. Él el que menos. Sus palabras eran melosas y sus promesas para conseguirme de grado en vez de por fuerza como hubiera podido, me halagaron. Cuando vi cómo barrenó sus propias naves para que todos supieran que no había más camino que el suyo, estaba claro que no era alguien que fuera a aceptar noes por

---

[99]   Torcuato Luca de Tena noveló la vida de este otro intérprete, traductor o «lengua» como se les decía, de Cortés, en un libro delicioso que recomiendo: *El futuro fue ayer*. Planeta. Barcelona, 1987.

respuestas, melindres por excusas, y valladares que impidieran su paso. En ningún campo. Cuando empezó a preguntarme por lo que él solo sabía de oídas y mal, de la gran Tenochtitlán, supe que llegaría a ella pasara lo que pasare. Y que yo le ayudaría.

»Empezó a darse cuenta que su superioridad era grande, pero que no iba a ser empresa fácil. Que negociar muchas veces es mejor que batallar. Que sus leyes, notarios y jeringonzas que aprendiera en Salamanca le darían derechos y legajos que llevar a España. Pero no le harían ganar un imperio como al que nos enfrentamos. No sabía ni la mitad de lo que yo le enseñé. Que el bueno del páter Aguilar podía traducir en ese maya que tan sorprendentemente aprendiera que casi pierde el conocimiento de su propia lengua castellana. Pero no podía interpretar. Que muchos confunden una cosa con otra. No sé cuántas veces salvaría a Cortés por no traducir lo que decía, sino por interpretar lo que deseaba para que quien le oyera por mi boca, también lo quisiera.

»Como pasó en Tlaxcala, que se empeñaron en no dejar franco el paso intentando impedirlo por las armas. No pudieron. Vieron entonces si no sería mejor cambiar de idea. Al final, sus dudas en si continuar haciéndonos la guerra o hacerse aliados contra el imperio que tanto nos oprimió, como así habían hecho los más de mil guerreros totonacas que ya nos acompañaban y luchaban bajos los pendones castellanos, desaparecieron. Y yo estuve en esas conversaciones. En todas la negociaciones. Y Cortés empezó a verme a mí más necesaria que Aguilar. Por eso quise hacerme imprescindible. Por eso quise hacer bueno mi apellido de antaño, Tenepal, «la que habla con vivacidad», que no parece sino que fuera augurio, y aprender cuanto antes la lengua castellana, que se me antojaba fácil tras ya hablar varias otras.

»El páter me ayudaba tanto como los soldados en su empeño en enseñármela, que bien que me respetaban sabiendo a quien servía. Al final lo acabarían haciendo, pero por mis hechos, al verme siempre en primera fila y hasta en la batalla. Que poco se dice que no me escondí en ellas y buen servicio me hizo aquella rodela y un puñal de acero toledano, que sin ser diestra en armas, la necesidad es maestra inmediata cuando tu vida está en juego.

Y pronto nos vimos a punto de perderla tras casi caer en una celada en la imponente Cholula. Pero lo impedí.

»Lo impedí… pero no la matanza. ¿Por qué siempre me han culpado de aquella matanza? Parecen olvidar lo cruel que es la guerra. ¡Todas las guerras y en cualquier sitio! ¿O es que la gente no sabe contar cuántos muertos hizo el emperador Carlos en esa de Alemania contra los herejes protestantes?[100] María, por más que te digan, he de jurar por la Virgen que te da nombre que las cosas no pueden contarse si no se viven. Y mis recuerdos de aquella jornada se vuelven turbios en mi mente. Cholula… Tú no la llegaste a ver. ¡Era impresionante y el último jalón para llegar a Tenochtitlán! Pero eran aliados suyos, y los de Tlaxcala, rivales y enemigos. ¡Mucho costó convencer a unos y a otros de respetarse! Unos que nos dejaran paso franco. A los otros, que no entraran en la ciudad. Y entre medias los constantes emisarios (que desde el principio del camino que emprendiéramos en la costa venían a nuestro encuentro) de Moctezuma Xocoyotzin, el *tlatoani*[101] de los mexicas, al que tantos tributos hubo de dar mi padre y trabajó mi pueblo… (¡mi antiguo pueblo!), urdiendo tretas y engaños para retrasar o impedir nuestra llegada.

»¿Interpreté mal lo que oí? Ya no lo recuerdo. Pero estaba claro que no quisieron ser aliados. Seguramente Cortés se veía muy cerca y no quería aguantar excusas. Seguramente los tlaxaltecas quisieron empezar a cobrarse renta por la alianza en sangre y esclavos. Seguramente creyeron los de Cholula que teniéndonos en el recinto de la ciudad, y nuestros aliados fuera, sería el momento perfecto para acabar con esos falsos *teules* mejor que en batalla abierta contra sus armas y sus bestias. Al final miles murieron a manos nuestras y de las de Tlaxcala para evitar la traición o para dar escarmiento… Pasados por las armas sin piedad. ¡No lo recuerdo, pero así pasó! Y así conseguimos más aliados para que

---

[100] Se refiere a la a batalla de Mühlberg de 1547, en la que los integrantes de la Liga Esmalcalda que se enfrentaba al emperador perdieron unos 8000 hombres.

[101] «Gobernante», literalmente, «el que habla», que puede entenderse como «el que da las órdenes»; el que manda.

nada ni nadie pudiera impedirnos llegar a la capital, ni ningún enemigo se quedara a nuestras espaldas.

»¡Tú, María, ya la conociste muy cambiada! Hubo que reconstruir mucho tras destruir tanto. Pero ya ves qué gran ciudad sigue siendo. Tan majestuosa como duros fueron sus habitantes. Mi lengua sirvió de mucho. ¡Casi consigo que aquella aventura quedara como las que leí en ese libro sobre las Galias y el episodio de César en Alesia![102] Pero hubo negociación, y logré que Cortés y Moctezuma se entendieran. ¡Dos grandes de dos mundos frente a frente! Yo ya no era una esclava. Había vuelto a ser una señora, una *cihuapilli*[103], y junto con el que todos confundían nada menos que con Quetzaltcoatl, el dios del Oriente, el ser supremo que acabaría con aquellos tiempos según las profecías. Y frente al señor de los mexicas. De todos los aztecas. Y logré que hasta casi fueran amigos. Nunca me sentí pequeña ante ellos, y mis palabras hicieron más por que hubiera paz para esa nueva era inevitable, que para lo que luego sucedió.

»No sé si es la naturaleza de los hombres, la locura o su ambición lo que los ciega, pero todo se perdió cuando mataron su propia gente a un Moctezuma que conocí bien para decir que era buena persona y que no fue tan mal gobernante. Cuando tras una partida con Cortés, dejando así la ciudad, el loco de ese capitán Alvarado que el diablo ya lo tenga con él, hiciera tan grande y absurda matanza en el templo, de ahí y por todo eso acabamos teniendo que huir de Tenochtitlán como saqueadores más que como conquistadores, en tan triste noche de junio. ¡Aún recuerdo a Hernán preocupado por ver si el páter Aguilar y yo salíamos con bien! Y la desesperación por haber perdido cuanto había costado ganar más con palabras que con acero. Recuerdo curiosamente, las palabras de un soldado que, viendo a Cortés abatido guardando la retirdada, le dijo: «Señor capitán, no esté vuestra merced tan triste, que en las guerras estas cosas suelen acaecer». Tal era el extraño temple de la estirpe de la que yo

---

[102]   Se refiere al libro *La guerra de las Galias* de Julio César, y el episodio final de las mismas con el asedio a la ciudad de Alesia, donde se rindiera el caudillo galo Vercingetorix.

[103]   Dama noble, en náhuatl.

ahora soy parte, y madre del nuevo linaje de sangres mezcladas que corren por las de mi hijo Martín…

»Al final, la épica del caballero… La batalla imposible en la llanura de Otumba… Los bergantines llevados a mano para hacer caer de nuevo Tenochtitlán… Ya no era el tiempo de las palabras. Pero yo no dejé de estar allí con él jamás. Apoyándole, aconsejándole, amándole… Todo está demasiado lejano para haber ocurrido no hace tanto… ¡Perdóname, María! Me temo que he vuelto a cansarte con mis chocheos ya de vieja, que tan harta han de tenerte.

Doña Marina paró el relato. Parecía cansada por evocación tan realista, que pareciera como si de nuevo todas las fatigas de aquellos años las hubiera vuelto a vivir. Pidió a María, la hija que tuviera con su único esposo legítimo y al que nunca amó aunque respetó como reencarnación de la promesa de libertad que le diera Hernán Cortés junto al mar un lejano día de 1519, que la acostara de nuevo. Ya iban a tocar el Ángelus desde la iglesia de San Benito, pero hoy no iría a poner la vela que siempre ponía para su Malinche bajo la imagen de San Pedro, al que siempre invocaba el extremeño. Ya iría mañana. Al fin y al cabo, nadie la esperaba. Nadie la conocía ya.

Sin embargo, sin la inteligencia, bravura, conocimientos, agudeza, valentía y personalidad de Malinalli Tenepal, de doña Marina Malintzin, a la que llaman y confunden con el nombre del que fuera un nuevo Alejandro Magno, la Malinche, nada hubiera sido posible. O no de esta manera. Para unos La Chingada. Para otros, la Señora. Para la Historia, la primera española de un nuevo mundo para una nueva era.

* * *

Nota bene

La mayoría de historiadores dan como fecha posible de la muerte de Malinalli, de doña Marina, entre 1528 y 1529, probablemente a causa de la viruela. Apenas seis años tras el casamiento un poco forzado con Juan Jaramillo, que parece ser que fue un buen hombre y fiel siempre a Cortés, pero que según el cronista López de Gomara el día de la boda llegó bastante bebido, no se sabe si porque el casamiento le asustaba o disgustaba más de lo pensado. De hecho, apenas la guardaría luto, si fue tal la muerte como cuentan, pues casi de inmediato se volvió a casar. En aquel momento era alcalde de México, y doña Marina hubiera muerto muy cerca del momento glorioso de la conquista, con lo que sorprende que habida cuenta del sistema tan burocrático de nuestra Corona y sus instituciones, no quedara reflejado en ningún sitio. Es más, sorprende que no haya noticias de las que serían una exequias más que relevantes habida cuenta de que fallecía la esposa de tan importante cargo público, y señora que había sido tan conocida y reconocida en vida, con lo que sigo la teoría de las cartas encontradas por Hugh Thomas y otros autores por los que se puede deducir que seguramente fallecería a edad mucho más tardía, siendo licencia de este autor diálogos y situaciones que bien pudieran haber sucedido (como las descritas en Valladolid en 1550), y que espero sirvan para un mejor conocimiento de esta mujer excepcional mediante el uso de este recurso literario.

BIBLIOGRAFÍA

ALAMÁN, Lucas: *Disertaciones sobre la historia de la República mexicana : desde la época de la conquista que los españoles hicieron, a fines del siglo XV y principios del XVI, de las islas y continente americano, hasta la independencia.* Tomo 1. Biblioteca Virtual Miguel de Cervantes, 2006.

CEBRIÁN, Juan Antonio: «Hernán Cortés. Símbolo de una conquista». *Pasajes de la Historia II: Tiempo de Héroes.* 2003.

DÍAZ DEL CASTILLO, Bernal: *Historia Verdadera de la Conquista de la Nueva España* (Vigésimo Segunda Edición edición). Porrúa, México.

DUVERGER, Christian: *Hernán Cortés. Más allá de la leyenda*, Taurus. Madrid, 2013.

FERNÁNDEZ FERNÁNDEZ, Íñigo: *Historia de Mexico*, Pearson Educación. Madrid, 2004.

GLANTZ, Margo: *Doña Marina y el Capitán Malinche.*

—*La Malinche, sus padres y sus hijos*, México, Taurus. Madrid, 2001.

GÓMEZ DE OROZCO, Federico: *Doña Marina: la dama de la conquista*, México,1942.

GRAULICH, Michel: «La matanza de Cholula», *Memorias de la Academia Mexicana de la Historia*, tomo XL, México, 1997.

HEIGHTSMAN GORDON, Helen: *Malinalli of the Fifth Sun: The Slave Girl Who Changed the Fate of Mexico.*

HERNÁNDEZ GARVI, Jose Luis: *Adonde quiera que te lleve la suerte.* EDAF. Madrid, 2014.

HERREN, Ricardo: *La conquista erótica de las Indias*, Planeta. Barcelona, 1992.

LÓPEZ DE GÓMARA, Francisco: *Historia de la Conquista de México.* Caracas, Biblioteca Ayacucho, 1984.

MONTAUDON, Yvonne: *Doña Marina: las fuentes literarias de la construcción bernaldiana de la intérprete de Cortés.* Universidad Iberoamericana. Puebla.

PRESCOTT, William H.: *History of the Conquest of Mexico.* 1843.

SAHAGÚN, Fray Bernardino de: *Historia general de las cosas de la Nueva España.* DASTIN. Madrid, 2010.

THOMAS, Hugh: *La conquista de México.* Planeta. Barcelona, 2015.

TOWNSEND, Camilla: *Malintzin. Una mujer indígena en la Conquista de México.* Era, Ciudad de México.

VELEZ, Iván: *El mito de Cortés.* Encuentro. Madrid, 2016.

VII

MERCEDES FORMICA
Una feminista durante el franquismo

El gran problema de la Generación del 36 es un problema de olvido; que alguien explique a uno y a otro bando que olvidar no es sinónimo de traición.

Mercedes Formica

MERCEDES FORMICA ERA FALANGISTA. Admiraba sobremanera a José Antonio Primo de Rivera. Su carrera profesional la ejerció básicamente durante el franquismo. Fue novelista de la Generación del 36. Ejerció como abogada. Y era feminista. Complejo cóctel. Cuando una mujer entra en la Historia por dos puertas tan aparentemente diferentes como son la literatura y el Código Civil, es que merece la pena centrarse en su biografía. Una mujer tan controvertida que es completamente desconocida fuera de ámbitos muy concretos. Tan especial, que el mismo franquismo no sabía si sentirse cómodo con su figura. Tanto como ocurre en estos días, cuando en dos ayuntamientos tan vinculados a ella, Cádiz (donde nació) y Madrid (donde ejerció), con gobiernos municipales de izquierdas de las mismas confluencias políticas, en uno han quitado el busto que la recordaba y homenajeaba públicamente en el centro de su ciudad, y en el otro, en la capital de la nación, acaban de poner una calle para recordarla. ¡Cosas de España!

El Pardo, 1958

Tras las puertas del que fuera comedor del rey Carlos III se encontraba el jefe del Estado Francisco Franco. El vencedor de una guerra civil. Caudillo de España para unos. Sanguinario dictador para otros. En esta estancia reconvertida en despacho en el palacio que usa como residencia propia, revisa unos cuantos informes que le ha pasado el ministro de Justicia Antonio Iturmendi. Le informan de que al otro lado de esas puertas está ya la persona a la que se le ha concedido audiencia.

—Excelencia, doña Mercedes Formica.

Franco no era de muchas palabras y sí de muchos silencios. Hablaba con la mirada, penetrante y seca, como sabían sus ayudantes y colaboradores. Se habían acostumbrado a ella y a interpretarla. Como ahora. El ujier abrió la puerta e hizo entrar a aquella abogada que tanto revuelo había provocado con un artículo publicado en el periódico *ABC* de Madrid el 7 de noviembre de 1953. Desde entonces, la causa de esta letrada había sido incesante. Lleva cinco años luchando para un reconocimiento en la legislación que ayude a la mujer que sea víctima del maltrato de su marido. Tanto, que la acabarían llamando «La Agustina de Aragón del Código Civil».

—Señora Formica —dijo Franco con su atiplada voz fruto de una sinusitis crónica mientras que le estrechaba brevemente la mano—. Siéntese. Ya me ha informado algo Iturmendi, ya. Pero, ¿cuál es su reclamación?

El tono era el que se podía esperar de quien estaba acostumbrado al mando. Un tono conminatorio pese a esa voz tan característica que le costaría burlas desde muy joven, empezando por su padre Nicolás, que le increpaba mofándose de él llamándole «marica». Un padre maltratador que llegó a romperle un brazo a otro de sus hijos. Un alcohólico que despreciaba a ese hijo en apariencia enclenque que motejaba como «Paquita», y que su mujer, Pilar Bahamonde, resguardaría con especial afecto. Un padre que acabaría abandonando a esta madre protectora junto al resto de su prole en El Ferrol, para irse a vivir con otra mujer a Madrid.

Franco no estaba especialmente entusiasmado con este encuentro. Sabía de sobra de Mercedes Formica, pues se preparaba las entrevistas a conciencia, rodeado de papeles. Queriendo ser tan puntilloso (como hacía su admirado Felipe II en El Escorial); realizando anotaciones en cuanto papel llegara hasta sus manos, queriendo dejar todo atado y bien atado[104]. Esta novelista metida a abogada no era de su agrado. Su libro *Monte de Sancha* había sido finalista del premio Ciudad de Barcelona en 1950. Demasiado político para su gusto. No era una historia amable, desde luego. Una novela de dos enamorados, en aquella Málaga en ebullición de 1934, en la que cada uno tomará partido. Ella, burguesa, al esconder incluso a un falangista[105] en su casa. Él, miliciano, un trabajador. Artesano de un barrio más que humilde como era El Perchel. Y al final, el estallido de una guerra entre las dos Españas, bien representadas por los protagonistas.

Pero Franco había cedido a la entrevista de una mujer que no se rendía cuando se involucraba en algo en lo que creía. Era además «Camisa Vieja», esto es, de los que habían vestido la camisa azul de la Falange desde antes de la guerra. Un timbre de prestigio, aunque Franco jamás fuera falangista ni querido precisamente por los pocos camisas viejas que aun quedaban, como consecuencia de su actuación —u omisión—, a la hora de evitar la muerte de su fundador, José Antonio Primo de Rivera. De hecho, Mercedes Formica era de las que receló siempre de la actitud tomada por Franco ante el fusilamiento del que tanto admiraba, el 20 de noviembre de 1936. «¿Qué podía temer Franco de José Antonio?», se preguntó en una ocasión

---

[104] Expresión que queda en la memoria posterior de la Transición, la de «todo ha quedado atado y bien atado», que Francisco Franco pronunciara el 30 de diciembre de 1969 en su alocución tradicional por las fechas navideñas y de Año Nuevo. Como curiosidad, la supervisión de la retransmisión estuvo llevada a cabo por el Director General de Radio y Televisión Española, Adolfo Suárez.

[105] No en vano la protagonista, Margarita Bradley, estaba inspirada en su amiga Carmen Werner, falangista como lo era Formica.

Mercedes[106]. El caso es que tras muchas negativas por parte del ministro de Justicia para hacer una revisión del Código Civil, la ofensiva que Mercedes había realizado estos años por todos los medios posibles, literarios inclusive, habían logrado esta entrevista. ¿Qué podría contarle a Franco? Lo que ya contó a quien quisiera leerla. Como que «La ley es una trampa dispuesta para que caigamos en ella las mujeres» como expresó en 1955.

—Excelencia, «la defensa de la familia cristiana, imprescindible para el logro de una paz duradera, se consigue con la convivencia pacífica, equitativa, en la que cada cónyuge lleve su carga y cumpla con su deber. Es contraproducente para este logro el ejemplo a los hijos de la repetida mala conducta del más fuerte, qué lo es solo porqué le mantiene una ley arbitraria. […] El domicilio conyugal es la casa de la familia; y no "la casa del marido", cómo dice la ley. La familia ganaría «en moralidad y buenos ejemplos, y los hijos varones conocerían a tiempo que su mala conducta futura no se verá salvaguardada por el Código Civil, aliado a circunstancias de momento, de escasez de vivienda en este caso. Los buenos padres, que por lo general son también los buenos maridos, adquirirán la certeza de que sus hijas quedaban liberadas de una suerte dura[107]».

---

[106] En unas declaraciones a la profesora Rosario Ruiz Franco, Mercedes Formica diría que: «Franco no era falangista y entonces comprendí que aquello iba a ser lo que fue, un albondigón en el que hubo muchos conversos que para salvarse hicieron méritos muy crueles. Antes de la contienda los seguidores de José Antonio éramos poquísimos, quizás unos dos mil en toda España, y tal vez ni siquiera llegaron a ese número, y en la zona franquista solo había quedado una minoría, quizá cien o doscientos. Los que estaban en Madrid y Barcelona, murieron fusilados». El «albondigón» al que se refiere es a la mezcla que hizo Franco entre supuestos falangistas con los tradicionalistas del carlismo en lo que se llamó FET y de las JONS (Falange Española Tradicionalista y de las Juntas de Ofensiva Nacional Sindicalista).

[107] Extractos del artículo que desencadenaría todo titulado «El domicilio conyugal», publicado en el *ABC* el 7 de noviembre de 1953, tras pasar tres meses censurado pues a los censores les parecía aberrante lo que en él se decía. Finalmente, fue decisión del director del periódico entonces, Luis Calvo, el que sí se publicara, con todo lo que ello iba a provocar.

Cuando llegó al tema del limitado consentimiento de la mujer sobre los bienes gananciales, que debía de producirse en el inicio del proceso de separación, Franco respondería tajante:

—El consentimiento debe exigirse en todo momento. Con separación y sin separación.

Es evidente que no existe acta de la reunión como podemos imaginar más allá de lo que nos llegó por Mercedes en sus libros autobiográficos[108], y lo que conocemos de su postura por sus escritos públicos. Franco tenía que entender que el Código Civil que se estaba aplicando ante casos, no ya de maltratos, sino que acababan en asesinatos, en feminicidios como ahora decimos[109], la mujer estaba indefensa para prevenir su propia muerte con algo tan sencillo como la separación quedándose ella en el que también es su domicilio. Pero, aunque el culpable fuera el marido... el domicilio conyugal era el que era. Y la mujer no tenía más remedio que, bien quedarse en él a sabiendas del certero riesgo que corría, o acabar debajo de un puente o en la calle directamente porque, rota la convivencia, y siendo inocente la mujer, tras pasar los trámites judiciales pertinentes, «el juez le entregará, o no le entregará, los hijos, los bienes muebles, fijará una pensión alimenticia, pero lo que ningún magistrado sentenciará —entre otras razones porque carece de facultades para ello— es que sea la esposa la que permanezca en él domicilio común y sea el maridó culpable el que lo abandone»[110].

---

[108]   Especialmente lo relativo a este encuentro en *Espejo roto y espejuelos*.

[109]   La propia Mercedes Formica denunciaba la aberración de las penas impuestas ante un asesinato por cuestiones de adulterio: «la casada que cometía adulterio y el marido la sorprendía «in fraganti», si la mataba, ese hombre había hecho lo que debía: lavar su honor... Sólo se le desterraba durante tres meses del lugar donde había ocurrido la muerte. Si no la mataba, ella era condenada a prisión menor -seis años a doce meses y un día-, que cumplía, según decisión del marido, en una cárcel o en un convento de arrepentidas».

[110]   *Ibídem*.

A su salida de la entrevista con Franco, Mercedes, que de franquista no tenía nada como hemos comentado, salió satisfecha.

—¿Qué tal te ha ido, Mercedes? —le preguntó al llegar a la que pronto dejaría de ser por ley, «la casa del marido» (sic), su esposo Eduardo Llosent y Marañón, que fuera el editor de la revista Mediodía, la oficial en Sevilla de la Generación del 27 con muchos de cuyos miembros tanta amistad entablaría Formica desde esos tiempos en que vivían junto al Guadalquivir y que posteriormente se estrecharon al mudarse a la Villa y Corte al ser nombrado él director del Museo de Arte Moderno de Madrid.

—Yo creo que me ha comprendido —le respondió ella—. Si es verdad lo que cuentan de su vida, sería lo normal.

En este caso así fue. Franco sabía bien por haberlo vivido y sufrido en primera persona el mal ejemplo de su padre, lo que era un marido maltratador. Y el último espadón del XIX, el implacable general africanista, quien gobernara autocráticamente este país por casi cuarenta años, comprendió de sobra la situación en que las mujeres se encontraban en España. Al menos en ese punto. El proceso para cambiar el Código Civil de 1889 había comenzado. Se llegaría a cambiar la legislación en 66 artículos nada menos. La mayor reforma sufrida desde que fuera redactado por Alonso Martínez en el siglo XIX. Teniéndose que reformar como consecuencia, la Ley de Enjuiciamiento, el Código de Comercio y hasta el Código Penal Una reforma que pasaría a ser llamada, no sin poca guasa, por el jurista (y amigo) Antonio Garrigues Díaz-Cañabate como «la Re-Formica». Aunque aún estaban en el ánimo de muchos letrados y legisladores, talantes demasiados machistas para ver la trascendencia de un cambio que lo que permitía es que una mujer pudiera quedarse en su domicilio, siendo el que la agrediera quien se marchara. Tan sencillo. Tan aparentemente poco. Un paso, sin embargo, tan grande para la mujer, que iba a propiciar una serie de reformas posteriores más que sorprendentes.

Como la reforma de 1970, con la que, adelantándose a Francia por ejemplo, se iba a prever la igualdad entre hombre y mujer ante la adopción. Hay que pensar que la visión machista no era un problema inherente de la sociedad española. En modo alguno. O de un tipo de régimen u otro. En Francia, por seguir con el país citado, no renovaría sus leyes en favor de la mujer hasta 1967, y no despenalizaría el adulterio hasta 1975. ¡En Francia! Cierto es que en España, hasta 1971, no se permite a las mujeres opositar a Notarías. Hasta 1973 no tomaría posesión de su cargo la primera mujer fiscal. Hay que esperar hasta 1978 para que la primera juez de España tome posesión de su plaza. Un cuerpo, el de la judicatura, hasta entonces vetado a las mujeres sobre el fundamento de que, «en caso de que la mujer ejerciese como magistrado, juez o fiscal pondría en peligro ciertos atributos a los que no debe renunciar, como son la ternura, la delicadeza y la sensibilidad»[111].

Hay que entender que las innovaciones que trajo la Segunda República, en algunos temas como la Ley del Divorcio de 1932, contenía aspectos de la Ley de Enjuiciamiento Civil tan inconcebibles como seguir dejando claro que el domicilio conyugal era la casa del marido, y por tanto había que regular el «depósito de la mujer»[112]. Esto lo comprobaría de primera mano Mercedes Formica debido al divorcio de sus padres en 1933, ya que al no estar conforme su madre con el acuerdo y los términos del divorcio, la *depositaron*[113] fuera del hogar marital (en ese momento habían dejado su Cádiz natal para irse a Sevilla donde habían destinado al padre para dirigir la Compañía Catalana de Gas

---

[111]   Ley de Derechos Políticos, Profesionales y de Trabajo de la Mujer, 1961. Citada en la Memoria de la Comisión de Mujeres Letradas del Ilustre Colegio de Abogados del Señorío de Vizcaya del Ejercicio 2010. Universidad del País Vasco.

[112]   Hasta 1981 con el gobierno de la UCD y la Ley del Divorcio de Francisco Fernández Ordóñez, no podríamos encontrar una Ley de Divorcio realmente justa y equitativa acorde al artículo 14 de la Constitución de 1978 donde se establece la igualdad de las personas ante la Ley.

[113]   En aquellos momentos una de las consecuencias de un divorcio o separación, y que fue una de las cosas que se cambiaría gracias a Mercedes Formica, es que una vez que se dictaba la separación, la mujer podría ser depositada otra vez en casa de sus padres o en un convento.

y Electricidad), con lo que marcharon a Madrid. No cabe duda que la fuerte personalidad de la madre, y este hecho puntual del divorcio marcarían sin duda a la que apenas había comenzado sus estudios en Derecho y de Filosofía y Letras, pese a lo mal visto que tal cosa suponía.

—¿Sabe *mother* Paul? —le comentó la madre de Formica a una de sus profesoras—. Tengo intención de que Mercedes se matricule en la academia preparatoria para acceder a la Universidad.

—¡Qué me dice, doña Amalia! —respondería entre escandalizada y triste la profesora—. Ya le digo desde ahora que si la niña se quiere casar en Sevilla, que se le quite esa idea de la cabeza.

Pues en aquel tiempo las estudiantes eran poco menos que una «mezcla de prostitutas y cómicas» como contara la misma Mercedes Formica en la primera de sus obras biográficas: *Visto y vivido*[114]. De hecho, acudiría a clase acompañada de una «doña» (sí, lo que era una «dueña» de siglos pasados, una señora de compañía, vaya), doña Carmen se llamaba, ya que era la única mujer inscrita en la Facultad y, obviamente, en las aulas. Todo una contradicción sobre la base del qué dirán tratando de este modo a una mujer independiente como si fuera una frágil persona irresponsable que no puede ir sola a los sitios.

Mercedes tenía las cosas muy claras. Su madre también y de ella lo aprendería, pues quiso ésta que estuviera bien preparada y formada ante cualquier eventualidad, y que fuera siempre una mujer libre e independiente. La educación recibida fue acorde a las capacidades que la familia, afortunadamente, pudo darle. Tanto por parte del padre en un principio, como por su madre liberal Amalia Hezode Vidiella, a la que es justo citar. Con lo que tras marchar de Sevilla, seguiría sus estudios en Madrid, en la antigua Universidad Central de San Bernardo, con sus 20 años recién cumplidos. Momento en que escucharía por la radio a un

---

[114] Libro que está incluido en sus *Memorias*. Vid. Bibliografía.

joven político del que se quedó prendada en las palabras que oía, y que por supuesto se empeño en conocer. El político era José Antonio Primo de Rivera. Del que diría Formica:

> La aparición de José Antonio en la vida política, produjo el acuerdo tácito entre izquierdas y derechas para declararle una guerra a muerte. Con esta particularidad: en los ataques de las primeras latió un cierto respeto, no así en las segundas, que dieron sueltas a su mal humor con fáciles ironías. El joven inteligente, valeroso, fue temido rechazado y ridiculizado por su propia clase social, que nunca le perdonó sus constantes referencias a la injusticia, el analfabetismo, la falta de cultura, las viviendas miserables, el hambre endémica de las zonas rurales, sin más recursos que el trabajo de temporada. La urgencia y necesidad de la reforma agraria. Confundir el pensamiento de José Antonio con los intereses de la extrema derecha, es algo que llega a pudrir la sangre. Fue la extrema derecha quien le condenó a muerte civil, en espera de la muerte física que a su juicio merecía.

Es importante remarcar esta admiración por la figura de José Antonio, pues nos ayuda a comprender dos cosas: el porqué luego Mercedes, durante el franquismo, no sería alguien relevante ni conseguiría prebendas, ya que en el fondo no la consideraba como alguien «de los suyos». Y el porqué esta figura que podemos tildarla sin ningún reparo como de feminista, ha sido relegada y repudiada las más de las veces por la izquierda. No parece sino que la famosa frase del fundador de la Falange le marcara más que a ninguna otra persona pues ella, como la Falange: «no es de derechas ni de izquierdas. Porque en el fondo, la derecha es la aspiración a mantener una organización económica, aunque sea injusta, y la izquierda es, en el fondo, el deseo de subvertir una organización económica, aunque al subvertirla se arrastren muchas cosas buenas»[115]. Mercedes, que venía de una familia burguesa, conservadora, no especialmente mo-

---

[115] Discurso de José Antonio Primo de Rivera en el Teatro de la Comedia de Madrid, el día 29 de octubre de 1933, que muchos consideran como acto fundacional de ese movimiento.

nárquica aunque afín, católica, entró fascinada en lo que veía como algo rompedor.

Tan es así que la admiración entre José Antonio y Mercedes debió de ser mutua. La inteligencia y el entusiasmo serían dos facetas por las que entender cómo Primo de Rivera vería en ella alguien más que interesante y a la que promover. De este modo podemos fácilmente entender el rápido ascenso de Formica en Falange (en esta Falange, y en modo alguno en la posterior a la Guerra Civil o franquista mezclada con el Tradicionalismo; el «albondigón» citado, vaya, de la que acabaría renegando). Sería nombrada Delegada Nacional de la rama femenina del Sindicato Español Universitario (SEU), firmado tal nombramiento por la propia mano de José Antonio en febrero de 1936, lo que para Mercedes sería siempre prueba de que él nunca fue contrario a la educación de la mujer, sino todo lo contrario, como no ocurría por igual en otros partidos o movimientos políticos o religiosos.

La guerra no tardaría en estallar. La pillaría en Málaga, a donde había marchado la familia para curarse de una afección por tener un clima menos riguroso que el madrileño, lugar que le inspiraría precisamente su novela *Monte de Sancha* antes citada[116]. Lograría llegar a Sevilla donde se casaría con el intelectual Eduardo Llosent y Marañón. Un hombre, como le definiría Mercedes, «culto, refinado, divertido, generoso… Antisnob por naturaleza». Había sido compañero de Rafael Alberti y fue amigo de casi todos los miembros de la Generación del 27: Lorca, Vicente Aleixandre, Dámaso Alonso, Gerardo Diego… Incluso de Miguel Hernández. Gracias a su marido, Formica entrará en contacto con todos ellos uniéndoles una gran amistad. Muy especialmente con Federico García Lorca, su «limón lunero» como le llamaba. Para ella fue inconcebible su asesinato como se dice que se produjo, pues sabía además de la amistad de Lorca y José Antonio. Es conocido el comentario que realizara al respecto Federico en una ocasión cuando le preguntaron por Primo de Rivera: «Es un buen chico ¿Sabes que todos los viernes ceno con

---

[116]   En opinión del reputado historiador Fernando García de Cortázar, «una de las mejores novelas sobre la Guerra Civil».

él? Solemos salir juntos en un taxi con las cortinillas bajadas, porque ni a él le conviene que le vean conmigo ni a mí me conviene que me vean con él».

Sin embargo, la guerra no hace falta decir que es cruelísima. Si es civil, atroz. Mercedes Formica sufrió como millones de compatriotas. Tuvo miedo. «Mi propia situación no dejaba de ser inquietante. Vivía con el desasosiego del condenado a muerte, convencida de que podía morir. Bastaba que alguien descubriese mi fotografía junto a José Antonio, reproducida en varios diarios. Me atormentaba el peligro que, por mi culpa, corrían los míos y no sabía si, llegado el caso, pediría gracia o sucumbiría con dignidad...». Nunca se las dio de valiente, pero quiso luchar al menos con la memoria reflejada en sus obras. Tanto en sus novelas, como en sus iniciales libros de memorias: en *Visto y vivido* y, posteriormente, con *Escucho el silencio*. Pues Mercedes sería exponente de lo que muchos denominaron la Tercera España[117] que, desde luego, nunca llegó a cuajar. Ella, que venía de haber disfrutado de los profesores de la Institución Libre de Enseñanza, cuyo recuerdo tuvo siempre tan cercano y a los que tanto admiraba y respetaba, acabaría siendo también silenciada en el olvido. Ella que incluso llegaría a escribir sobre los vencidos con pesar: «¿Cuántos de ellos habrían sido víctimas de tremendas injusticias, de venganzas calculadas?».

Una mujer que, como mencionamos, tuvo siempre la oportunidad de codearse con lo más granado de la intelectualidad que se pudiera encontrar, como lo había hecho en Sevilla antes. Tanto con los que fueron sus profesores como Jorge Guillén, Rubio Sacristán, Ramón Carande o Martínez Pedroso, que con figuras como Pepín Bello (el fotógrafo de la Generación del 27), o el torero intelectual Ignacio Sánchez Mejías, al que lloraría Lorca en versos ya eternos. En Madrid serían por ejemplo Eugenio d'Ors, Cela, Torrente Ballester, Ana Mª Matute, Pedro Laín, Antonio To-

---

[117] Este concepto lo sugirió Salvador de Madariaga en *Spain* (1955) al aludir a «tres Españas» mediante «tres Franciscos» de claras connotaciones ideológicas: el dictador Franco; el líder socialista Largo Caballero, y el pedagogo y político republicano Giner de los Ríos.

var, Alfaro, García Nieto y un largo etcétera. Mercedes y su marido eran asiduos a las tertulias que se hacían en casas o en los cafés, como el de Gijón, tan cerca de su propio domicilio. Allí se encontrarían con el escritor Sánchez Mazas que llegaría a ser presidente del Patronato del Museo del Prado, los periodistas Eugenio Montes y González Ruano, el dramaturgo y cineasta Edgar Neville, el escultor Sebastián Miranda, la productora de cine Natividad Zaro, la actriz Conchita Montes, o con los poetas Luis Felipe Vivanco, Luis Rosales o Leopoldo Panero. Por citar algunos.

Una mujer que no iba a vivir, eso estaba claro, a la sombra de nadie. Era una luchadora antes que nada. Pues la vida de Mercedes Formica fue siempre lucha. Por ella. Por su familia. Y por la mujer. Acabaría la carrera interrumpida por la guerra, tras retornar de un viaje a Argentina por asuntos culturales relacionados con el Museo que dirigía su marido. Pese al brillante expediente académico que obtendría, a la hora de la verdad no le iba a valer en principio de mucho. Por el hecho de ser mujer no pudo aspirar a presentarse a oposiciones para diplomático como deseaba, ni para la Abogacía del Estado, o a Notarías. Esa situación la indignó sobremanera: «Todas mis energías las voy a emplear para que la situación cambie. ¿Qué razones había para que dejaran que la mujer entrase en la Universidad si después, terminada su carrera, no podía hacer una oposición ni acceder a ningún puesto "de responsabilidad"?». Un funcionario le llegó a soltar la impertinencia de que probara suerte como partera.

De este modo montaría despacho propio. ¿Qué otra cosa podía hacer? En aquel Madrid de finales de los años 40 solo había otras dos abogadas en la Capital: Pilar Jaraíz y Josefina Bartomeu. Se inscribe en el Colegio de Abogados de Madrid y empezaría la que sería su gran causa: la desigualdad de la mujer. Todo esto al margen cada vez más de la órbita falangista representada por la Sección Femenina presidida por Pilar Primo de Rivera, quien, pese a ello, le propondrá en su momento dirigir el semanario de la Sección. Mercedes había empezado a dar rienda suelta a su otra vocación, la literaria, publicando en la revista «Escorial» (ligada también a la Falange pero donde escribirían plumas de la talla de Baroja, Gregorio Marañón o Xavier Zubiri), su primera novela firmada con su nombre: *Bodoque*[118], publicada como libro en 1945. ¿La trama de la misma? Un caso de separación matrimonial. Premonitorio. En ella además plantea ya la injusticia de la ley a través del protagonista, un niño al que tras la separación de sus progenitores, es obligado a permanecer con su padre y la amante de este.

En 1948 sería llamada por su antiguo profesor, Francisco Javier Conde, director en ese momento del Instituto de Estudios Políticos, para llevar a cabo un estudio que sigue la senda que acaba de abrir, y ante la que ella misma se ha topado, para lograr que la ley «permitiera a la mujer llegar a aquellos puestos donde su inteligencia, vocación y preparación le llevasen. A la mujer se la admitía en la Universidad, pero a la hora de hacer valer su título le pedían que se convirtiese en hombre». Su objetivo es luchar contra la discriminación de la mujer en todos los campos. Una de sus primeras colaboraciones fue una reseña de un libro incluido en el *Índice* aún existente, de la Iglesia católica: *El segundo sexo*, de la autora francesa Simone de Beauvoir. Las reflexiones que Mercedes Formica saca tras la lectura de este texto son ciertamente más que interesantes:

> «La mujer del serrallo —ha dicho Simone de Beauvoir— puede ser más feliz que una obrera especializada». Estamos conformes en absoluto. Pero si se obliga a la mujer a salir del harén, ¿qué razones existen para que se le niegue el puesto a que su inteligencia pueda llevarle? ¿Acaso el radium, descubierto por Marie Curie, carece de eficacia por haber sido descubierto por un cerebro femenino? ¿O la significación trascendente de la Santa de Ávila y de Juana de Arco o la ciencia de Irene Corry, que últimamente proporciona el mayor avance conseguido en la terapéutica del cáncer son menos inestimables por corresponder al avance al esfuerzo y a la inspiración femeninos?[119]

---

[118] Mercedes Formica inició realmente su actividad literaria bajo seudónimo con una serie de novelas de las que llamamos «rosa». La primera sería *Vuelve a mí*, de 1943, firmada como Elena Puerto. Posteriormente *Peligro de amor* de 1944. En 1946 publicaría *Mi mujer eres tú*. Todas bajo tal nombre.

[119] *Revista de Estudios Políticos*, 1950, vol. 29, n° 49.

Como he mencionado, no se podía permitir dicha discriminación ni en el campo profesional ni en el personal. Una de las cosas más paradójicas que le ocurrió fue cuando, de nuevo, Pilar Primo de Rivera, directamente, le encargara una ponencia sobre uno de los temas en que Mercedes se estaba especializando, titulada «La mujer en las profesiones liberales», donde obviamente su conclusión no sería otra que la mujer se tiene que incorporar sin ningún tipo de trabas al mundo laboral. Organizó para tal ponencia todo un equipo de universitarias y profesionales. Todas mujeres de valía: Arquitectas, periodistas, médicas, pedagogas... Sin embargo, ese espléndido trabajo no vería la luz. Los organizadores del congreso la retirarían por considerarla feminista. La excusa oficial es que se había extraviado, según se dijo. Ya no era, en expresión que recoge Formica, «trigo limpio» para los suyos.

Ella sigue alternando literatura y ejercicio de la abogacía, dedicándose a las mujeres maltratadas. Maltratadas en casa, y en los juzgados, en donde viviría escenas surrealistas hoy en día, pero ocurridas no hace tanto:

—Y por tanto, su Señoría —pedía Mercedes ante el juez de turno encargado del caso—, no tengo por menos que solicitar como medida provisional que sea el esposo el que haga las maletas y desaloje el hogar conyugal.

—Usted se ha vuelto loca —respondió el juez—. ¿Cómo podemos tolerar que un hombre salga de su casa?

Cuando en 1953 salta el caso del asesinato de Antonia Pernia Obrador, apuñalada doce veces por su esposo, de los que se hubiera podido librar si la Ley la hubiera amparado en su separación para que fuera él quien tuviera que haber abandonado la casa de ambos, es cuando se produce el hecho que la dejaría para siempre plasmada en los libros de Jurisprudencia. Y debía de haberlo sido también, en los de Historia. La publicación del citado artículo en el *ABC* «El domicilio conyugal». Este artículo causaría un revuelo casi inmediato. A la redacción del rotativo madrileño llegaban centenares de cartas. Los corresponsales le hacen llegar a Mercedes casos de letrados donde sus defendidas han sufrido casos parecidos, para apoyar la tesis de Formica y refrendarla. Como el caso de una mujer donde su marido, que acostumbraba a llegar beodo a la casa, le propinaba palizas y, en una última ocasión, «de un puntapié le causó la fractura de una costilla y la desviación de otras». Sin embargo, la agredida es la que habría de vivir fuera del que es su hogar ya que el piso según la Ley, es del marido. Cuando se encontró repuesta, para poder subsistir pidió empleo como enfermera, pero no se lo concedieron ya que necesitaba el permiso expreso ¡de su marido maltratador!

En otro caso, un abogado protesta ante el magistrado que obligaba a que fuera la mujer la que abandonara la casa. Ante el peligro que podía correr, el magistrado dijo que si el marido llegaba en alguna ocasión a matar a su cónyuge se instruiría un sumario contra él y que, en todo caso, la culpa de lo sucedido era de la esposa, que debería haberlo pensado bien antes de casarse (sic)[120]. Como señala el periódico que recoge tales aberraciones, «se trata no ya de un problema jurídico, sino de una cuestión de humanidad». El mismo periódico, de referencia en aquellos tiempos, llevaría a cabo incluso una encuesta entre los más prestigiosos juristas del momento. Entre ellos a Ramón Serrano Suñer, Antonio Hernández Gil, Antonio Garrigues Díaz-Cañabate, José María Ruiz Gallardón, Alfonso García Valdecasas… donde cada uno se posicionaría sobre el particular. El asunto había empezado a rodar de manera imparable.

La controversia jurídica va a salir de las fronteras españolas. Diferentes medios en todo el mundo se van a hacer eco de la cruzada feminista de Mercedes Formica. Desde el *Daily Telegraph* británico al diario argentino *La Prensa*. Publicaciones alemanas, suizas, nórdicas, francesas, de varios países sudamericanos también, publican al respecto. La revista norteamericana *Holiday* la cita como una de las tres mujeres más importantes del año. No en vano el 7 de diciembre, la mundialmente reconocida revista *Time*

---

[120] Todos estos casos y mas vienen recogidos en la portada del *ABC* del 18 de noviembre de 1953.

publica un artículo titulado «*Spain: Woman's day?*» donde se cuenta el cambio exponencial que se está produciendo a raíz del artículo de Mercedes Formica desde «*the regime of Queen Juana the Crazy back in 1505*», rematando el artículo con una frase que dicen haber escuchado a un madrileño: «Creo que empieza un gran torbellino. Gracias a Dios mi mujer no lee los periódicos»[121].

La reportera Inge Morceth de la agencia Magnus Capa, colaboradora de *Life*, *Vogue*, o *Paris Match* entre otras publicaciones, viajaría a Madrid expresamente para fotografiar y entrevistar a Mercedes. El semanario clandestino del sindicato anarquista CNT, va a dedicarle una extensa nota que terminaba así: «Interesante la cuestión planteada por Mercedes Fórmica, mucho más por lo que sugiere que por lo que expresan las opiniones terciadas. Esperamos sin embargo, que no haya sido dicha la última palabra. A la Iglesia como Institución tocará decirla cuando logre reponerse de la sorpresa». La militante del Partido Socialista Unificado de Cataluña (PSUC), Lidia Falcón, escribiría que «los artículos de Mercedes Fórmica recorrieron todo el país en pro de los derechos de la mujer».

Mercedes seguirá usando su pluma y su imaginación para ponerla al servicio de esta causa. Baste recordar su novela *A instancias de parte*, publicada en 1955 y con la que obtendría el premio Cid de la Cadena Ser, donde dejó ver su preocupación como mujer y abogada al tratar su trama el doble rasero con que se medía los casos de adulterio entre hombres y mujeres. Las críticas sobre su argumento dejan claro su contenido: «En esta obra se constata el miedo de las mujeres españolas, ya que todas podían ser, a ojos de las leyes, adúlteras, aunque jamás cometieran tal acción[122]». O la que señalaba que «es tiempo de volver a leer a esta intrépida jurista y quedarnos con lo que nos une a todos, es decir, con la mujer que supo lanzar una voz en el silencio para abrir las puertas al camino de la igualdad»[123].

Esta es la mujer que alguna política gaditana la adjetivó como «la abnegada mujer franquista, responsable de su hogar y

---

[121] *Time Magazine.* December 7, 1953. Vol. LXII. No. 23.
[122] *El Español.* 24 de abril de 2018.
[123] *El Plural. Tribuna Feminista.* 18 de junio de 2018.

esposa perfecta» cuando quitaron su modesta estatua en la Cádiz donde nacería en 1913. Nada más injusto como hemos visto. Aunque ella misma sería consciente de lo que había sido su vida al haber optado por una vía intermedia, antes de que el maldito Alzheimer se la acabara llevando en 2002, cuando en el homenaje que se le hiciera en la Residencia de Estudiantes en 1997 dijera: «Lo mío ha sido un grito en el silencio».

Nunca más el silencio para una mujer cuyas acciones hablaron por ella. Y por todas.

Bibliografía

Alborg, Concha: *Cinco figuras en torno a la novela de posguerra: Galvarriato, Soriano, Formica, Boixados y Aldecoa*. Libertarias. Madrid, 1993.

Eyre, Pilar: *Franco confidencial*. Destino. Barcelona, 2013.

Formica, Mercedes: *A instancia de parte* (edición, introducción y notas de María-Elena Bravo). Castalia, Instituto de la Mujer, 1991.

—*Espejo roto. Y espejuelos*. Huerga y Fierro. Madrid, 1998.

—*Memorias (1931-1947)*. Renacimiento. Madrid, 2013.

—*Monte de Sancha*. Espuela de Plata, 2015.

García de Cortázar, Fernando: «Mereces Formica, palabra de mujer». *ABC*, 27 de diciembre de 2015.

García de Tuñón Aza, José María: «Mercedes Fórmica, "una voz en el silencio"». Febrero de 2012.

Ruiz Franco, María del Rosario: *Mercedes Formica (1916)*. Ediciones del Orto, 1997.

Soler Gallo, Miguel: «Hurgando en el "desván de los malditos": unas notas sobre Mercedes Formica». Universidad de Cádiz, 2011.

VIII

María de Zayas

El Siglo de Oro en femenino

> *Los espinos pangeos*
> *aprisa desnudad, y de las rosas*
> *tejed ricas guirnaldas y trofeos*
> *a la inmortal doña María de Zayas,*
> *qué sin pasar a Lesbos, ni a las playas*
> *del vasto mar Egeo,*
> *que hoy llora el negro velo de Teseo,*
> *a Safo gozará mitilenea*
> *quien ver milagros de mujer desea:*
> *porque su ingenio, vivamente claro*
> *es tan único y raro,*
> *que ella sola pudiera*
> *no solo pretender la verde rama,*
> *pero sola ser sol de tu ribera,*
> *y tú por ella conseguir más fama,*
> *que Nápóles por Claudia, por Cornelia*
> *la sacra Roma y Tebas por Targelia.*

Laurel de Apolo. Lope de Vega

Convento de Atocha, sede de la Santa Inquisición, Madrid. 1724

PERO, ¿QUÉ TIPO DE GUARRADA ES ESTA, padre Olmedo? —bramó el comisario del Santo Oficio, tirando sobre la mesa del páter un ejemplar recién salido de la imprenta de Pedro José Alonso y Padilla de la calle Santo Tomás de la Villa y Corte.

—¡Pues qué va a ser, Su Paternidad! —respondió el dominico interpelado por el recién llegado padre Povedilla, como si le preguntara quién estaba en el crucifijo de madera que presidía su despacho—. ¡Un libro!

—Ya, ya. ¡Ya sé que es un libro, padre Olmedo! —contestó moviéndose de arriba abajo sobre las puntas de sus zapatos mientras con los brazos estirados cruzaba las manos sobre el blanco hábito—. ¿Pero usted ha visto qué libro es? ¡Una guarrada, lo que yo le diga!

El padre Olmedo se colocó mejor sus anteojos sin dejar de mirar por encima de ellos al enjuto comisario enojado cual basilisco, que, como tal bicha mitológica, parecía matar con la mirada. Echó una mirada a la guarda y leyó:

—Primera y segunda parte de las novelas amorosas y ejemplares de doña María de Zayas y Sotomayor, natural de Madrid...

—¡Natural de Sodoma! ¡¡O de Gomorra!! Aunque nunca tuve claro qué hacían los gomorritas... ¡Pero si nuestro Señor hizo caer azufre y fuego sobre ella por algo sería! —continuó cada vez más irritado el exaltado comisario—. Y una cosa le digo, padre Olmedo. ¡Azufre y fuego a la autora ya no le podemos echar que muerta está y ya tendrá su ración en el Infierno! Pero ese libro no se vuelve a imprimir como me llamo Povedilla[124].

Zaragoza, 1637

En la casa del capitán Fernando de Zayas la alegría corría como azumbres de vino en una taberna tras acabar Cuaresma. Su hija,

---

[124] Las obras de María de Zayas gozaron de tanta popularidad —puede que entre otras cosas por lo en apariencia escandaloso de sus historias amorosas, y por el espíritu de libertad que aconsejaba a las mujeres—, que finalmente la Inquisición tomó parte para evitar que se reimprimieran... pero no que se leyeran. Obviamente, las obras (aparte de que continuara su lectura y se hicieran copias a escondidas) se volvieron a imprimir hasta llegar a nuestros días.

María, acababa de llegar junto a su madre, a la que le debía el nombre, en compañía de un zagal que las ayudaba con un paquete bien encordado en resmas de papel impreso y cosido, que pesaba lo suyo. Venían de la imprenta de Pedro Esquer con la primera edición de sus cuentos recogidos en un impresionante volumen, con un nombre que a la autora le hacía especial ilusión: *Novelas ejemplares*. ¡Nada menos que el mismo título que el de uno de sus autores preferidos! Miguel de Cervantes Saavedra. ¡Cómo había disfrutado con las mismas! Bueno, ¡con todas sus obras! Lo que más le gustaba de don Miguel eran sus personajes femeninos. Resueltos, hidalgas ellas. Con temple y arrojo. Como también esa magnífica Marcela, a la que recordaba en su discurso «Yo nací libre...»[125], o la inteligente e impulsiva Dorotea, ambas heroínas en su desternillante *Quijote*.

—¡Hala! —exclamó jovial don Fernando—, ya estarás bien contenta. ¡Tras tanto poema de esos que les gustaban tanto a tus amigos de Madrid, ya tienes tú también libro!

Sus amigos eran nada menos que lo más notable del madrileño Parnaso de las Letras, entre los que se encontraban Lope de Vega, Castillo Solórzano, Juan Pérez de Montalbán, Miguel Botello, Francisco de las Cuevas, Antonio del Castillo de Larzábal... Poetas a los que escribiría los clásicos prólogos laudatorios tan propios en el Siglo de Oro para con otros autores. Al Fénix de los Ingenios le escribiría incluso unos sentidos elogios en el homenaje que se le hizo tras su muerte. ¡A Lope nada menos! Ese «monstruo de la naturaleza», como le definiría su enemigo Cervantes. Un monstruo en la producción literaria... y un monstruoso mujeriego. ¿Cómo fue posible tal amistad entre el (usemos conceptos actuales anacrónicos para mejor definir la situación) epítome del *machismo* y la defensora de las mujeres, de una *feminista* como lo fue María? Podemos hacer solo presunciones y hasta elucubrar varias teorías fantásticas. O no.

---

[125] *El ingenioso hidalgo don Quijote de la Mancha.* Capítulo XIV.

Pues nos encontramos con que la realidad y el día a día de la vida de una de las más célebres «escritores» (y aquí el genérico es preceptivo) de su época es un absoluto misterio. Apenas si tenemos datos de quien en vida llegó a ser autora de éxito y posteriormente leída incluso a escondidas como escritora prohibida por la Inquisición. Aunque sus libros no se pudieran reimprimir, se hacían copias en opúsculos convertidos en auténtica locura, como lectura, entre las mujeres. Otra mujer, además, sería quien reeditara de nuevo sus obras: doña Emilia Pardo Bazán. Que además la consideraba nada menos que «la gran pícara del Siglo de Oro»[126]. Otras ediciones habían aparecido incluso ya en París en 1847. No en vano, ante su popularidad, sus obras fueron traducidas al francés casi de inmediato. El triunfo de Zayas fue incontestable.

Pero no tenemos más que conjeturas y especulaciones sobre esta literata, que siempre ha sido considerada simplemente como la autora del *Decamerón* español. ¡Que ya sería de por sí un mérito por la época y por su sexo! Una autora que defendía a la mujer en sus escritos sin tapujos ni medias tintas. Y que logró apoyos entre su propio sexo de una manera que nos sorprende gratamente comprobar. Ignoramos quién pueda ser la que escribe, a la manera actual, un prólogo por así decir, en la dedicatoria tradicional que, en el caso de la *Parte segunda del sarao y entretenimiento honesto*, de 1647, se brinda al duque Jaime Fernández de Híjar (entre otros títulos de marqués, conde, vizconde y gentilhombre del rey). Quien lo firma es Inés de Casamayor. Al parecer, la muñidora de que el libro se publicara, ya que dice que determinó el «dar por mi cuenta a la luz este libro». Y deja bien claro cómo aboga por que, en modo alguno, se vean relegadas las mujeres el serles reconocidos los justos laureles de esta profesión:

---

[126] No solo eso. Doña Emilia llegaría a decir de María de Zayas: «Veo en ella a la mujer todavía muy penetrada de la sana y fuerte cultura que se debió a la iniciativa valerosa de la gran Isabel [la Católica] y resuelta a protestar contra el infeliz descenso del nivel femenino, descenso que ya se anunciaba en los últimos Austrias y que se consumó totalmente bajo los reyes de la Casa de Borbón». ¡Desde luego no podemos decir que en España no hubiera desde siempre mujeres que apostaban firmemente por la causa de la libertad!

…envidiosos maldicientes que a fuer de fantasmas nocturnas hacen espantos de que nuestro sexo haya merecido tan generales aplausos, ceñídole tan debidos laureles y eternizádose con tan subido punto de honores de tan lucido e inmortal ingenio. Como si estuvieran vinculados a solos varones sus ventajosos lucimientos y se opusiera algún estoque de fuego e impidiera o imposibilitara al discurso femenino la entrada del paraíso de las letras o algún dragón solo para los hombres reservara la fruta de oro de las ciencias. Que aunque en todos siglos han desmentido doctísimas mujeres este común engaño y dado a muchos Teseos sutiles trazas y ardides para salir de intrincados laberintos, y tenido a raya muchos Edipos con dificultosos enigmas y aun deshecho las altivas ruedas de presunciones vanas de filósofos soberbios niñas con más ciencias que años, en los nuestros, la autora de esta Segunda Parte (sola a sí misma igual, si no superior a la primera) con la viveza sutil de su ingenio, elegante dulzura de su estilo sazonado, y óptimo fruto de sus sentencias, y verdadero más nunca bien conocido espejo de desengaños, acredita la fama de mujeres sabias que celebran las edades pasadas[127].

Está claro que entre sus colegas no tenía ese problema. Pues aparte del laudatorio poema de Lope sobre María en *El laurel de Apolo*, podemos ver otro que no le va a la zaga. El del escritor Alonso de Castillo Solórzano el cual, en su obra más popular, la novela picaresca *La garduña de Sevilla*, deja más que claro sobre su colega, refiriéndose a sus *Novelas Ejemplares*:

En estos tiempos luce y campea con felices lauros el ingenio de doña María de Zayas y Sotomayor, que con justo título ha merecido el nombre de Sibila de Madrid, adquirido por sus admirables versos, por su felice ingenio y gran prudencia, habiendo sacado de la estampa un libro de 10 novelas que son 10 asombros para los que escriben deste género, pues la meditada prosa, el

---

[127] María de Zayas. *Desengaños amorosos*. Ed. de Enrique Suárez Figaredo. Lemir, n.º 18, 2014. Las cursivas son mías para remarcar los puntos que creo que más «tiran a dar» con toda la intención del mundo. Aunque el párrafo entero no tenga desperdicio.

artificio de ellas y los versos que interpola, es todo tan admirable, que acobarda las más valientes plumas de nuestra España.

Sorprende en cierto modo que, en este país donde la envidia siempre se dice que es nuestro principal pecado, y habida cuenta de lo militante que María era de la feminidad, tuviera el aprecio de los mejores o más populares varones del momento.

Lo que nos lleva de nuevo a especular acerca de su relación con Lope. Pues es cuando menos sorprendente que fuera tan grande el afecto mutuo de quien escribiera sobre los hombres:

> Pues en cuanto a la crueldad para con las desdichadas mujeres no hay que fiar en hermanos ni maridos, que todos son hombres, y como dijo el rey don Alonso el Sabio, que el corazón del hombre es bosque de espesura, que nadie le puede hallar senda, donde la crueldad, bestia fiera y indomable, tiene su morada y habitación.

Hay que recordar que el celebérrimo Fénix debía de serlo cuasi de forma literal, si tenemos en cuenta sus proezas amatorias. Si solo hacemos caso de su descendencia reconocida y conocida, hablamos de al menos quince hijos habidos con siete mujeres, con alguna de las cuales pasó por la vicaría. Otra la llegó a raptar. Y le siguen la cuenta como el Don Juan de Zorrilla, un sinnúmero de actrices (a cuyo trato le era fácil el acceso por ser el dramaturgo de moda), mujeres casadas, o simples desconocidas; que alguna conocemos anónimamente por algún vástago que le diera. Cuando menos, no cuadra. Máxime cuando a María no se le sabe esposo ni hijos. Ni final conocido.

Aventuro aquí dos posibilidades (consciente de los jardines en que me meto) que pueden ser tan válidas como absurdas. A día de hoy, perfectamente posibles, y, ¿quién sabe si en el futuro admitida alguna o desechadas ambas? Pero, ¿por qué no pensar en ellas y ponerlas sobre el tapete como reflexión? Por un lado, que fuera cortejada por Lope; conociéndole, la cosa no quedaría en versos, silvas y sonetos. De aquel desamor, pues obvio es que nada sabemos que al menos dé pistas de que la cosa hubiera acabado con final feliz, bien podría salir la reacción que Zayas plasmaría en sus obras. Conviene recordar que Lope fallece en 1636, y la primera novela o recopilación de cuentos se publica justo un año después. Acordémonos además de que las tramas de los mismos buscan ser ejemplarizantes para las mujeres, avisándolas y previniéndolas contra los ardides y mañas de los hombres. Y el resto de sus obras en general tienen básicamente el mismo *leit motiv*. ¿Es trivial que encontremos su obra agrupada bajo un mismo esclarecedor título?: *Desengaños amorosos*. Cuando menos, no habría que descartarlo.

Y no hay por qué pensar en la tópica relación romántica a la que se tiene que ver siempre abocada la mujer, cuyo éxito vital parece que depende de dos únicas posibilidades: casarse o meterse a monja. No. María de Zayas, hay que insistir en ello, aboga permanentemente por la libertad de acción y de elección de la mujer. Cuando nos referimos a que admira a Cervantes, es cierto que vemos paralelismo en su obra y que la toma de forma más que evidente como referente. ¡Cómo no hacerlo! En la obra de don Miguel, tanto en sus novelas como en el teatro, vemos mujeres que quieren y que toman sus decisiones al margen de lo que piense el varón. O llevándole al terreno en que le tome por igual sin ambages. Ejemplos los tenemos variados. En una obra de teatro que adelanta en mucho varios temas, como es *La gran sultana doña catalina de Oviedo*, vemos como la férrea disposición de la protagonista, una cristiana raptada para formar parte de un serrallo, hace que el sultán diga: «Puedes dar leyes al mundo y guardar la que quisieres, no eres mía, tuya eres, y a tu valor se le debe adoración».

En *La Gitanilla*, es ella misma, la protagonista, quien dice a quienes la compran nada menos: «Estos señores bien pueden entregarte mi cuerpo; pero no mi alma, que es libre y nació libre, y ha de ser libre en tanto que yo quisiere». En otra obra teatral, *La entretenida*, Cervantes se burla de los desvaríos que provoca el amor y hace que el final, como era habitual en este tipo de comedias muy del gusto de Lope y del público, ni acaben por comer perdices ni con casorio alguno. En muchas de las *Novelas Ejemplares* cervantinas se ríe casi de las patologías en que caen los hombres (como en *El celoso extremeño*), o deja que las mujeres tomen la iniciativa (como Teodosia y Leocadia en *Las dos doncellas*), que gocen de la sexualidad previa al matrimonio (de nuevo en *La gitanilla*). O acabado aquel. Pues ¿no es memorable el momento en que le cuenta don Quijote a Sancho la historia de la hermosa viuda, libre y rica, que se enamoró de un mozo rollizo y motilón? Ella, ante las admoniciones, sorpresas y comentarios ajenos a la decisión libre tomada, responde con la mayor guasa del mundo: «Para lo que yo le quiero —había sentenciado la viuda a uno que se burlaba de la ignorancia del mozo— más sabe que Aristóteles»[128].

Sea como fuere, no habría que descartar este episodio como posible en la vida de María. Creo oportuno reproducir los versos que dedicara a Lope de Vega en su homenaje póstumo[129]:

Si mi llanto a mi pluma no estorbara,
o fénix de la patria, o nuevo Apolo,
de mi lira te hiciera un mauseolo,
que tu inmortalidad aposentara.

Mejor que yo ninguno te alabara,
que como tú del uno al otro polo
el único naciste, el sol y él solo,
solo mi amor por solo te igualara.

¿Mas cómo cantaré, cuando te lloro
sin esperanza de ningún consuelo,
o ya ternura sea, o sea decoro.

---

[128] *El ingenioso hidalgo don Quijote de la Mancha*. Capítulo IX.

[129] Como curiosidad, decir que María de Zayas fue bautizada en la parroquia de San Sebastián de la calle Atocha de Madrid, casualmente el lugar donde serían depositados los restos de Lope. Dos iglesias hay en Madrid que todo amante de la literatura debería visitar, la de San Sebastián, y la de San Ginés. En ambas verán, en sendas inscripciones, un sinnúmero de efemérides de bautizos, bodas y entierros o funerales de los más famosos escritores españoles.

Pues pierden hoy, porque te ganó el cielo,
Mantua su prenda, España su tesoro,
su Dios las Musas y su Vega el suelo?

María de Zayas es independiente y, desde luego, parece que no esté a lo largo de su vida preocupada lo más mínimo por el qué dirán, según colegimos de su obra. Le harta la visión que se tiene de la mujer y no desaprovecha ocasión para decirlo y denunciarlo: «Por tenernos sujetas desde que nacemos vais enflaqueciendo nuestras fuerzas con los temores de la honra y el entendimiento con el recato de la vergüenza, dándonos por espadas ruecas y por libros almohadillas»[130]. La imagen es contraria al tipo de mujer que encontramos o nos quieren hacer encontrar otros autores, como el propio Lope, el inmortal misógino Quevedo (no por ello menos genial) y hasta el discreto Gracián.

Lanzo la segunda conjetura sobre su vida. O al menos, sobre un momento de la misma. Suposición que no creo que escandalice en estos tiempos a nadie, sin querer entrar en manidas o absurdas polémicas. Cierto es que otra de las desconocidas escritoras profesionales de la época, Ana Caro de Mallén, andaluza nacida el mismo año que María, no solo fue una gran amiga, sino que durante un tiempo vivió con ella en Madrid. De Ana Caro nos sorprenden dos cosas: por un lado, que fuera literalmente una escritora cuya profesión era tal y no otra, ya que vivía de sus escritos y de los encargos literarios (igual que hoy como entonces, hace cualquier colega de Ana para sobrevivir), pues gozaba de prestigio y hasta de protección por parte de nada menos que el conde-duque de Olivares. Fue citada por autores consagrados, como Luis Vélez de Guevara, que en su obra *El diablo cojuelo* la llama «la décima musa sevillana». Por otro, que al igual que sobre María, apenas se tengan más que escasas notas biográficas para tan grandes literatas. Ausencias que no dejan de pasmar.

Es un hecho que vivieron juntas. Y juntas se influyeron en sus obras, como se puede ver claramente en la firmada por Ana,

---

[130] María de Zayas. *La fuerza del amor.* Quinta de sus *Novelas ejemplares.*

Valor, agravio y mujer, donde, al igual que su colega, compañera y amiga, lanza justos venablos contra esos valores masculinos que impregnan la literatura coetánea (que no deja de ser reflejo de la sociedad en la que viven), haciendo directo sarcasmo a obras tan consagradas como *El burlador de Sevilla* sin ir más lejos. Libro aquel en que aparecen conceptos como la solidaridad entre mujeres y que incide en todos los temas que la autora ve necesarios mostrar y poner en entredicho: como la castidad, o que el matrimonio se viera como ese final feliz con el que tienen que acabar comedias de enredo que tanto gustaban a una sociedad donde, mucho más que ahora, los roles sexistas eran la realidad palpable y admitida sin casi oposición salvo en el caso de unos pocos autores. Como Cervantes. Como María de Zayas. Como Ana Caro.

¿Amistad o algo más? Tampoco es cosa que pueda descartarse, aunque son evidentes las trabas con que se hubieran podido encontrar en tal tiempo si así hubiera sido. El caso es que, por unas u otras razones que realmente desconocemos, Ana volvería a su Sevilla (donde moriría de peste), y María seguiría viajando junto a su familia. Nos quedan unos sentidos versos de la sevillana[131] a la madrileña, como homenaje laudatorio, entre el resto de poemas que encontramos al inicio de las *Novelas Ejemplares y Amorosas*. Dicen:

Crezca la gloria española,
insigne doña María,
por ti sola, pues podría
gloriarse España en ti sola.
Nueva Sapho, nueva Pola
Argentaria, honor adquieres
a Madrid y te prefieres
con soberanos renombres,
nuevo prodigio a los hombres,
nuevo asombro a las mujeres.

---

[131] Tampoco en esto hay unanimidad al respecto pues algunas teorías apuntan sobre si era granadina.

Tampoco Ana se casaría nunca y jamás tendría hijos. Al igual que María.

Al margen de lo que podamos o no interpretar al intentar rellenar huecos de su biografía, lo importante es, ciertamente, todo lo que su obra representa. Lo que supone y supuso para cuantas mujeres pudieran acercarse a la misma. Pues, como señala el principio de la Navaja de Ockham, en igualdad de condiciones la explicación más sencilla suele ser la más probable. Y a lo mejor lo más sencillo es que, consecuente y acorde a lo que ella siempre pensó y transcribió en sus obras, quiso ser y actuar como una mujer libre de ataduras o de vínculos impuestos. Y vivir acorde a ello.

Su familia parece que era muy abierta de pensamiento. El hecho de que tuvieran que viajar y conocer mundo abriría especialmente su mente como la de cualquiera que sepa aprovechar esa oportunidad, además de tener acceso a lo que María solicita en varias ocasiones: el poder tenerlo a los libros. Sobre todo a las mujeres. De hecho, pide con firmeza y de forma clara igualdad, sin concebir que pueda ser de otra manera:

> Si esta materia de que nos componemos los hombres y las mujeres, ya sea una trabazón de fuego y barro, o ya una masa de espíritus y terrones, no tiene más nobleza en ellos que en nosotras; si es una misma la sangre, los sentidos, las potencias y los órganos por dónde se obran sus efectos, son unos mismos... porque las almas ni son hombres ni mujeres: ¿qué razón hay para que ellos sean sabios y presuman que nosotras no podemos serlo?

Queda claro que no tiene ni plantea animadversión hacia lo masculino. Más bien a la situación a la que se enfrentan las mujeres, por qué no les dan las mismas armas a unos y a otras. Especialmente preceptores y libros. Tan sencillo como obvio. Y lo dice con la mayor elocuencia cuando escribe convencida:

> De manera que no voy fuera de camino en que los hombres de temor y envidia las privan [a las mujeres] de las letras y las armas,

como hacen los moros a los cristianos que han de servir donde hay mujeres; que los hacen eunucos por estar seguros de ellos[132].

¿Se puede hacer defensa más clara, golpeando donde más duele? Porque ella quiere que las mujeres lean, ¡y que escriban! Hace una especie de advertencia al que leyere (sic) sus novelas, convencida de que le daría un pasmo al lector varón encontrarse que quien firma tal obra sea una mujer. Y que se haya atrevido a imprimirla para conocimiento de todo el mundo. Porque, como ella bien sabe y comenta, si algo sale bien «estampado», ya parece que tiene un punto de autoridad sobre el que solo habla o chismorrea, que es lo que poco más o menos se espera de una mujer.

¿Quién duda, digo otra vez, que habrá muchos que atribuyan a locura esta virtuosa osadía de sacar a luz mis borrones siendo mujer, que en opinión de algunos necios es lo mismo que una cosa incapaz?

No quiere dejar este tema zanjado, sino reiterarlo cada vez que hay ocasión, incluso tirando de historia clásica, de manera que apabulla con su erudición. Así, tras este alegato, vemos que cita a Argentaria, esposa del poeta Lucano; a Temistoclea, hermana de Pitágoras; a Diotima, que fuera admirada por Sócrates; a Eudoxa y su libro sobre consejos políticos; a Cornelia, mujer de Escipión el Africano. Todas ellas escritoras de un primerísimo nivel, y arrumbadas precisamente ante los hombres con quienes estaban o les rodeaban.

Esto no tiene, a mi parecer, más respuesta que su impiedad o tiranía en encerrarnos y no darnos maestros, y así, la verdadera causa de no ser las mujeres doctas no es defecto del caudal, sino falta de la aplicación, porque si en nuestra crianza, como nos ponen el cambray en las almohadillas y los dibujos en el bastidor, nos dieran libros y preceptores, fuéramos tan aptas para los puestos y para las cátedras como los hombres y quizá más

---

[132]   María de Zayas. *Segunda parte del sarao y entretenimiento honesto*, de 1647.

agudas, por ser de natural más frío, por consistir en humedad el entendimiento, como se ve en las respuestas de repente y en los engaños de pensado; que todo lo que se hace con maña, aunque no sea virtud, es ingenio. Y cuando no valga esta razón para nuestro crédito, valga la experiencia de las historias, y veremos lo que lucieron las que por algún accidente trataron de buenas letras, para que ya que no baste para discípula de mi ignorancia, sirva para ejemplar de mi atrevimiento.

Y las que *lucieron* ya han sido algunas previamente citadas. Es María de Zayas un pozo de erudición clásica, muy posiblemente como consecuencia de su viaje a Nápoles, donde llegará en 1610 con su padre don Fernando, que terminará por ser comendador de Santiago.

Nápoles, 1616

—¿Ya has vuelto hija? —le preguntó su madre asombrada de que regresara tan pronto— ¡Y con más libros! Ya decía yo...

—Madre, es que no puedes imaginar qué he encontrado —llegándose junto a ella la que despuntaba en las letras, al menos en su amor a las impresas—. ¡Un ejemplar de *Heptamerón* de Margarita de Navarra[133]! Creo que es mucho más picante que la obra del *signore* Boccaccio —le contaba a su madre entre cómplices risas.

—¡Verás tu padre como se entere de las cosas que te da por leer, hija mía!

—Si ya sabes que padre, debajo de esos mostachos de capitán de los Tercios, hay todo un bachiller que no los hubiera mejor en Bolonia. Por cierto —siguió contándole confidencias a su

---

[133] El *Heptamerón* es un libro escrito por la francesa Margarita de Angulema, reina de Navarra, primera de la rama de los Orleans de la dinastía de los Capetos. Sigue el modelo del *Decamerón* de Giovanni Boccaccio, que contiene 72 novelas breves. Un texto con lances amorosos, eróticos, muy al estilo de cómo luego escribiría Zayas su obra.

madre—, esta ciudad es maravillosa. ¡Cuando sea escritora tengo que redactar un relato que ocurra aquí! El otro día, de hecho, garabateé un inicio para guardarlo y que no se me olvide cuando a padre le toque destino en otro lugar. ¡Que seguro que cuando se le acabe el virreinato al Conde de Lemos nos tendremos que mudar de nuevo! ¿Quieres que te lo lea? Mira, dice así:

> En Nápoles, insigne y famosa ciudad de Italia por su riqueza, hermosura y agradable sitio, nobles ciudadanos y gallardos edificios, coronados de jardines y adornados de cristalinas fuentes, hermosas damas y gallardos caballeros...[134].

—¿Qué te parece? ¿Te gusta madre?

—¡Cómo no me va a gustar! —le contestó con una caricia—. Y les gustará a todos cuando veas realizado tu sueño de publicar un libro propio. ¡Ya lo verás!

Y como sabemos, así fue. María es muy posible que tuviera la posibilidad de leer esos libros en su estancia italiana. Aunque es habitual encontrarla nominada como la autora del *Decamerón* español, me inclino como otros estudiosos a que tuviera más como inspiración la obra de Margarita de Navarra, tanto por la forma como por el estilo, sumado a que fuera una mujer la autora. Aunque es de destacar, aparte de los aspectos moralizantes, obvios en la obra de Zayas y que no se pueden encontrar de manera tan clara en el texto de la reina francesa o en el del escritor italiano[135], que la implicación social, referida concretamente a la mujer, es

---

[134] Inicio real de la cuarta novela *La fuerza del amor*, dentro de su obra *Novelas Ejemplares*, de 1637. Obviamente, toda la situación está recreada, así como las anteriores de todos los diálogos, para una mejor puesta en escena de la biografía aquí tratada. Licencia que espero acepte el lector.

[135] Aunque la obra de Boccaccio se base (cualquier obra vemos al final que tiene su precedente) en el *Hexamerón* (los «seis días» de la Creación) de San Ambrosio, una reformulación en verso del relato bíblico del Génesis. *Decamerón* significaría aquí «diez días», igual que siete, en el *Heptamerón*. Son las jornadas en que transcurren los cuentos en todos ellos.

el gran punto diferenciador. No en vano estamos viendo que el «protofeminismo» de la madrileña, es más que evidente.

Si bien confieso que hay muchas mujeres que con sus vicios y yerros han dado motivo a los hombres para la mucha desestimación que hoy hacen de ellas, no es razón que, hablando en común, las midan a todas con una misma medida. Que lo cierto es que en una máquina tan dilatada y extendida como la del mundo ha de haber buenas y malas, como asimismo hay hombres de la misma manera; que eso ya fuera negar la gloria a tantos santos como hay ya pasados de esta vida y que hoy se gozan con Dios en ella, y la virtud a millares de ellos que se precian de ella. Mas no es razón que se alarguen tanto en la desestimación de las mujeres, qué sin reservar a ninguna, como pecado original, las comprehendan a todas. Pues, como se ha dicho en varias partes de este discurso, las malas no son mujeres, y no pueden ser todas malas; que ya eso fuera no haber criado Dios en ellas almas para el Cielo, sino monstruos que consumiesen el mundo.

María echa un cuarto a espadas a las mujeres permanentemente en estas novelas, lo que no haría durante los primeros años como poeta. Supone un antes y un después que se marca en su estancia madrileña, y que se reflejará en la obra publicada primeramente en Zaragoza, e incluso en las posteriores, como las *Novelas y saraos* de 1647, editada en Barcelona, donde bien pudiera estar viviendo nuestra protagonista en ese momento. Lo que, cuando menos, sería sorprendente, ya que el Principado se hallaba en ese tiempo en plena revuelta, en la llamada Guerra de los Segadores[136]. La segunda parte, o *Parte segunda del sarao y entretenimientos honestos* se publicaría en 1649 otra vez en Zaragoza. Finalmente, se reeditará toda la obra de manera conjunta, que es la que conocemos como *Desengaños amorosos*. Y con la que quiere dejar claro de nuevo su apoyo a la mujer, pero ¡ojo!, sin querer atacar al hombre en conjunto aunque lo parezca:

---

[136] La Guerra de Cataluña o Guerra de los Segadores afectaría a gran parte del principado entre los años 1640 y 1652.

¡Ay, hombres! Y ¿por qué, siendo hechos de la misma masa y trabazón que nosotras, no teniendo más nuestra alma que vuestra alma, nos tratáis como si fuéramos hechas de otra pasta, sin que os obliguen los beneficios que desde el nacer al morir os hacemos? Pues si agradecierais los que recibís de vuestras madres, por ellas estimarais y reverenciarais a las demás.

El misterioso caso es que, desde su posible estancia en Barcelona, nada sabemos de María. Nada. Algo anormal para quien el éxito le llegó de inmediato. Según es sabido, contó con traducciones al francés, al inglés, al alemán, al neerlandés, al italiano... El éxito internacional de sus novelas solo fue superado, en el siglo XVII, por Cervantes, Mateo Alemán y Quevedo[137]. Y, sin embargo, queda esfumada en la Historia. Si cayó herida en la revuelta catalana. Si marchó de nuevo a Italia. O, si finalmente acabó en un convento, como era habitual para quien, sin más familia, quería retirarse, nada sabemos. Todo es posible.

Nos queda su obra. Cada vez más reivindicada por la realidad política actual, en que se busca la igualdad de la mujer por la que luchó María de Zayas. No más. Pero no menos. Sin embargo, no demos por olvidado su mérito literario, y acerquémonos a su obra para disfrutarla como se merece. Pues como ella dice:

> Con mujeres no hay competencias: quien no las estima es necio, porque las ha menester; y quien las ultraja, ingrato, pues falta al reconocimiento del hospedaje que le hicieron en la primer jornada. Y así, pues no has de querer ser descortés, necio, villano ni desagradecido, te ofrezco este libro muy segura de tu bizarría y en confianza de que, si te desagradare, podrás disculparme con que nací mujer, no con obligaciones de hacer buenas novelas, sino con muchos deseos de acertar a servirte.

Vale[138].

---

[137] *Diccionario biográfico*. Real Academia de la Historia.
[138] Forma en que acababan las obras en el Siglo de Oro, como Zayas en esta, o Cervantes en su Quijote, de manera en que así se despedían de sus lectores en «estilo cortesano o familiar», como nos indica la RAE.

Bibliografía

Barbeito Carneiro, Maria Isabel: *Mujeres y literatura del siglo de oro: espacios profanos y espacios conventuales*. Safekat, 2007.

Brown, Kenneth: «María de Zayas y Sotomayor: Escribiendo poesía en Barcelona en época de guerra (1643)». Dicenda. *Cuadernos de Filología Hispánica*. Universidad Complutense de Madrid.

Caso, Ángeles: *Las olvidadas: Una historia de mujeres creadoras*. Editorial Planeta. Barcelona, 2005.

Luque, Herminia: *Amar tanta belleza*. Fundación José Manuel Lara. Barcelona, 2015.

Peña, Juan Francisco: *Cervantes y la libertad de las mujeres*. Universidad de Alcalá de Henares. Madrid, 2018.

Sánchez Rojas, José: *Las mujeres de Cervantes*. Extramuros, 2010.

Sánchez San José, Paz: «Mujeres en la Biblioteca Histórica: María de Zayas y Sotomayor, primera novelista española». *Folio Complutense*. Madrid, 16 de marzo de 2011.

Wollendorf, Lisa: *Literatura y feminismo en España* (s. XV-XXI). Icaria, 2005.

Zayas y Sotomayor, María de: *Desengaños amorosos* (ed. Alicia Yllera). Cátedra. Madrid, 1993.

—*Novelas amorosas y ejemplares* (ed. Julián Olivares). Cátedra. Madrid, 2010.

IX

EGERIA

La viajera que nos contó su andadura

*Egeria ha de colocarse con todo derecho
al frente de las escritoras españolas.*

Ramón Menéndez Pidal

El Bierzo, 670

EL BUEN MONJE VALERIO ACABA DE TERMINAR una corta carta
para sus otros hermanos de los cenobios con los que suele pasar de vez en cuando su monacal y retirada existencia. La vida en
una adusta ermita cerca del monasterio de San Pedro de Montes,
en las faldas de los de Valdueza, en León, le resulta especialmente
grata. Tanto por ser sitio adecuado para el recogimiento y la soledad, como para «el recreo de los sentidos» tal y como él mismo
describe el lugar.

En una de las muchas librerías conventuales ha encontrado
un códice que le ha fascinado. Y de laudes a vísperas lo ha leído
con un entusiasmo desbordante. Se trata de un *Itinerarium*, un libro de viajes de quien, no duda, debe ser beatísima persona. ¡Una
mujer que peregrina a Tierra Santa en los tiempos de Teodosio!
Y con qué temple, como se percibe en sus escritos. ¡Si no fue
como poco reverenda madre abadesa, no le cabe en la cabeza
qué otra cosa pudo ser! Y por lo que deducía tras leer el libro de
esta beata viajera, no se podía concluir «debilidad natural» alguna, como leyó en una epístola de Gregorio de Nisa sobre que eso
imposibilitaba a las mujeres el ir a Jerusalén. ¡Nada tenía de débil

esta bienaventurada Egeria! Tenía que compartir el hallazgo con sus hermanos y entre otras cosas, señalarles:

> ...cuando contemplamos los hechos virtuosos de los varones más fuertes y santos, más se destaca la constante práctica de la virtud en la fragilidad de la mujer, tal y como nos refiere la preclara historia de la bienaventurada Egeria, superior en fortaleza a todos los varones de su siglo. (...)

> ...hermanos dilectísimos, ¿cómo no enrojecemos de vergüenza, nosotros que gozamos de vigor corporal y buena salud, viendo como una mujer siguió el ejemplo santo del patriarca Abraham y, por alcanzar el premio sempiterno de la vida eterna, prestó la fortaleza del hierro al frágil sexo femenino? Pues, al hollar este mundo entre las fatigas de las privaciones, logró el paraíso con el descanso y la gloria de los goces[139].

Y es que se había quedado prendado al leer, sin saberlo, uno de los primeros libros de viajes de la Historia; desde luego, el primero escrito en estos lares. Escrito y vivido, por una «frágil» mujer.

Gallaecia[140]. Hispania. 381

—¿Pero cree que de verdad es sensato meterse en tal viaje, *domina*[141] —preguntó preocupada una de las sirvientas que iban a tener que acompañarla.

—¡Desde luego que no lo es! —respondió la interpelada sonriendo a la vez, mientras empacaba su equipaje personal—. Ahí está la gracia, querida Albina.

---

[139] Extractos de la Epístola de *Beatissimae Echeriae laude*, de san Valerio, versión de Carlos Pascual. *Vid.* bibliografía.

[140] Esta comarca, así denominada por los romanos, comprende la zona noroeste peninsular, y dará nombre, por un lado, al territorio actual de Galicia, pero que también incluía en aquel tiempo lo que hoy sería Asturias, parte de León y territorios del norte de Portugal.

[141] Forma latina para «señora».

La *domina* era la dueña y heredera de la casa[142], una mujer morena en el inicio de su cuarentena, de buena cuna y educada en lo mejor de la sociedad hispanorromana de aquel momento en que los cambios empezaban a transfigurar el viejo imperio. Un imperio que, aunque había dejado atrás las disputas que lo llevaría a dividirse en cuatro para un (teóricamente) mejor y más estable gobierno, el ascenso de Constantino a la púrpura imperial cambiaría radicalmente. Transformación que alteraría el futuro de Europa entera para tiempos venideros. Y hasta del mundo.

Cuando Constantino fue proclamado emperador en 306, no tardó mucho en tomar una decisión trascendental que le enfrentó seis años después a su rival Majencio por el control de Occidente en la batalla del Puente Milvio. Una visión celestial le consiguió la victoria en una época en que los tretarcas[143], dos augustos y dos césares, gobernaban sobre un territorio que antes solo era conocido como Roma.

También ayudó que tras la victoria sobre Majencio, se suicidara en Oriente el tercer gobernante, Licinio, vencido por el cuarto tetrarca. Eso iba a suponer que solo le quedara un contrincante en esa diarquía en que había convertido el imperio; y tras el cerco a Bizancio en 324, ya solo podía quedar uno. Ese fue Constantino, llamado ya para la posteridad, el Grande.

Fuera como fuese, el caso es que tras hacerse dueño de todo Occidente realizó cambios importantes. Entre ellos, promulgar el Edicto de Milán en 313 que permitía la libertad religiosa, lo que suponía el final de las persecuciones a los cada vez más populares cristianos. Era casi un paso lógico el que en 325, en el conocido como Concilio de Nicea, se legitimara definitivamente la que acabará por

---

[142] Hay autores que la sitúan incluso más que en la actual Galicia, en el Bierzo (que como ya hemos comentado en nota anterior, era administrativamente parte de Gallaecia). La ausencia de fuentes verificables, el haberse perdido parte de su escrito, y hasta la mala interpretación de las notas sobre esta notable mujer, hace que sea complicado dar como verdad contrastable muchos de los aspectos sobre esta pionera.

[143] El emperador Diocleciano, para frenar el caos que había surgido en la crisis del siglo III, instauró este sistema en el que la administración del gobierno quedó dividida en cuatro zonas. Con dos augustos, él mismo y otro coemperador, Maximiano, y dos césares: Galerio y Constancio.

ser nada menos que la religión oficial. Una medida sin precedentes, a no ser que nos remontemos a la época del faraón Akenatón en el Egipto del 1340 a. C. aproximadamente.

Un imperio y una religión. La cristiana[144]. El empuje sería brutal. Un antes y un después en el que se conformaría, sin ánimo de ofensa ni entrar en materia de exégesis conceptual sobre lo que son principios de fe (tan respetables como para los que con opinión diferente en este tema, no los profesen), mucha de la mitología y simbolismo que luego asentará y legitimará el catolicismo.

¿Por qué es importante esto? Porque los conocidos como Santos Lugares estarán de nuevo bajo el mandato global del Imperio. Y uno de los personajes que los pondrá de moda, por así decir, ¡será nada menos que la propia madre del ya *imperator*, Augusto y César de nuevo a la vez! Flavia Julia Helena, de origen absolutamente humilde, que acabaría por ser santa para todas las iglesias cristianas (católica, ortodoxa y hasta luterana). Ello no le impediría casarse con uno de los anteriores tetrarcas y dar a luz al que luego sería único gobernante. En esos orígenes seguramente es donde podemos encontrar su afinidad hacia el cristianismo (en aquel momento religión aún más para el común que habitual entre nobles y patricios), e incluso el que Helena seguramente acabara por ser una de las influencias directas sobre Constantino que le pusieran en buena disposición hacia la religión de su madre.

Santa Helena lo será, no solo por ser la primera emperatriz en abrazar esta fe, sino por su empeño en ir a los lugares

---

[144] En la batalla contra Majencio, cuenta la tradición que Constantino tuvo una aparición celestial en la que vio la figura del Crismón, el anagrama del nombre de Cristo, y oyó a una voz decirle: «In hoc signo vinces» (con este signo vencerás). Ese emblema lo usó en sus estandartes y la batalla es cierto que acabó por ser suya, presuntamente gracias a ese milagro cristiano. La verdad es que hasta el momento de su muerte Constantino ni siquiera se bautizó. La mayoría de autores piensan que buscó con su visión un símbolo que aglutinara más seguidores que le legitimaran por lo que se apoyó en los de una religión en alza, pues, ciertamente, el número de cristianos crecía de manera exponencial.

que dieron origen a la nueva religión para encontrar el más importante hallazgo posible. La reliquia de las reliquias. Más que la dudosa cacharrería de una cena, o trozos desmembrados de cadáveres (lo que todavía no se había convertido en increíble costumbre). Helena marchó con informes acerca del mal estado del que se consideraba Santo Sepulcro, y ya que estaba, hizo tirar un templo de Venus erigido en tal lugar por Adriano para buscar nada menos que la Cruz donde fue martirizado y murió como Cristo, su Señor reencarnado. A buscar el que tibiamente apenas se usaba aún como símbolo (en contraposición con el *ictus* o pez que dibujaban para reconocerse los antiguos y perseguidos cristianos), o el Crismón con el que su hijo saliera victorioso de la batalla. Y Helena la encuentra[145]. Las tres que estuvieran en el Gólgota, el monte donde ocurriera el deicidio. ¡Hasta encontró el *elogium*, el *Títulus Crucis*!, el cartel que dominaba el madero que popularmente en España conocemos como INRI[146]. Y los clavos, uno de los cuales al menos, adornaría el bocado del caballo del emperador, y otro se dice que la corona.

El caso es que esto iba a despertar una fiebre por visitar los Santos Lugares, para ver *in situ* el nuevo templo erigido en tal lugar, convirtiéndose Helena en una *influencer* como diríamos en estos absurdos tiempos en que creemos con inusitado adanismo, que las cosas no tuvieron siempre precedentes, a veces de siglos. Tanto, que en pocos años será una auténtica locura lo que no era cosa sino de pocos penitentes, algunos comerciantes, escasos estudiosos y religiosos al uso. Aquellas calles de Jerusalén, el pequeño pueblo de Belén… ¡Galilea entera es fruto de algo tan moderno

---

[145] Por encontrar parece ser que también hallaría las tumbas de los Reyes Magos y de algún santo más. Todo ello se lo llevaría a la nueva ciudad que su hijo había hecho sobre la antigua Bizancio y que en su honor comenzaba a ser conocida también como Constantinopla.

[146] Por las iniciales de las palabras escritas en él: IESVS NAZARENVS REX IVDAEORVM» (Jesús el Nazareno Rey de los Judíos), según cuentan los Evangelios canónicos. Esta forma, la más completa, nos llega por el de Juan, cap. 19, v. 19.

(de nuevo *nihil novum sub sole*) como la turistificación de peregrinos curiosos por conocer todo aquello de primera mano!

Jerónimo de Estridón, un estudioso que acabaría por ser reconocido como Padre de la Iglesia, doctor de la misma, y finalmente santo venerado y patrono de los traductores[147], llegaría a quejarse cuando vivía en Belén en los años en que nuestra viajera anduviera por aquellos lares que: «Es tal la aglomeración de uno y otro sexo que, lo que en otro sitio pretendías evitar, no era sino parte de todo lo que aquí tienes que aguantar».

No fue, por tanto, Egeria una pionera ni una innovadora en este aspecto de embarcarse en tan largo viaje. Ni siquiera en Hispania, donde sabemos de otras que la precedieron o siguieron. Como Melania, quien fuera acompañada de Rufino de Aquilea, un exégeta compañero del mencionado Jerónimo, en un viaje desde Jerusalén hasta Egipto, y que conocería a los anacoretas que allí se habían instalado. O como una matrona llamada Poemia, emparentada directamente con Teodosio el Grande[148], un emperador hispano que unos le hacen nacer en Coca (Segovia) y otros en Itálica (Santiponce, en Sevilla). Poemia llegaría aproximadamente cuando acababa su viaje Egeria, con un alarde que más parecía propio de una corte que de un grupo de peregrinos. Tal es así, que el mosqueado San Jerónimo volvería a quejarse en una carta donde amargamente expresa: «Hace poco hemos visto algo ignominioso, que ha volado por todo el Oriente: la edad, la elegancia, el vestir y el andar, la compañía indiscreta, las comidas exquisitas, el aparato regio: todo parecía anunciar las bodas de Nerón, o de Sardanápalo». Vamos, ¡que en aquella época lo que

---

[147] San Jerónimo fue quien tradujo la Biblia del hebreo y el griego al latín, convirtiéndola en la oficial de nuestros días. La traducción fue conocida como la *Vulgata*, ya que permitía que hasta el vulgo, el pueblo (sic), tuviera la posibilidad de leerla, ya que el griego, la lengua culta durante muchos siglos, estaba reducida a ámbitos de clases altas, y obviamente, el hebreo apenas estaba al alcance de estudiosos y judíos.

[148] Teodosio rematará lo que empezó Constantino, mediante el Edicto de Tesalónica en el año 380. Desde esa fecha el cristianismo fue oficialmente la única religión del imperio.

era una ordinariez era sobrepasarse, en vez de ahora, que el turista va con zapatillas, calcetines, riñonera y camiseta de tirantes! No cabe duda que, en cualquier caso, todos los extremos son malos.

Lo que diferenciará a Egeria del tropel de turisteo bíblico llegado de todos los rincones del Imperio (que es como decir toda Europa) para imitar a la majestuosa madre imperial, es que ella lo escribirá todo. Aún no se había inventado nada parecido al *Travel TV* o al *National Geographic* para quien quisiera conocer sin viajar lugares sobre los que leía. Y, desde luego, no es que hubiera muchas guías de viaje en aquel momento. Con lo que Egeria se iba a convertir en el antecedente más claro de esa serie de libros tan populares como *Lonely Plantet* o *El Trotamundos*. No solo al indicar qué ver y qué itinerario seguir, sino hasta con bocetos propios de cómo era o qué era posible encontrar, como deducimos por indicaciones en su libro (a falta de postales como señala no sin cierta razón el escritor y viajero Carlos Pascual[149] cuando se refiere a esta colega), del que, tristemente, se han perdido muchas partes. Entre ellas, esos dibujos, como el que señalaba *Facta est ista ecclesia quam videtis*, referido el texto a una iglesia que había «sido edificada como veis» donde se hallara el sepulcro del santo Job.

Aunque nuestra viajera iba bien informada al utilizar ciertos precedentes existentes. Gracias a que las obras públicas romanas, y mucho más su sistema viario, estaba más que asentado y conocido, pudo organizar y planificar el viaje de antemano. Para ello utilizaría obras como el *Itinerarium a Burdigala Jerusalem usque et ab Heraclea per Aulonam et per urbem Romam Mediolanum usque*, escrito por un peregrino que quiso ir desde Burdeos a Jerusalén, en el que nos da idea de cómo hacer tal recorrido, por dónde y de la mejor manera posible. La lógica nos hace pensar que también Egeria conocería lo que hoy se denomina como el «itinerario de barro». En él están recogidas las principales vías de Hispania en unas tablillas de barro cocido, donde vienen indicadas los paradores de turismo al uso (sigamos con las analogías anacrónicas) o estaciones de servicio que podían encontrarse durante la ruta.

---

[149]   Ver bibliografía.

Habida cuenta de que se encontraron cerca de Astorga, por tanto, no lejos de donde habitaba Egeria, entra en lo normal que las conociera y usara.

—A ver, creo que lo tengo todo planificado —comentó entusiasmada a su séquito que, no muy numeroso aunque de confianza, le acompañaría en el viaje—. Iremos por Asturica para una vez llegados al asentamiento de la Legio VII Gemina, coger la vía que nos lleva a Cesaragusta. Luego, por la vía del Norte, una vez alcancemos Tarraco seguiremos la vía Domitia desde Augusta hasta Placentia. Más tarde continuaremos hasta Aquileia, para bajar por la vía Dalmática hacia Salona. Y ya desde Dyrrachium hasta Thessalonica, desde donde llegaremos a la capital oriental Neo Roma: ¡Constantinopla![150].

—Y una vez allí, ¿cómo hacemos, domina? —preguntó su sirviente más joven con los ojos abiertos como escudos de hoplita griego.

—¡Pues allí cogemos cualquier barco y ya estaremos en Palestina! —respondió Egeria emocionada—. Por cierto, niña, mira que tengamos bien preparado en bolsa aparte mi *Eklesiastik*[151] de Eusebio. ¡No me mires con esa cara! Es la *capsae*[152] donde verás escrito, dame tu tablilla, mira —y le escribe en la pulida cera—: ἐκκλησιαστικὴν ἱστορία. Así. ¡Solo la que pone «I» que todos

---

[150]   Astúrica: Astorga; Legio VII: León; Cesaraugusta: Zaragoza; Tarraco: Tarragona; Placentia: Plasencia o Piazencia (Italia): Aquilea: en Italia, frontera con Istria, Croacia; Salona: Solin, donde Diocleciano construyera su palacio de donde se dice que deriva Spalatum (Split, en Croacia); Dyrrhachium: Dürres (Albania); Thessalonica: Salónica (Grecia); Neo Roma o Constantinopla: Estambul (Turquía).

[151]   Se refiere a la *Historia de la Iglesia* escrita por Eusebio de Cesarea. Se convirtió en lo que podríamos decir un auténtico superventas de la época, y de esos tres siglos que narra en varios libros acerca de la andadura de la Iglesia en todos los aspectos (persecuciones, mártires, obispos, sedes…), el numerado con el primero es el referido a Jesucristo concretamente.

[152]   Cajas circulares verticales donde se guardaban para ser transportados los libros aún escritos en formato rollo, habitualmente en papiro. Un sistema, en aquel tiempo, cada vez más en desuso y tendente a desaparecer por el

no hacen falta ¡Y mi *Septuaginta*[153]! Aunque esa nos la llevamos en *liber*, que en rollo es un... ¡no sé ni cómo decirlo!

Así, con sus referentes a mano, iniciaría un viaje apasionante. Como buena viajera y en una costumbre que es tan actual que no parecen sus decisiones sino de hoy, se lleva sus libros para poder leer *in situ* sobre lo que había leído o estudiado. Contrastar lo que en ellos se muestra, y ayudarle a localizar mejor los escenarios de los mismos. ¿Acaso no conocemos a nadie que haya hecho lo mismo al pasear, por poner un ejemplo, por Venecia, con Thomas Mann en su maleta? ¿O por Barcelona, en busca de una librería imposible con Ruiz Zafón? ¿Nadie ha querido estar en el Nueva York de Paul Auster? Hablamos de viajeros, no de turistas claro. Poemia no creo que dejara hueco en sus baúles para nada que no fuera un lujoso ajuar con el que epatar al pasearse por Jerusalén. Como tanto turista que hoy encontramos con la sola vocación de ir a otros sitios para hacerse selfis y quejarse de la comida, «porque como en España...».

Egeria tiene ese encanto que nos llega en forma de sus escritos, sencillos y sin ánimo de pretenciosidad, con leguaje tan llano que estudiosos hay que se lo afean restándole mérito al escrito y categoría a la autora. Pero es en este detalle donde vemos reflejada su personalidad, y el espíritu de un auténtico viajero. Uno que se lanza, sí, con los medios que pocos se podían permitir entonces, pero con la ilusión y la curiosidad de una experien-

---

nuevo sistema tipo *liber quadratus* o *libri*, con el nombre habitual de *codex* o códice, derivado de *caudex* (tabla de madera) que eran las que protegían como tapas las hojas interiores cosidas. De esta manera era más fácil buscar en la lectura, ir atrás o adelante en ella, sin tener que desplegar todo el rollo como había que hacer con el otro sistema.

153   La *Septuaginta* es como se conoce a la Biblia en la versión griega de entonces. Podemos colegir por obvio aunque no todos los autores se ponen de acuerdo en esto, que por educación Egeria conociera el griego como la lengua culta que era. Por eso bien pudiera haber llevado la más común de las Biblias: la Vetus Latina, que es la traducción original primera que se tuvo en latín hasta la posterior (y próxima a llevarse a cabo, pues ya vimos como Egeria estuvo a punto de conocer a su autor) *Vulgata* de San Jerónimo.

cia que —de nuevo aquí el valor—, quería compartir con sus *dominaes sórores*, con sus queridas amigas. Porque, —importante reflejarlo—, Egeria no era monja, sor, ni abadesa, que por eso incluso la toman. Tal vez por el prestigio o posibles que parecía tener al ir bien acompañada y poder transitar sin necesidad de diploma —lo que hoy llamaríamos salvoconducto o pasaporte—, protegida a lo sumo de una pequeña escolta en según qué tramos más inseguros, cosa por otra parte corriente. No era, además, algo anormal encontrarnos con mujeres que no quisieran tener una relación marital o tener hijos. Hasta casos hay contrastados de matrimonios donde la consumación no era ni el objetivo, ni el día a día del himeneo. Puede que por virtuosa, y que bien claro se adivina que hijos no tenía ni se le aventura, se derivará el hecho de llamarla hasta «la virgen Egeria». Sinceramente, creo que para el caso, como si fuera una Jezabel.

Porque Egeria nos demuestra que lo importante es el viaje. Lo otro es uno de tantos desatinos movidos por el tópico, al ser ella, hay que remarcarlo, mujer. ¡Como si ahora nos importara para otros autores del género saber si Cela era célibe al ir por la Alcarria, si dejó mujer Marco Polo en Venecia, o si Herodoto era sacerdote en Halicarnaso! Ella actuó movida por su fe, es cierto, pero también por lo que en realidad motiva siempre al auténtico viajero y nunca al turista accidental: la curiosidad. De hecho, ella misma así se denomina, pues no hace más que preguntar a los guías que en cada momento contrata o la acompañan, al alcanzar cualquiera de los destinos de su itinerario. Como cuando llega por el valle del Jordán a Thesbe[154], la ciudad del profeta Elías. Tiene y quiere preguntar dónde estaba tal o cuál cosa, por qué había construido lo que estaba ante ella, la razón de ser erigido... De hecho, intercala en su relato lo que no es excusa sino deliciosa confesión: «...como soy tan curiosa», lo que de todos modos deducimos fácilmente según vamos leyendo su *Itinerario*.

---

[154] Así nombra ella a Tisbe, ciudad citada en la Biblia y que andaría por las inmediaciones del río Jordán. Nadie sabe hoy a ciencia cierta su ubicación real.

Curiosa, y selectiva con lo que quiere o no ver. Sobre lo que quiere saber o conocer en cada momento. Eso también es verdad. Pues es más que evidente que quiere conocer no solo sobre las Sagradas Escrituras —dónde ocurriera lo que en ellas se narra—, sino que también está interesada en aspectos como el tipo de liturgia que se lleva a cabo en Jerusalén, o en qué consiste la catequesis y el modo de hacerla por parte de los catecúmenos. Incluso cómo se realizan las festividades, con un más que interesante apartado (casi un reportaje) al respecto de la Semana Santa (seguramente la del año 383), donde no se quiere quedar solo en lo litúrgico, sino que sazona su relato con anécdotas y comentarios simpáticos. Como cuando en Sábado Santo y tras la lectura que se hacía del pasaje en el mismísimo Getsemaní, «se producen tan estruendosos sollozos y tan agudos lamentos entre el pueblo, mezclados con llantos, que quizás llegue a oírse el griterío de la gente hasta en la propia ciudad».

Creo que cualquiera que se acerque a la lectura de esta obra nota en el contexto esa parte irónica tan especial y propia de una región hoy tan conocida y singular por el discreto uso que de ella hace.

Otro ejemplo como pincelada del estilo de Egeria es lo que cuenta cuando en Viernes Santo se da a besar el Lignum Crucis, que por cómo lo cuenta debía de ser de un tamaño más que respetable[155]:

---

[155] Hay que recordar la fecha en que nos encontramos, en la que la fiebre por las reliquias aún no había alcanzado la locura de la Alta Edad Media. Pese a lo que se llevara santa Helena de vuelta a Constantinopla, está claro que dejaría bastante de lo que se conoce en general como *Lignum Crucis* (madera de la cruz) o restos de la Vera Cruz. Aunque ya a finales del siglo IV empezarían a repartirse trozos o astillas de la misma. Los detractores de esta reliquia repartida por el mundo (siempre sobre la base de que pensemos que es real) dicen que sería igual que un barco, como denunciara Calvino ya en el siglo XVI. La verdad es que la proliferación es grande, pero habida cuenta de lo minúsculo del tamaño de la mayoría de tales astillas (la más grande está en Santo Toribio de Liébana, en España, con unas medidas de 635 mm el palo vertical y 393 mm el travesaño, con un grosor de 40 mm) es muy posible que no se llegara a poder reconstruir siquiera un importante porcentaje de la Cruz. Mucho menos, más de una.

Puesto sobre la mesa, el obispo desde su asiento coge con sus manos los extremos del madero santo, mientras que los diáconos que están a su alrededor lo custodian. Se vigila así porque es costumbre que, al paso del pueblo de uno en uno, tanto los fieles como los catecúmenos, se van inclinando ante la mesa, besan el santo leño de la Cruz y pasan desfilando. No sé de cuándo data la historia de que uno de los que pasaban dio un mordisco a la Cruz y robó un pedazo del santo leño. Por eso ahora está vigilado por los diáconos que lo rodean, no sea que alguien, al paso, se atreva a hacerlo otra vez.

La historia, como bien dicen los italianos, tal vez no sea verdad, pero desde luego está bien contada y salpimenta de manera interesante hasta las partes más litúrgicas.

Por cierto, que es de destacar que en aquel momento dice que aún estaría presente junto a la Cruz que desataría la pasión por el viaje a esos lugares, el *titulum*. Esto es, el famoso *Titulus Crucis* al que nos referimos antes cuando hiciera su descubrimiento la madre de Constantino. Resulta sorprendente que no quisiera llevárselo consigo y lo dejara en Jerusalén. Hoy en día lo podemos encontrar en Roma, en el que fuera palacio de Helena de Constantinopla, donde ya en el año 350 se empezaría a hacer una iglesia para albergar tal reliquia (que más bien era un importante documento histórico), que hoy se conoce como Basílica de la Santa Cruz de Jerusalén.

La Egeria más interesante, sin embargo, aparte de ser la viajera que, recién llegada, se asombra de lo que encuentra, sin dejar de seguir los consejos de sus libros, sus guías, es sin duda la que, muy sabiamente, se deja asesorar por los auténticos guías locales de todo tipo (gente de la zona, religiosos, ermitaños, anacoretas, obispos…) que la acompañan o con que se topa. Desde el primer momento. Como cuando llega al Sinaí, y ante la vista del «monte santo de Dios», los *venerables guías* (sic) le indican la costumbre de hacer una oración. Y como se lo dicen, lo hace. Pero no se queda ahí, admirando el monte desde abajo. ¡Quiere verlo, tocarlo, sentirlo! Y se lanza a la escalada desde donde estaba la famosa zarza ardiente en que Dios se apareciera a Moisés.

Ve donde debió de estar el becerro de oro, marcado con una piedra grande. Se ayuda de los presbíteros que habitan en la zona, que le dan cobijo; todo lo anota, para que nada quede a la imaginación de sus queridas amigas. Cuenta la grandiosidad de la cima. Qué se encuentra en ella. La iglesia que ahí se construyó. La cueva de Moisés. Y cómo le regalan y obsequian con recuerdos (con lo que ya vemos que tampoco lo de los *souvenirs* es tan novedoso como pensamos).

La magia de Egeria está en que la sencillez de la que hace gala va unida a un magnetismo propio, y no solo en que fuera persona tan principal, por cómo cuenta cómo la reciben y agasajan. Muy posiblemente más como el fruto de una hospitalidad secular, que ya tal vez hemos perdido, que por obligación de recibir a quien, como se llega a incluso a elocubrar, estaba hasta emparentada con el mismísimo emperador Teodosio, cosa por otra parte no probada.

Lee en cada lugar aquello que ocurriera no hace tanto tiempo (¡qué son trescientos años!), con la intención de que no se le escape nada ante tal acumulación de hechos y lugares: la caída del maná durante el éxodo de los judíos; donde rompiera Moisés «enfadado, las tablas que llevaba» con, simplemente, los Mandamientos escritos por el mismo Dios. Como dice la propia Egeria: «Todo ello se fue anotando por escrito puntualmente, porque era imposible retener tantas cosas en la memoria». Con lo que no es de extrañar que tomara notas al más puro estilo cuaderno de campo, quién sabe si con tablillas enceradas. Muy posiblemente con ellas. Desde luego más fáciles de uso al estar en camino, al aire libre, sin lugar adecuado donde escribir correctamente.

Egeria, como buena viajera, no deja de reseñar aspectos curiosos, todo aquello que le llame la atención pero que además sea interesante relatar para futuros lectores:

> Los faranitas[156], que acostumbran caminar por aquí con sus camellos, ponen señales de trecho en trecho, por las cuales se guían, y de este modo caminan día y noche, señales que incluso

---

[156] Según y como se cuenta en la Biblia, eran los habitantes del desierto de
.   Farán.

los camellos conocen. ¿Y qué más?: «Con tanta diligencia y seguridad caminan de noche por aquellos lugares los acostumbrados faranitas, como otros pueden hacerlo por caminos llanos.

Ella quiere ver Arabia, mojarse los pies en aquel mar Rojo que se tragara a los egipcios, pero también quiere ir a Egipto «dejando atrás tierras sarracenas[157]». Viaja cuando es necesario, tras ser recibida siempre con la hospitalidad ya descrita y, una vez dicho el destino, con la escolta que para esas zonas fuera conve-

---

[157] No caigamos en el error de algo que aún no ha ocurrido. Los sarracenos no son musulmanes. ¡Aún faltaban siglos para que naciera Mahoma! Son los habitantes de Arabia, y así se denominaba a los habitantes de esos inmensos desiertos.

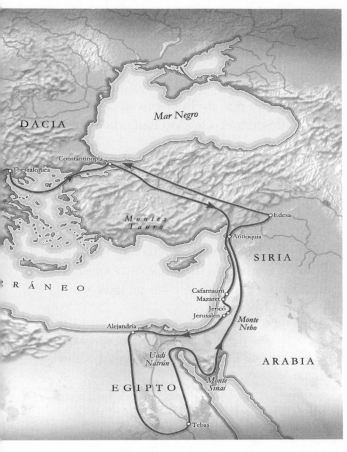

Itinerario del viaje de Egeria hasta Tierra Santa.

niente llevar. Llegados a lugar seguro, pues el problema eran los caminos menores y las alternativas a las vías principales, no tan protegidas como las recorridas por Europa, se despedía de la misma. Así lo contaba con normalidad: «Habíamos despedido ya a los soldados, que como escolta nos habían proporcionado, según la disciplina romana, mientras estuvimos por sitios conflictivos». Hecho lo cual, cogían las vías públicas, más concurridas ya sin la peligrosidad de aquellos caminos por los que se desviaban para llegar a los Santos Lugares. O no tan santos.

—Entonces, señor obispo, estamos en tierra donde estuviera Sodoma —preguntó como siempre Egeria queriendo atraparlo todo en sus ojos y en su mente.

—Así es, *domina* —le respondió el obispo de Segor[158]—, y ahí es donde podemos ver la roca en que se convirtiera Edith, la mujer de Lot, al huir de la ciudad.

Egeria miró con cierto escepticismo aquello que le señalaba, pues era mujer que, siendo pía, no la vemos ni fanática ni mucho menos, estúpida. Y, desde luego, no vio nada de lo que le indicaba. El obispo se apresuró a señalar.

—Había una columna con una inscripción hace bastantes años, pero ahora está cubierta por las aguas de una subida que se produjo —se excusó el obispo.

Egeria tomaría sus notas. Y a la hora de redactar ese episodio ni lo tergiversó, ni quiso ver más allá de lo que otros quisieron que viera. Franca como siempre les escribió a sus amigas:

> Creedme, venerables señoras, tal columna ya no existe, solo se muestra el sitio. Se dice que fue cubierta por el mar Muerto. Efectivamente, nosotros no llegamos a ver columna alguna, pues yo no puedo engañaros en nada.

Tres años duraría su recorrido. Un periplo por todas y cada una de las más importantes ciudades y zonas del lugar. Llegó hasta Mesopotamia, y cruzó el Éufrates, que le impresionó especialmente, para conocer Edesa, allí donde a santo Tomás le aplicaron el martirio. Le sería imposible llegar a Ur, patria de Abraham, al estar tomada por los asirios. De regreso hacia Constantinopla, no dejaría de querer —homenaje de mujer a mujer—, visitar la tumba de santa Tecla, primera mujer mártir, de quien, curiosamente, hoy podemos venerar sus restos en Tarragona. Hasta le daría tiempo a hacer amistades, como Marthana, una santa diaconisa (como nos relata Egeria) a la que ha-

---

[158] Según la Biblia, era una de las cinco ciudades que hacían una unidad o pentápolis en aquella zona. La formaban Sodoma, Gomorra, Adama, Zeboím y Segor. En tiempos de Egeria esta última era la única que quedaba en pie. Hoy en día ni siquiera lo está Segor (posiblemente la que se conociera también como Zoar).

bía conocido en Jerusalén y a la que todos tenían «como modelo de vida», y que volvería a ver en la que hoy es Silifke, en Turquía. Termina su periplo en tierras de Constantinopla. Pero quién sabe si por el cansancio del viaje, alguna enfermedad o cualquier vicisitud que solo podemos imaginar, sus futuros viajes quedarían en deseo.

Como el de visitar Éfeso, la tumba de san Juan. Así lo cuenta a sus lectoras en unas enigmáticas líneas finales:

> Si, después de todo esto, sigo viva, si logro conocer personalmente algunos lugares más y si Dios se digna concedérmelo, procuraré contarlo a vuestra caridad, y os relataré tanto lo que conserve en la memoria, como lo que llevo escrito. Entretanto, vosotras, señoras, luz mía, procurad acordaros de mí, tanto si continúo dentro de mi cuerpo como si, por fin, lo hubiera abandonado.

Nada más escribiría. Nada más sabemos de ella.

Una cosa está clara: desde el primer momento siempre marchó con la intención de compartir su vivencia. Pues casi es fácil imaginarnos la despedida, hace ya unos años, de sus queridas amigas cuando emprendiera un rumbo sin fecha, sin tiempo, sin prisas... sin posible final o retorno. ¿Quién sabe?, tal vez una de aquellas sórores fuera la inspiradora inicial de su *Itinerario*. La instigadora de esta pequeña obra. Vemos que la antigüedad es mucho más moderna de lo que creemos. Por qué no pensar que una de aquellas damas, que obviamente sabían leer y escribir, que estaban acostumbradas a ello, y que en sus respectivas *domus* en Gallaecia tendrían volúmenes con que entretener el espíritu más allá de la escrituras religiosas, fuera la que, entre abrazos, hipidos, sonrisas, y pañuelos con lágrimas, exclamara:

—¡Y no te olvides de escribir cuando llegues!

Egeria, montada a lomos del recio asno que le sirviera de cabalgadura, vovería la cabeza, sonreiría, y respondería.

—¡Descuida! ¡Lo haré!
Y lo hizo.

Pienso que el mejor homenaje a esta pionera, de la que en realidad tan poco conocemos, y cuyo interesante y tristemente breve opúsculo viajero, al perderse y aún no haberse encontrado el resto de esta obra (cosa que, sinceramente creo que ocurrirá) son las palabras contemporáneas de quien mejor describió el espíritu de un viaje, el poema de Cavafis, escrito por un egipcio nacido en Alejandría, uno de los lugares visitados por nuestra protagonista. Ciertamente, describe bien el ánimo de la galaica, de la que el monje Valerio dijera, «surgida de la más remota orilla del mar Océano occidental, se dio a conocer al Oriente». Egeria.

Cuando emprendas tu viaje a Itaca
pide que el camino sea largo,
lleno de aventuras, lleno de experiencias.
No temas a los lestrigones ni a los cíclopes
ni al colérico Poseidón,
seres tales jamás hallarás en tu camino,
si tu pensar es elevado, si selecta
es la emoción que toca tu espíritu y tu cuerpo.
Ni a los lestrigones ni a los cíclopes
ni al salvaje Poseidón encontrarás,
si no los llevas dentro de tu alma,
si no los yergue tu alma ante ti.

Pide que el camino sea largo.
Que muchas sean las mañanas de verano
en que llegues —¡con qué placer y alegría!—
a puertos nunca vistos antes.
Detente en los emporios de Fenicia
y hazte con hermosas mercancías,
nácar y coral, ámbar y ébano
y toda suerte de perfumes sensuales,
cuantos más abundantes perfumes sensuales puedas.
Ve a muchas ciudades egipcias
a aprender, a aprender de sus sabios.

Ten siempre a Itaca en tu mente.
Llegar allí es tu destino.
Mas no apresures nunca el viaje.

Mejor que dure muchos años
y atracar, viejo ya, en la isla,
enriquecido de cuanto ganaste en el camino
sin aguantar a que Itaca te enriquezca.

Itaca te brindó tan hermoso viaje.
Sin ella no habrías emprendido el camino.
Pero no tiene ya nada que darte.

Aunque la halles pobre, Itaca no te ha engañado.
Así, sabio como te has vuelto, con tanta experiencia,
entenderás ya qué significan las Itacas.

BIBLIOGRAFÍA

EGERIA (Autor original). Edición de Carlos Pascual Gil (Autor, Traductor). *Viaje de Egeria: El primer relato de una viajera hispana.* Cuadernos de Horizonte, 2017.

ETERIA, *Itinerario.* Edición y estudio de Juan Monteverde, S.D.B. Editorial Maxtor, Buenos Aires, 1955.

MENÉNDEZ PIDAL, Ramón (dir): *Historia de España*, Tomo III. Espasa Calpe, 1935–2004 para la obra completa. Dirigida por José María Jover Zamora a la muerte de Menéndez Pidal.

MUNCHARAZ ROSSI, Ana: *El viaje de Egeria. La peregrina hispana del siglo IV.* Ediciones Palabra. Madrid, 2012.

VORÁGINE, Santiago de la: (Traducción de José Manuel Macías). *La leyenda dorada 2.* Alianza Editorial. Madrid, 1996.

VV. AA.: *Mujeres en la historia de España.* Enciclopedia biográfica. Planeta. Barcelona, 2000.

X

Urraca y Berenguela

Las reinas «españolas» que precedieron a España

Es mucho mejor confiarnos a un rey que permanecer bajo el poder de una mujer, que ni podrá ni sabrá gobernar ni a los suyos ni a sí misma, tanto en la paz como en la guerra.

Bellido Dolfos (hijo de Dolfos Bellido)[159]

La España medieval cristiana no era aún España. Ni siquiera sumada a la andalusí, tan dividida en el sur en ocasiones, como en el norte también lo estaba. Una amalgama de reinos herederos todos de una Hispania romano-goda, que unificaría una península, sin dejar de lado la inherente diversidad existente. Cuando se recurre para describir a España con los tópicos conceptuales tales como «crisol de culturas», o términos decimonónicos inaplicables como «nación de naciones», la verdad es que nada casaría más que el lema de la actual Unión Europea: «Unidos en la diversidad». Pues eso es lo que siempre fue España. O al menos, así me lo parece. Lo que no impide que haya habido disputas y guerras civiles, pero también un empuje común en tantas empresas que se hicieron, y que se acuñara un nuevo concepto como el de Hispanidad, que traspasó mares y océanos, haciendo que el mundo fuera por primera vez global. Y que mucho más tarde, en

---

[159] Bellido o Vellido Dolfos, uno de los traidores por antonomasia en el imaginario español, que asesinara según se cuenta por la espalda al rey Sancho II de Castilla, sin que pudiera atraparlo Rodrigo Díaz de Vivar, el Cid, viendo cómo se daba a la fuga.

efecto, surgiera una nación española, como hoy la entendemos, fruto de siglos de Historia en común.

Una Historia española, donde las mujeres alcanzaron una cota de poder poco comparable en otros países y territorios de nuestro entorno. La Edad Media siempre se ha pintado con esos barnices de los clichés más oscuros. Sin embargo, sabemos que fue una época llena de matices, riqueza cultural (Córdoba, Toledo, Santiago...), y por supuesto, cruenta y repleta de luchas de poder. Enfrentamientos con todos los componentes de los mejores dramas posteriores del Renacimiento y del Romanticismo. Y mujeres que estuvieron presentes, no como comparsas o en papeles secundarios irrelevantes. Todo lo contrario. Con poderío. Ostentando la autoridad. Gobernando.

El número de mujeres que gobernaron durante estos siglos en la Península es ciertamente sorprendente, y desde luego, muy superior al resto de Europa. Pero si hay que elegir dos que representen el mejor ejemplo de lo que estamos afirmando, estas serían dos reinas, de León y de Castilla; de los reinos que acabarían fusionándose habiéndolo hecho en ellos con anterioridad otros (Asturias, Galicia, los señoríos vascos...), y que serían espina medular de España tras la unión con la Corona aragonesa, tan amplia también en su variedad (Reino de Valencia, de Mallorca, condados catalanes...).

Urraca I de León, nacida en 1081, sería no ya la primera reina en estos lares, sino incluso la primera mujer que reinaría con este rango, en Europa. No como consorte. No como «esposa de». Reina. Con todas las letras. Y por ello muchas veces no será bien considerada. Ni por hacer como mujer lo que a los hombres sí se les consiente. Ya veremos por qué. Hereda el linaje de su padre, Alfonso VI «el Bravo», reconquistador de Toledo, rey primeramente de León, con posterioridad de Galicia, y finalmente de Castilla, acabándose por titular como *Imperator totius Hispaniae*, emperador de toda España. Pues nos encontramos en un momento en el que el reino de León está tomando un impulso fundamental y casi imparable. Heredero directo del reino de Asturias, donde comenzara la reconquista de lo que se considera tierra invadida por los sarracenos tras la disputa entre el último rey godo, Don Rodrigo o Roderico, y los partidarios del rey al que sucede, Witiza, y que dará paso a la invasión musulmana en el año 711.

Sin entrar en la polémica sobre las razones por las que se produjo, ni si el concepto de Reconquista es o no válido, la realidad es que ya la crónica albeldense de 881 empieza a hablar de Asturias como el heredero de ese perdido reino visigodo. De esa perdida Hispania. El rey Alfonso III de Asturias pasaría a ser el primer monarca leonés o, cuando menos, el que iniciara la estirpe de los reyes de León, así como el primero que comience con esa idea imperial, que no deja de querer recoger de este modo el concepto romano unido a lo que fue el reino visigodo.

Pues si a Iberia quisieron hacerla tierra romana desde la llegada a Ampurias de Cneo Cornelio Escipión en el 218 a.C., la verdad es que hasta el emperador Octavio Augusto no se lograría con el final de las guerras cántabras en el 19 a.C. ¡Dos siglos nada menos de fieras luchas! Sin embargo, no habría posteriormente nadie más romano que las gentes de lo que ya será Hispania. Y tras la entrada de los visigodos, llamados por el Imperio para controlar a suevos, vándalos y alanos que llegarían con intención de asentarse en la Península, la recensión de ambas culturas acabaría aparejando una *romanidad* de la que también se creyeron herederos los nuevos reinos que surgirían. El primero, el de Asturias. Y de este, León.

Así, este intento de restablecer el *ordo imperialis*[160] que legitimaría la aspiración de los diferentes reyes para hacerlo sobre los demás reinos en busca de la perdida unidad, nos llega hasta este Alfonso Sexto de León, padre de Urraca, que se encontrará con un problema sucesorio importante al seguir siendo la tradición el mantener la preeminencia del varón sobre la mujer. Aunque, eso sí, sin inhabilitarla caso de que la linde sucesoria masculina no sea viable. Como ocurrió. Y eso que al rey se le contabilizan cinco esposas y dos concubinas. Fue con la segunda cónyuge, Constanza de Borgoña, con quien tendría a Urraca. Tras fallecer la borgoñona, las otras tres mujeres, bien no le darían hijos, bien

---

[160] El orden imperial establecido en época de Roma.

serían hijas. Y con la segunda concubina, Zaida, una princesa musulmana andalusí[161], tras ser bautizada y convertida al cristianismo, le acabaría dando un hijo varón: Sancho.

La legitimidad que tenía una mujer para ocupar el trono (en este caso el de la primogénita, Urraca), quedaba de nuevo suspendida como la tradición marcaba. Pero Sancho morirá con apenas quince años en la batalla de Uclés, en Cuenca, librada por su padre contra los invasores almorávides saharauis. Urraca volvía a ser heredera a no ser que apareciera otro varón. Por parte de su padre no lo habría. Pero sí, paradójicamente, por la suya.

Siguiendo los usos de hacer alianzas mediante la unión de familias y, por tanto, de intereses, Urraca sería casada con Raimundo de Borgoña, once años mayor que ella. Lo que no sería problema si no fuera porque ella apenas tenía ocho[162] en el momento del casorio. Pero la necesidad de su padre de buscar aliados era importante, habida cuenta de las guerras que estaba librando con los almorávides y, especialmente, después de acontecida la desastrosa batalla de Sagrajas[163]. Tras esta derrota se produciría un llamamiento a la cruzada al resto de la cristiandad, especialmente a los francos, ya que su primera mujer, Constanza, lo era. Esto haría que llegaran, entre otros, miembros del ducado de Borgoña, y dos primos a los que casaría Alfonso con dos de sus hijas. Raimundo para Urraca, y a Enrique con Teresa, estableciéndose esta dinastía o linaje borgoñón desde entonces en la Península[164].

---

[161] Hay que recordar que Alfonso VI, tras la toma de Toledo, se convierte en protector de la taifas que controla. Al hacer aparición en la Península los exaltados almorávides, seguidores a ultranza del Islam que acabaron siendo un problema incluso para otros musulmanes y judíos, la situación bélica fue constate. Entre los damnificados aliados del rey cristiano, vendría Zaída en una de las parias, de los tributos, que taifas como la de Sevilla, pagaban a Alfonso VI como protector, huyendo de Córdoba.

[162] Otros autores hablan de diez, y como mucho de once años. En cualquier caso, evidentemente una niña.

[163] Batalla librada cerca de Badajoz, el 23 de octubre de 1086, la primera habida contra los recién llegados almorávides tras el llamado de los reyes de las taifas de Sevilla, Badajoz y Granada, tras la caída de Toledo en manos alfonsinas.

[164] De hecho, Enrique de Borgoña acabaría siendo (tras una serie de vicisitudes y luchas por el poder sobre los territorios sobre los que gobernaba Al-

El caso fue que Urraca había dado a luz a un infante, Alfonso Raimundez, nieto del rey homónimo, aunque no tenía preferencia al trono ya que estaba antes su hermanastro Sancho. Alfonso VI, ya había concedido tanto a la madre como a su esposo, el condado de Galicia de manera vitalicia, el cual pasaría a su muerte en todo caso a su hijo. Siguiendo la forma de reparto familiar de los territorios al estilo de los usos navarros, que los patrimonializaba, en contra del propio derecho visigodo como hizo su padre[165]. A la muerte señalada de Sancho en Uclés, la legitimidad dinástica parecía lógico que pasara al nieto, Alfonso. Pero ahí estaba Urraca. Pues Urraca, envuelta que estuvo desde su nacimiento en un periodo más que convulso de esa Edad Media peninsular, no quiso hacer paripé alguno, considerándose ella legítima heredera del reino. Máxime cuando enviudaría de Raimundo siendo ya de pleno derecho, *Comes Gallecie.*

Toledo, 1108

Los nobles leoneses y castellanos habían acudido al llamamiento a la curia regia sin tener muy claro el motivo. La derrota en Uclés de las tropas cristianas alfonsinas, la muerte del heredero, Sancho, recién proclamado como tal, y la provecta edad del rey, preocupaban de manera alarmante viendo una complicada salida a la crisis en la que estaban. La sorpresa fue mayor cuando la que se dirigió a la Curia fue la Condesa de Galicia, Urraca.

—¡Muy nobles señores y caballeros de estos reinos de mi muy querido padre! —comenzaría su discurso, firme y decidida—. Todos sabemos de los tristes acontecimientos ocurridos en el campo de

---

fonso y sobre los que su yerno Raimundo quería también tener), el primer conde de Portugal, y el hijo habido con Teresa de León sería Alfonso I, el primer rey de Portugal.

[165] Recordemos que el padre de Alfonso VI fue Fernando I, que teniendo ya conseguida una unión territorial tan grande, volvió de desgajarla entre sus hijos, dando al mayor, Sancho, Castilla, del que sería el primer rey. A Alfonso, León. A García, Galicia. Y a sus hijas Elvira y Urraca Toro y Zamora respectivamente.

REYES DE ARAGÓN, CASTILLA Y NAVARRA

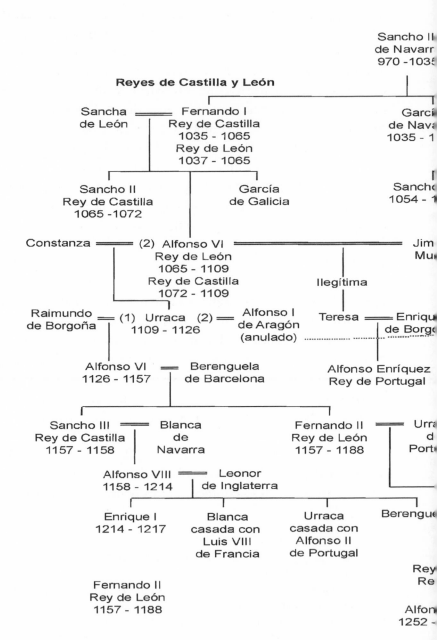

Sancho II
de Navarr
970 -1035

Reyes de Castilla y León

Sancha ══ Fernando I
de León | Rey de Castilla
1035 - 1065
Rey de León
1037 - 1065

Garci
de Nav
1035 - 1

Sancho II
Rey de Castilla
1065 -1072

García
de Galicia

Sanch
1054 - 1

Constanza ══ (2) Alfonso VI ══ Jim
Rey de León | Mu
1065 - 1109
Rey de Castilla
1072 - 1109

Ilegítima

Raimundo ══ (1) Urraca (2) ══ Alfonso I
de Borgoña | 1109 - 1126 de Aragón
(anulado)

Teresa ══ Enriqu
de Borg

Alfonso VI ══ Berenguela
1126 - 1157 de Barcelona

Alfonso Enríquez
Rey de Portugal

Sancho III ══ Blanca
Rey de Castilla | de
1157 - 1158 Navarra

Fernando II ══ Urr
Rey de León | d
1157 - 1188 Port

Alfonso VIII ══ Leonor
1158 - 1214 | de Inglaterra

Enrique I
1214 - 1217

Blanca
casada con
Luis VIII
de Francia

Urraca
casada con
Alfonso II
de Portugal

Berengue

Fernando II
Rey de León
1157 - 1188

Rey
Re

Alfon
1252 -

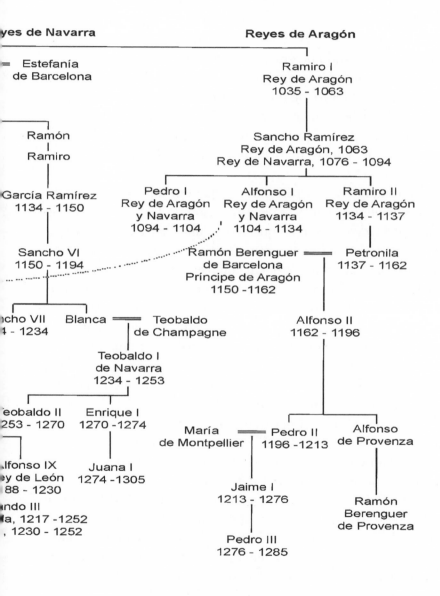

yes de Navarra

Reyes de Aragón

= Estefanía
de Barcelona

Ramiro I
Rey de Aragón
1035 - 1063

Ramón
|
Ramiro

Sancho Ramírez
Rey de Aragón, 1063
Rey de Navarra, 1076 - 1094

García Ramírez
1134 - 1150

Pedro I
Rey de Aragón
y Navarra
1094 - 1104

Alfonso I
Rey de Aragón
y Navarra
1104 - 1134

Ramiro II
Rey de Aragón
1134 - 1137

Sancho VI
1150 - 1194

Ramón Berenguer === Petronila
de Barcelona   1137 - 1162
Príncipe de Aragón
1150 -1162

cho VII   Blanca === Teobaldo
4 - 1234   de Champagne

Alfonso II
1162 - 1196

Teobaldo I
de Navarra
1234 - 1253

eobaldo II   Enrique I
253 - 1270   1270 -1274

María === Pedro II   Alfonso
de Montpellier | 1196 -1213 de Provenza

lfonso IX   Juana I
ey de León 1274 -1305
88 - 1230

ndo III
la, 1217 -1252
, 1230 - 1252

Jaime I
1213 - 1276

Ramón
Berenguer
de Provenza

Pedro III
1276 - 1285

batalla. El peor de todos, la muerte de mi hermano que en gloria de Dios esté ya habiendo dado su sangre por su Fe y por su señor natural. La morisma se halla casi ante las puertas de Toledo. Y el rey, aún anciano como está, sigue teniendo el brazo fuerte para acudir con sus mesnadas a defenderla. Pero no puede quedar sin resolver antes una cuestión. Quién le ha de suceder.

Los murmullos entre los convocados se hicieron todo un rumor como de ruido de grava en una playa. El pensamiento era claro. ¡Quién sino Alfonso, el nieto y señor que lo sería también de Galicia y, por tanto, de nuevo de todo el reino!

—¡Me dirijo a vosotros, aquí y ahora, para reclamar mi derecho al trono! ¡Como primogénita del rey, y como heredera que soy de su linaje! Esta es mi decisión. Nada me hará cambiarla.

El estupor se hizo paso ante lo que era un hecho al mismo tiempo incontestable ante la determinación de Urraca. Tal vez no era una mala idea… siempre que tuviera una lógica añadida. Casar a la heredera con un hombre firme que permitiera un gobierno estable. Pues la mentalidad de que una mujer no tendría arrestos suficientes para entablar guerras sin estar bajo la tutela de un hombre, era, evidentemente, la predominante. Tras pensar en casarla con algún noble castellano, como el conde Gómez González, y habiendo aceptado su padre Alfonso el que fuera Urraca por tanto, reina, la sorpresa fue en aumento cuando la decisión final fue el concordar el matrimonio de Urraca con el que era enemigo suyo, pero en la parte cristiana: Alfonso de Aragón el Batallador.

Fue consumarse el matrimonio, y el rey Alfonso VI morir. Urraca I de León y de Castilla casada con Alfonso I de Aragón y de Pamplona. Una unión dinástica entre ambas Coronas que podría hacer una unidad peninsular con el mismo sistema casi cuatrocientos años antes que la unión de Isabel de Castilla y Fernando de Aragón. Sin embargo, como bien sabemos, esto no ocurriría hasta la llegada de los conocidos Reyes Católicos. Para todas aquellas personas descreídas, nihilistas, cínicas, o simplemente escépticas, con algo tan aparentemente fuera de lo que sería una semblanza histórica como lo es el amor, han de saber que este fue el causante de que fuera posible en 1458 y no en 1109. Pues así como Isabel y Fernando casarían por voluntad propia, enamorados, y con un lema que sería tan famoso como ellos: «Tanto monta, monta tanto», en este caso de Urraca y Alfonso ni habría voluntad sino intereses contrapuestos, ni amor sino hasta odio, y ningún lema sería posible, ya que ambos esposos hasta en combate acabarían trabados.

Urraca tuvo que vérselas con una realidad como fueron las luchas intestinas, con las que no contaba con su marido el rey aragonés, más interesado en sus propias guerras y en hacerse con territorios propios de su consorte para su propia Corona. E incluso queriendo prevalecer sobre la Urraca *regina*, a la que desdeñaba como reina y como mujer, intentando obligar a los nobles (especialmente a los gallegos) para quedar él como único rey legítimo. Para colmo, mucha de esa aristocracia que apoyaba el derecho de Alfonso Raimúndez, el hijo de Urraca, como único depositario de esa legitimidad, acabó proclamándole a su vástago rey de Galicia, en contra de otros nobles y del alto clero leales a Urraca[166].

Guerra civil, en este caso, de los reyes contra el hijo de la reina. Pero no pasaría mucho en que la reina, se aliara con su hijo, enfrentándose con el de Aragón. Pese a la firma de la Concordia de Peñafiel, el aldabonazo final fue la petición del arzobispo de Toledo de que los esposos se separaran, ya que eran parientes y no habían solicitado dispensa alguna, llegando a excomulgarlos. Sea como fuera, Urraca estaba harta de un marido que no le hacía más caso que el que sus propios intereses le convenían, y Alfonso por su parte la repudiaría volviendo a Aragón.

Sola quedó Urraca. Pero no por ello menos acosada. De nuevo por Galicia, que levantisca, casi acaba con ella físicamente en una rebelión habida en Santiago de Compostela. Con su hijo, cada vez más ansioso por una corona que entendía suya y para la que no tenía paciencia para esperar la muerte de su madre. Con su hermana Teresa, casada como recordamos con el otro borgoñón, y que como condesa de Portugal también quería parte de los

---

[166] Pastor, Reyna. «Urraca Alfonso». En *Mujeres en la Historia de España*. Planeta. Barcelona, 2000.

territorios gallegos. Y entre todo este caos, una reina, Urraca, que se mantendría en el poder gobernando como cualquier hombre hubiera hecho. Pero que por ser mujer, se la criticaría. Por todas sus acciones, omisiones o por su vida privada.

A Urraca I se le va a discutir hasta el hecho de haber reinado. Sin embargo, el *Cronicón Compostelano* es claro cuando deja transcrito que reinaría durante diecisiete años. Pero sus detractores cuentan que de manera despótica ¿Fue la forma de gobernar de Urraca tan tiránica como se dice? Sorprende en una época en que hasta hermanos se matan entre sí por el poder, con intrigas palaciegas que no son sino intereses familiares dinásticos, y en los que los hombres no es que saldrían bien parados si nos pusiéramos también a hacer un cotejo de sus actos, haya quien se ponga tan remilgado cuando son (presuntamente) realizados por una dama. La realidad de que una mujer accediera al trono, no para figurar, sino para gobernar, haría que salieran detractores, como el clérigo anónimo autor del *Cronicón*, que escribirá:

> Desaparecido aquél [Alfonso VI] y puesto que carecía de descendencia masculina que pudiera sucederle, Urraca, la hija legítima que había engendrado, obtuvo todo el reino de España. Gobernó, sin embargo, tiránica y mujerilmente durante diecisiete años y concluyó, de parto adulterino, su infeliz vida en el castillo de Saldaña el sexto día de los idus de marzo de la era de MCLXIII.[167]

Ciertamente no encajaba bien en la mentalidad de muchos la capacidad de una mujer para llevar actos que entran dentro de los estereotipos achacados a las mismas, entre ellos la incapacidad, la tiranía y, cómo no, el adulterio. Porque si cierto es que la reina tendría amantes, parece que cuando estos son tenidos por reyes varones, se llega a adjetivar a sus concubinas con epítetos como *nobilissima*. Pero es vara de medir doble, pues si es mujer se le tilda de veleidosa, fruto de su condición femenina, de la que surgen tan reprobables infidelidades matrimoniales (aunque el esposo sea un misógino que la detestaba, literalmente). Epítetos de

---

[167] Citado por Pallarés Méndez. *Vid.* bibl.

quien se asusta o se asombra de que una mujer pueda hacer las mismas cosas que un hombre, sin remilgos y sin complejos. Como esta reina indomable que fue Urraca I la Temeraria.

Pero cada persona es un mundo, y si hay una mujer que refleje cómo es posible estar en el centro mismo de la Historia, esa es la historia de Berenguela de Castilla. Su sangre no podría concentrar, en ascendentes y descendientes, tantos y tan importantes personajes. Y sobre todo, transcendentales para lo que va a ser España. De entrada, sabemos que por sus venas corre la sangre de la citada Urraca I, su tatarabuela, mujer que como vimos no solo ciño corona, sino que ejerció el poder. A su muerte finalmente su hijo Alfonso Raimúndez reinaría como Alfonso VII el Emperador retomando la tradición imperial ya comentada.

De su matrimonio con Berenguela de Barcelona nacería Sancho III, cuyo abuelo materno era el conde de Barcelona, Ramón Berenguer III. Su hijo reinará como Alfonso VIII el Noble pero será más conocido por la decisiva batalla que se libró en 1212 en la jienense Navas de Tolosa. Este Alfonso VIII casará con Leonor de Plantagenet o de Inglaterra, hija de una de las mujeres más interesantes de la Historia, Leonor de Aquitana[168]. Como vemos, un más que apasionante árbol genealógico, sin duda.

De la unión de ambos nacerían varios hijos. La segoviana[169] Berenguela será la primogénita en 1179, y tras ella vendrían tres varones y seis mujeres. Con los hombres sabemos que se mantenía la preeminencia, pero su primer hermano, Sancho, moriría con apenas tres meses de edad. En un momento dado le fue concedido a Berenguela la proclamación como heredera al trono. Sin embargo el nacimiento de su segundo hermano, Fernando, acabaría con esa posibilidad. Mas, como vemos, nada hay seguro en una época en la

---

[168] Madre de los populares reyes ingleses Ricardo Corazón de León y del llamado Juan Sin Tierra. No me resisto a una recomendación cinematográfica, *El león en invierno*, de 1968, donde Katharine Hepburn dará protagonismo en esta interesante cinta, a esta espectacular mujer. Papel por la que le serían concedidos los premios Oscar y BAFTA, por cierto.

[169] No queda claro su lugar de nacimiento. Bien pudiera ser Segovia, pero no es descartable Burgos, en un momento en que las cortes eran itinerantes.

que la Muerte repartía más cartas que un casino de Las Vegas en la nuestra, y fallecería en Madrid a los veintidós años de edad. Sin embargo, ya había nacido un tercer hermano varón, Enrique.

Y sería Enrique quien accedería a la muerte de «el de Las Navas» al trono… contando apenas diez años de edad. *Regencia habemus*. Empero, quien había sido designada para ejercerla, su madre Leonor de Inglaterra, moría apenas tres semanas más tarde. De este modo Berenguela, que no parecía tener por destino heredar reino alguno de manera efectiva, se vio siendo la reina regente de Castilla, habiéndolo sido también como consorte, de León. Pero la cosa no quedaría ahí, pues ciertamente el enredo de aquellos tiempos hace que la que en los 80 fuera popular serie de televisión en el mundo, *Dinastía*[170], quede a la altura de cuento para niños. Hagamos un necesario *flashback* cinematográfico-histórico.

Berenguela había sido durante toda su vida moneda de cambio para los intereses dinásticos familiares. La mujeres en general, paradójicamente, transmitían el derecho a su descendencia otorgándole legitimidad por vía materna a las pretensiones de señores y reyes de otros territorios. Eran garantía de pactos y de paces. Sin mujeres con las que negociar como sujeto pasivo (como objeto más bien), no hubieran sido posible alianzas del más alto nivel… o desavenencias como la que llevará a los Tudor a un cisma con el resto del mundo católico tras divorciarse Enrique VIII de Inglaterra de la tía del emperador Carlos V de Alemania y I de España, la reina Catalina. Por poner un ejemplo de sobra conocido.

Pero volviendo a nuestra historia, el caso es que Alfonso VIII muy pronto quiso jugar esa baza para el futuro. De hecho, apenas contaba su primogénita ocho años cuando fue prometida al hijo del emperador alemán Federico I Barbarroja. Una unión que interesaba a ambos, tanto que sus capitulaciones matrimoniales eran en efecto más un tratado internacional que otra cosa al considerarse a Berenguela como la heredera del trono de Castilla. El matrimonio realizado (que no consumado) en Carrión de los Condes en 1188,

---

[170] Serie de la cadena estadounidense ABC *Dinastía* (v.o. *Dinasty*), producida por Aaron Spelling, 1981–1989.

donde fueron jurados como sucesores del rey, quedó sin valor para las partes cuando nació un año más tarde un varón, Fernando[171]. De nuevo la razón de varonía manda.

Berenguela iba a seguir siendo educada dentro de una corte en la que la presencia de su madre Leonor de Plantagenet[172] la iba a convertir en un centro cultural y artístico de todo tipo, desde trovadores para promover la construcción del maravilloso monasterio burgalés de las Huelgas, siempre con el apoyo del rey Alfonso, que cuidó de su mujer desde que llegara también con una temprana edad desde su Aquitania, pese a las maledicencias que le ponen como un adúltero amancebado con una judía. Por tanto, la hija de estos dos fuertes personajes labró un carácter formado desde el principio en un ambiente en el que la inteligencia era un valor que ella cosechó más que de sobra.

De nuevo llevada a la palestra como parte de la política de alianzas, esta vez tendría que serlo para sellar la paz entre Castilla y León, de nuevo divididas a causa del reparto de ellas que el hijo de Urraca, Alfonso VII, hizo entre sus hijos Sancho y Fernando respectivamente. De este modo, se casaría con el hijo de este último, el rey Alfonso IX de León, primo de su padre y, lógicamente, tío suyo. Asunto este mencionado no a humo de pajas, sino por-

---

[171] He de señalar que según qué fuentes se cotejen, se dice que el matrimonio se celebraría formalmente, y otras que solo sería planeado, y que la causa fue el rechazo directo de la propia Berenguela. Hemos de entender que es muy posible que la niña (insisto, la niña) muy dispuesta no estuviera con ocho años, aunque estamos en épocas en que los reyes (como su propio padre) accedían incluso al trono siendo menores. Pero no es creíble la hipótesis de que una infanta de esa edad eche al traste un acuerdo tan importante. Otros autores dicen que sería la madre, Leonor, la que impediría la boda. El hecho histórico es que todo quedaría en agua de borrajas tras el nacimiento de Fernando. El matrimonio habido o no, fue considerado nulo de pleno derecho al contar con la condición canónica para ser considerado así: la (obvia) no consumación.

[172] Que podemos encontrar confusamente también con los sobrenombres «de Inglaterra» (como su madre y su sobrina) o «de Castilla» (como su nieta), y que aportaría al matrimonio como arras el condado de Aquitania, heredad de su famosa madre homónima ya citada. ¡Ojo con los más que comprensibles equívocos!

que sería un asunto que daría al traste con el matrimonio. Y con la frágil paz, y bien podríamos decir que inexistente, alianza entre estos dos reinos peninsulares.

No sería por Berenguela, que supo atraerse a la nobleza leonesa, y los cronistas la alaban y la tildan, como Lucas de Tuy[173], como reina *sappientissima*[174]. El casamiento con Alfonso daría fruto en varios vástagos. Tres hijas y dos hijos. El tercer parto sería el de Fernando, reconocido como heredero al trono. Aunque a los pocos años de nacer, el papa de turno, Inocencio III, debido a la consanguinidad de los contrayentes, forzaría a la separación del matrimonio tras años de discusiones y pena severa de excomunión. Y eso que su predecesor en Roma, Celestino III, había dado en su momento la correspondiente dispensa (o al menos no mostró oposición expresa). Berenguela, eso sí, no retornaría a Castilla sin afianzar el reconocimiento expreso para su hijo Fernando como legítimo heredero al trono leonés, ya que los hijos habidos no se vieron afectados por la anulación. Como tal heredero sería reconocido por la curia leonesa.

Vuelve Berenguela a su tierra, reina de León sin reino, a ocuparse de sus hijos. Al poco de su llegada nacerá su último hermano, Enrique. ¡Ya hay heredero varón al trono! Pero pasan los años, y dos lustros más tarde ocurriría el fallecimiento de su padre anteriormente narrado, el ascenso al trono de Castilla de su hermano pequeño Enrique, la muerte de su madre y por tanto, la regencia obligada de la que tiene que hacerse cargo. Regencia complicada, pues ante esta situación los enfrentamientos internos van de nuevo a brotar. La lucha por el poder dentro del reino de Castilla ya fue una realidad desde la minoría de edad del padre de Berenguela, con la que accede al trono, entre las casas de los Lara y los Castro, que en aquel momento acabaron estos últimos aliándose con el rey leonés contra Alfonso VIII. Ahora, son los

---

[173]   Lucas de Tuy fue un historiador leonés que llegaría a ser canónigo de San Isidoro de León, y cuya obra más señera fue el *Chronicon mundi*, promovida precisamente por Berenguela.

[174]   Rodríguez López, Ana. «Berenguela». En *Mujeres en la Historia de España*, *op. cit.*

poderosos Lara los que no quieren la regencia de lo que en el fondo consideraban más una reina leonesa que una infanta castellana. Y que ésta seguramente acabaría por influir para que su hijo Fernando reinara en vez de su hermano Enrique.

Nada más falso, pues Berenguela va a hacer valer los derechos regios de su hermano, y la legitimad de su regencia como hija y heredera que fue de su padre «el de las Navas». El enfrentamiento derivó en conflicto abierto en Castilla con toda una serie de conjuras que más parecía la Florencia de las conspiraciones y de las arteras intrigas. El alférez Álvaro Núñez de Lara quiere hacerse con la regencia a toda costa e influir directamente en el destino de Enrique. Ante el cariz que estaban tomando los acontecimientos, la prudente Berenguela mandará a su hijo Fernando a León para estar a buen recaudo. En riesgo mortal llegaría a estar ella misma. Y Enrique… Enrique va a fallecer de una manera absurda:

> El rey D. Enric trevellaba con sus mozos, è firiolo un mozo con una piedra en la cabeza, non por su grado, è murió ende VI. días de Junio en día de Martes Era MCCLV[175].

No parece sino que una teja del lugar donde se refugiaba le descalabró accidentalmente, acabando con el jovencísimo rey cuando jugaba «con los donzeles de su edad[176].

Berenguela, acaba de convertirse en reina de Castilla.

Y como reina tomó una decisión que sorprendió a todos. Hábil como era, optó por la inmediata resolución de hacer traer de vuelta a su hijo Fernando. Sabía que ahora iba a ser él sobre quien iban a caer los complots y hacia donde se dirigirían todas las miradas. Parece ser que su padre Alfonso Nono de León, y sus hermanastras, doña Dulce y doña Sancha, hijas tenidas por el leonés con su segunda mujer, intentaron retener a Fernando, pues sabían que podría haber un auténtico problema dinástico

---

[175] España sagrada: *Theatro geographico-historico de la iglesia de España.* Henrique Florez, Madrid, 1767, pp. 399-400.

[176] Así queda narrado en *Primera Crónica General Estoria de España que mandó componer Alfonso el Sabio y se continuaba bajo Sancho IV en 1289.* Publicada por Ramón Menéndez y Pidal, Madrid, 1906, Tomo I, pág. 712.

que les afectara directamente. Las crónicas clásicas dicen que una embajada mandada por su madre con la excusa de que le echaba de menos, lograría el ardid de hacer que Fernando lograra llegar hasta su lado, antes de que la noticia de la muerte del rey niño Enrique llegara a oídos de Alfonso. Sea como fuere, el caso es que lograría llegar al castillo de Autillo, donde le esperaba su madre.

Autillo de Campos, Palencia, 1217

Casi todos los partidarios de la reina Berenguela habían podido llegar finalmente al lugar donde tenía su señorío su más fiel paladín, Gonzalo Ruiz Girón. Ahí iba a llegar este junto con López Díaz de Haro señor de Vizcaya, trayendo de Toro donde se encontraba, al hijo de la reina, Fernando, de manera exitosa. La reina se encontraba escoltada por el ricohombre castellano Alfonso Téllez, señor de Meneses, y por Álvaro Díaz de Cameros, señor de Enciso. La asamblea era solemne. De ahí iba a salir un rey:

—Mis queridos caballeros —se dirigió a todos los presentes Berenguela—, mucho hemos luchado y mucho hemos sufrido. Las traiciones de los Lara tendrán castigo. Y la muerte de mi hermano, llorada. ¡Pero hoy es un día de regocijo! Hoy como soberana legítima de Castilla que soy, proclamo formalmente al infante don Fernando, hijo de reyes, heredero del trono de León, como rey de Castilla. ¡Y os pido que lo reconozcáis como tal!

Ni un momento se hizo demorar a coro el grito tradicional de «¡Real, Real, Real!» por parte de todas las mesnadas allí presentes. Tremolar de pendones carmesíes fueron mar de gules en el duro junio castellano. El frondoso olmo bajo el que estaban las dos figuras regias parecía forillo mitológico de reyes de otros tiempos. La publicación real era un hecho.

De ahí, pues, marcharían todos hacia Valladolid para que fuera jurado ante las Cortes. El cortejo cada vez se hacía más grande. Y ya en la ciudad del Pisuerga, llegados de las «Estremaduras de Duero» y de Segovia todos los grandes hombres y representantes de las ciudades y del alto clero, en Santa María fue proclamado solemnemente rey de Castilla, tras de nuevo las palabras de su madre Berenguela, Fernando, que reinaría con el numeral III, y que llegaría a ser santo. El único rey santo de nuestra Historia.

Pero la historia de este reinado conjunto aún tenía muchas aristas. La reina siempre se mostró prudente, y sin renunciar a su condición, daba asistencia y apoyo en todo momento al rey. Incluso en la batalla, pues los de Lara no aceptaron tal proclamación, aliándose con los leoneses y dando batalla. Tal es así, que por contar solo un episodio curioso, en Madrid, en el Postigo (o pequeña puerta) de San Martín, que se localizaba entre la hoy populosa plaza de Callao y la concurrida del Arenal, se encontraba una cruz de piedra que durante siglos recordó el episodio en que los monjes del convento de San Martín, salieron en defensa de Berenguela y de Fernando, sitiados donde hoy se encuentra el convento de las Descalzas Reales (que entonces estaba casi en las afueras de ese pequeño Madrid, en lo que era la Quinta Real), y que todos ellos junto con cofrades y madrileños salieron en defensa del legítimo rey impidiendo que el felón Álvaro de Lara se hiciera con ellos[177].

Tras conseguir derrotar al que fuera alférez de su padre y hacerle prisionero, la paz con León era necesaria. Sobre todo porque había un enemigo común en el sur, pues los almohades habías sido vencidos en Las Navas de Tolosa. Pero aún no derrotados, ni reconquistado ese territorio aún bajo dominio musulmán. Y un enemigo común siempre crea amigos. Fernando III libraría batallas, y recuperaría para la cristiandad Sevilla y Córdoba. Mientras, Berenguela se hacía cargo del gobierno desde Burgos. Muchas de las disposiciones del auténtico rey nominal irán firmadas con una coda: «con el asenso y beneplácito de la reina doña Berenguela». Pues aunque en apariencia regente, la capacidad de gobierno y ejecución de esta prudentísima mujer fue total.

Incluso fundamental para un episodio trascendental en nuestra Historia. Cuando aconteció la muerte de Alfonso IX de León en

---

[177] Ni hace falta decir que esa cruz de piedra conmemorativa que tantos siglos estuvo, hoy ni está ni creo se conozca su paradero. Al menos yo no he sido capaz de seguir su rastro, desgraciadamente.

1230, Berenguela había mantenido las fortalezas y castillos que le correspondieron como dote en el matrimonio habido con el difunto rey, con lo que cuando quiso reclamar el trono del que era heredero también el que ya ceñía la corona de Castilla, estas propiedades asegurarían a Fernando entrar en León para ser proclamado rey también de aquel reino. No sin previamente conseguirlo sobre las otras dos pretendientes, sus hermanastras Sancha y Dulce, tenidas por el rey leonés con su segunda esposa, Teresa de Portugal. León estaba dividido entre los pretendientes, y la posible nueva guerra entre ambos reinos sería parada gracias al encuentro que ambas reinas, ambas viudas del mismo hombre, tendrían en Valencia de don Juan. De nuevo la capacidad de Berenguela quedó más que probada, y el 11 de diciembre de 1230 se firmaría la llamada Concordia de Benavente, lugar donde se firmaría la renuncia de derechos de las hijas de Teresa, y que permitiría que pocos días más tarde fuera Fernando III rey de Castilla, y rey de León[178].

Berenguela seguiría fiel a su hijo hasta la muerte. Hasta con relación a sus matrimonios y los hijos habidos, que serán continuadores de la dinastía. La última vez que madre e hijo se vieron fue en Pozuelo de don Gil (lo que hoy conocemos como Ciudad Real) y sería con relación al que era el heredero al trono. Un infante llamado Alfonso, y que llegaría al trono y sería conocido como Alfonso X el Sabio. Como ya indiqué, en Berenguela su ascendencia y descendencia hacen que la Historia llegue a desbordar todas las expectativas.

---

[178] Desde este momento, ambos reinos estarían unidos. Y aunque hemos visto la importancia y casi preeminencia del de León con relación a lo que empezó siendo un condado como fue Castilla, al ser primero Fernando proclamado rey de esta antes que de León, la costumbre es nominar primero por el título mayor a menor (por eso también es correcto llamar a Carlos I de España como Carlos V, ya que se refiere al título de emperador, de mayor rango que rey), y con los territorios por orden de proclamación u obtención en mismo rango. Lo que nos lleva a la razón de por qué en la actualidad se llamará a la comunidad autónoma heredera como de Castilla y León y no viceversa, pues quedó finalmente el nombre castellano como sinécdoque del resto de reinos, y especialmente del de León, que nunca dejaría de estar presente en la bandera cuartelada en cuatro, donde campan a la par el dorado castillo y el león púrpura, sobre fondos de gules y plata respectivamente.

De ella el arzobispo de Toledo Rodrigo Jiménez de Rada llegaría a decir que «esta noble reina mantuvo con tanta constancia y amplió hasta tal punto las gracias recibidas, que toda edad, todo sexo, toda condición, toda creencia, todo pueblo, toda lengua sintió su afecto correspondido... con razón la admira nuestra época, pues ni la actual ni la de nuestros padres hallaron nunca otra igual»[179].

A la par anduvieron Urraca y Berenguela. Demostrando que la frase de Bellido Dolfos era tan insidiosa como lo fue él.

Bibliografía

Echevarría, Ana y Jaspert, Nikolas (Coord.) Monográfico: *El ejercicio del poder de las reinas ibéricas en la Edad Media*. Anuario de Estudios Medievales, Vol. 46, Núm. 1, 2016.

Fuente, María Jesús. «¿Reina la reina? Mujeres en la cúspide del poder en los reinos hispánicos de la edad media (siglos Vl-Xlll)». *Espacio, Tiempo y Forma*, Serie III, Historia Medieval, Tom. 16, 2003.

Guerrero Navarrete, Yolanda: «Las mujeres y la guerra en la edad media: mitos y realidades». *Journal of Feminist, Gender and Women Studies* 3: 3-10. Marzo 2016.

Márquez de la Plata, Vicenta: *Mujeres con poder en la historia de España*. Nowtilus. Madrid, 2018.

Martínez, Cándida (dir.) et al.: *Mujeres en la Historia de España*. Enciclopedia biográfica. Planeta. Barcelona, 2000.

Nash, Mary y Tavera, Susana (Eds.): *Las mujeres y las guerras. El papel de las mujeres en las guerras de la Edad Antigua a la Contemporánea*. Icaria Antrazyt. Barcelona, 2003.

Pallares, Mª del Carmen y Portela, Ermelindo: *La reina Urraca*. Nerea. Madrid, 2006.

---

[179] Citado por Rodríguez López, *op. cit.*

XI

CARMEN DE BURGOS, *COLOMBINE*

Una literata viajera, bohemia y feminista

> *Colombine es una mujer inverosímil*
> *en esta tierra de mujeres a ultranza.*

> Ramón Gómez de la Serna

E L NOMBRE DE CARMEN DE BURGOS SEGUÍ tal vez no sea en extremo conocido hoy en día. Sin embargo, *Colombine*[180], como firmaría la mayor parte de sus artículos, fue una periodista más que popular, una escritora reconocida y, sobre todo, no tengo más remedio que caer en el cliché, una mujer de novela. Una mujer de una modernidad apabullante, que rompería tabúes, y que quiso vivir alejada del encorsetamiento que la sociedad decimonónica aún imponía a las mujeres, dando un cambio radical en lo personal y en lo profesional con el salto al nuevo siglo XX. No le resultará fácil. Nada lo fue para Carmen. Sin embargo, sus logros quedaron malditos por un éxito que se esfumó en el tiempo hacia un olvido inexplicable. Y eso que se lo había labrado de manera firme, decidida, de manera recia.

¡Cómo no iba a convertirse en una mujer recia! Su inicio biográfico desde luego no auguraba el carácter marcadamente vitalista que iba a tener. Nada más casar enamorada de manera ro-

---

[180] Colombine o Colombina, en la Comedia del Arte italiana, es el personaje principal femenino. Un personaje entre medias de los protagonistas, a los que aconseja, ayuda o acaba siendo su confidente. El apodo se lo pondría Augusto Suárez de Figueroa, director del periódico *Diario Universal* donde empezaría a trabajar como columnista Carmen de Burgos en 1903, lo que la convierte en la primera mujer periodista profesional en España.

mántica hasta lo más hondo desde que recibiera aquel primer poema de amor del que será más tarde su marido, lustros mayor que ella, llegarían los desengaños. El matrimonio, por tanto, no sería sino la entrada a un infierno inimaginable. Viviendo en un pueblo de Almería, Rodalquilar, a finales del siglo XIX, donde todo era ambiente opresivo para la mujer que quisiera sentirse libre. No haría caso de los consejos de su padre sobre lo inconveniente de esa unión, y en ella no va a encontrar esa vida bohemia artística de la que sí parecía ser ejemplo su esposo. Todo lo contrario. A no ser que la bohemia la entendiera su marido como la libertad para él poder ser infiel, y sacar el maltratador que llevaba dentro. Un bestia que no la hizo hijos sino a base de darse él placer y de violentarla a ella.

Muchas esposas suelen ante estas circunstancias refugiarse en los hijos que han nacido. Ni en eso tuvo suerte Carmen. El primero moriría sin cumplir siquiera un día de vida. En su segundo parto, dos días tan solo llegaría a vivir la neófita. Y el tercero, a los ocho años se le quedó dormido eternamente entre sus propios brazos, creyendo que no había sino logrado calmar las tercianas que se lo llevó. Si Carmen no se volvió loca en ese momento, es porque hay personas que nos dan el ejemplo de lo que el ser humano puede llegar a soportar como sufrimiento. Y de cómo se puede salir de él. Este hecho sería un punto de inflexión definitivo para Carmen. Le quedaba una niña, María, que había nacido en 1895, y en la que depositaría todo su cariño. Juntas recorrerían y vivirían lo que siempre deseó. Pero también le conducirá a un sufrimiento final que hay quien piensa que le llevaría, probablemente, a su muerte.

Madrid, 1908, un miércoles cualquiera, a las cinco de la tarde

La casa de Colombine en la calle de San Bernardo empezaba a ser ya un hervidero de artistas de todo tipo y condición. Y hasta de diferentes nacionalidades. No hacía ni un año en que había organizado esta «tertulia modernista», como así la había querido llamar, y su éxito era la comidilla del todo Madrid intelectual. Su fama había quedado ya unida a su promotora, y en los cafés de la capital, cuyas tertulias se le habían quedado pequeñas para lo que ella pretendía, se hablaba con envidia de lo que se empezaron a llamar «los miércoles de Colombine», donde acudían desde periodistas a pintores, pasando por músicos o escritores, novelistas o poetas. Hombres y mujeres con iguales inquietudes artísticas e intelectuales compartiéndolas con jóvenes promesas en aquel salón.

Así describía aquel lugar de encuentro uno de los que serían más que asiduos, Ramón Gómez de la Serna: «Es un gran salón pintado de azul, que se abre a una azotea sobre el paisaje, cuyo telón de fondo es el Guadarrama; un gran salón cubierto de tapices gobelinos, tamizando el sol por vidrieras representando escenas de Rubens, colgado de obras de arte, vaciados de Benvenuto, de Donatello…; iluminado por pensiles árabes, con bojes en las esquinas, bargueños, gárgolas y un sillón abacial del siglo XV rematado en lo alto por una fina crestería».

El jovencísimo Ramón le sería presentado a Carmen en uno de esos miércoles. Ella le lleva casi veintiún años de diferencia. Algo que si hoy en día puede suponer chocante, en el comienzo del siglo pasado desde luego no es que fuera norma bien vista. Porque Carmen se enamoraría de Ramón y Ramón de Carmen. De tal modo que se convertirá, junto con su querida hija María, en las dos personas a las que adoraría hasta la muerte. Muerte posiblemente anticipada como consecuencia de la traición de los que más quería. Pero no adelantemos acontecimientos.

La relación entre Carmen y Ramón sería una constante compleja durante veinte años de sus vidas. Una pasión que si bien podía ser calificada de bohemia en aquellos tiempos, hoy sería considerada tan moderna como el concepto de ser adjetivados como una pareja LAT[181]. En aquel tiempo en que la ópera de

---

[181] LAT, acrónimo del inglés *Living Apart Together* o lo que es lo mismo, una pareja que tiene una relación, pero que no conviven juntos, evitando el convencionalismo (y los problemas) de cohabitar en una casa común, pero no de compartir intereses y pasiones comunes. Este concepto empezó como una gran novedad (o tendencia) en la primera década del nuevo milenio, aunque, como veremos, fue algo practicado por Carmen de Burgos y Ramón Gómez de la Serna, como en el pasado ya lo hicieron Chopin y George Sand o lo harán en el futuro Jean-Paul Sartre y Simone de Beauvoir, por poner algunos ejemplos.

Giacomo Puccini *La bohème* acababa de ser estrenada en el Real de Madrid en 1900, y pocos años más tarde, en 1904, lo sería la zarzuela *Bohemios* de Amadeo Vives, la idea de la vida bohemia era un efluvio de libertad que flotaba en el ambiente.

Como contó Ramón más adelante, «nos conminábamos para no hacer ninguna concesión: todo, la vida o la muerte, a base de no claudicar. Pensábamos seguir, pasase lo que pasase, el escalafón rígido y heroico de ese vivir… Aquella unión hizo posible la bohemia completa, establecida en el más noble compañerismo. […] Ella de un lado y yo del otro de la mesa estrecha escribíamos y escribíamos largas horas y nos leíamos capítulos, cuentos, poemas en prosa. Se discute, se rectifica, se quiere ir más allá, se tiene fe en un porvenir que tardará años en despuntar».

Todo esto fue algo por lo que suspiraba *Colombine* desde que huyera literalmente, de casa de su cruel marido, volviendo momentáneamente a casa de sus padres…

Almería, finales del siglo XIX

Para intentar alcanzar una independencia, esta solo puede venir si va unida a la económica. Es por esto por lo que se empeñaría en obtener su título de Magisterio, sacándoselo por libre intentando no ser descubierta cuando aún habitaba la casa conyugal, por ese marido del que nada podía esperar sino desprecio… o cosas peores. En 1895, estando ya de vuelta al hogar paterno, obtendría el deseado título, conseguido a costa de muchas noches de estudio. Ahora podría volar y marchar con su hija María. En 1901 obtendrá una plaza por oposición para poder seguir ejerciendo su diploma académico, apenas iniciada su andadura como maestra en un colegio local para niñas pobres llamado «Santa Teresa».

Esa plaza sería para la Escuela Normal de Guadalajara donde empezaría a dar sus clases fuera de su entorno, convirtiéndose el tema de la educación en uno de los pilares conceptuales de su lucha a favor de la emancipación femenina. Pues sin educación, sin el acceso a la cultura, difícilmente una mujer podría conseguir ser verdaderamente independiente, tanto de pensamiento, como de obra.

De hecho, en la *Memoria* que presenta ante el Tribunal de la oposición deja ya muy claro esta idea: «Una de las cosas que preferentemente deben llamar la atención de la sociedad, por su gran importancia y necesidad, es la cultura y educación de la mujer, de la que depende la civilización y el progreso de los pueblos. Ocuparse de la educación de la mujer es ocuparse de la regeneración y progreso de la humanidad».

Madrid sin embargo era la meta. A donde llegaría en ese primer año del nuevo milenio. La capital era el lugar al que había decidido marchar y afincarse. Donde creía que sería libre y donde podría dar rienda suelta a todos sus anhelos y aspiraciones. Lograría quedarse en Madrid gracias una autorización para hacer una especie de prácticas educativas en el Colegio Nacional de Sordomudos y Ciegos de Madrid. Ella, que ya había mostrado sus inclinaciones hacia la escritura, escribiendo en *Almería bufa* pequeñas cosas, empezaría a brujulear por todas la redacciones madrileñas para intentar publicar artículos sueltos que la llevarían finalmente, tras escribir unos versos en *Madrid cómico*, a publicar en el *ABC*, *La Correspondencia de España*, *El País* o en *El Globo* con su columna *Notas Femeninas*, a ser contratada por el director del *Diario Universal*, Augusto Figueroa, para contar con una columna propia fija titulada *Lecturas para la mujer*. Colombine había nacido.

Ella quería escribir. Y escribirá. De manera profesional. La primera mujer redactora oficialmente en España[182]. Desde su columna, pensada para dar consejos entre prácticos y frívolos, de los que saldrán libros como el *Moderno tratado de labores* o *La*

---

[182]   Al respecto de quién fue la primera periodista española como tal, tenemos dos ejemplos mucho más pretéritos, y sorprendentes. Por un lado, Francisca de Aculodi, una guipuzcoana que se dedicaría al periodismo entre 1687 y 1689, con su *Noticias Principales y Verdaderas*, adelantándose en casi veinte años a la que se considera primera editora de un periódico y periodista de la Historia, la inglesa Elisabeth Mallet, que fundara en 1702 el *Daily Courant*. Por otro lado, disputa también tal timbre de gloria en España la gaditana Beatriz Cienfuegos, que entre 1763 y 1764 publicaría *La pensadora gaditana*, un periódico semanal costumbrista esencialmente, aunque también con noticias de interés.

protección e higiene de los niños, Colombine iba a tratar muchos aspectos netamente «femeninos» según se esperaba de ella. Pero los aspectos que verdaderamente le preocupaban a Carmen también tenían que salir de algún modo. Máxime cuando cuenta con una tribuna privilegiada como es una columna en la prensa de la Villa y Corte. ¡Y vaya que si la va a utilizar!

Había sufrido en sus propias carnes lo que era salir de una situación en la que la mujer se encontraba desamparada con relación al hombre. Los malos tratos eran solo una falta si los cometía el varón, pero en una mujer eran delito. Carmen salió de un marido maltratador para nada más llegar a Madrid, encontrarse con que el familiar con quien fuera a vivir, un tío suyo, tenía en sus largas manos intenciones de todo menos honestas, lo que la obligará a marchar también de ese peligroso domicilio.

No existía aún el divorcio en España (como en Italia o Portugal). Y este iba a ser uno de los temas que iba a tratar de tal modo, que lograría crear un intenso debate en la sociedad involucrando a todos los intelectuales posibles del momento. Una nota publicada en el *Diario Universal* el 20 de diciembre en 1903 iba a ser el detonante: «Me aseguran que muy en breve se fundará en Madrid un "Club de matrimonios mal avenidos", con objeto de exponer sus quejas y estudiar el problema en todos sus aspectos, redactando las bases de una ley de divorcio que se proponen presentar en las Cámaras». A raíz de esta nota, Colombine iba a lanzar una encuesta en el periódico para que los lectores respondieran acerca del tema del divorcio. La respuesta fue abrumadora. Tanto, que conseguiría a partir de este momento una notoriedad y una fama como no pudo prever.

Su mote de «la divorciadora» vendría de entonces. Y el número de cartas fue tal, que la llevó a publicarlas todas en un libro llamado precisamente *El divorcio en España.* Ella misma nos explica la razón de ser del libro:

> Buscando originales para mi crónica cotidiana del *Diario Universal,* tropecé con una carta firmada por un notable escritor y estimado amigo, don Vicente Casanova[183], que me instaba a dar

---

[183] Hermano de Sofía Casanova. *Vid.* capítulo 2 de este mismo libro.

la noticia de formarse un "Club de matrimonios mal avenidos". No dando importancia a la complacencia, la noticia apareció en el periódico, mereciendo fijar la atención de una señora que [...] envió la bien escrita carta que me apresuré a publicar, dando origen a las otras que siguieron. "La idea del divorcio ha caído, entre las señoras mujeres, como gota de agua en tierra sedienta", decía poco más o menos mi compañero.

A esas cartas, como dice *Colombine*, «siguieron otras» con las firmas, nada más y nada menos, que de la talla de Vicente Blasco Ibáñez, Pío Baroja, Gumersindo de Azcárate[184], José Canalejas, Francisco Giner de los Ríos, Antonio Maura, Azorín, Francisco Silvela, Emilia Pardo Bazán o Miguel de Unamuno, entre otras decenas de firmas más de gran peso e importancia en aquel momento. El escrutinio sobre las cartas recibidas en el periódico dio un resultado apabullante, sin ser evidentemente más que una muestra sin valor estadístico científico. Pero sí una clara tendencia sobre un hecho que tendría, tarde o temprano, que cambiar. Un número de 1462 votos de lectores fueron favorables y solo 320 lo serían en contra del divorcio.

Al ser todavía oficialmente maestra, pudo acceder en 1905 a una beca del Ministerio de Instrucción Pública para viajar y estudiar los sistemas de educación de otros países. Un viaje donde más que ampliar estudios, ampliaría sus horizontes. Y así emprendería un periplo por Francia e Italia, que será el inicio de otros muchos que aprovecharía para una serie de artículos sobre sus vivencias, quedando publicados en varios libros. El primero sería *Por Europa* (1906), género literario, el de viajes, que continuaría a medida que iba visitando países, y que le haría exclamar: «Cuanto más veo los decantados adelantos del extranjero, más pena siento por España». De estos viajes saldrían *Cartas sin destinatario* (1912), *Peregrinaciones* (1916) y *Mis viajes por Europa* (1917). En estos narra de manera vívida sus correrías y aventuras (pues

---

[184] Político republicano, prestigioso jurista, miembro de la Real Academia de la Historia, krausista, y promotor de una fundación bajo los principios de la Institución Libre de Enseñanza.

de todo hubo[185]), por Suiza, Dinamarca, Suecia, Noruega, Alemania, Inglaterra y Portugal.

El espíritu de Carmen había sido satisfecho habiendo hecho realidad uno de sus sueños: «No comprendo la existencia de las personas que se levantan todos los días a la misma hora y comen el cocido en el mismo sitio. Si yo fuera rica, no tendría casa. Una maleta grande y viajar siempre. Deteniéndome en donde me agradase, huyendo de lo molesto…».

Animada por el éxito de su primer plebiscito periodístico sobre el divorcio, empezó otro similar sobre un tema que empezaba a estar sobre la mesa, pues del primer viaje, en Francia, saldrían unas interesantes conversaciones con sufragistas que le hicieron ver la importancia del voto femenino. La necesidad del mismo, pese a que era una controversia donde las fuerzas de izquierda y derecha estaban en posiciones encontradas, y no siempre donde las podemos imaginar. La izquierda temía (no confiando en la propia capacidad femenina mermada, según ella, por la influencia de la iglesia y de la monarquía) que el voto de la mujer acabara yendo a las derechas.

El caso es que desde el *Heraldo de Madrid* lanzaría el 16 de octubre de 1906 un artículo titulado «Pidiendo opiniones» bajo el encabezamiento claro de «El voto de las mujeres». En él, Colombine dice que «Si no es cosa nueva en los países civilizados, en España, no porque no lo sea, si bien en esto discrepan muchos

---

[185] Para que veamos un ejemplo de lo que supuso para una mujer viajar sola con su hija por media Europa, y más en los albores de la Primera Guerra Mundial, en una entrevista con el periodista José Montero Alonso realizada en 1930 le contaría: «En uno de esos viajes míos estuve a punto de ser fusilada. Fusilada, sí. Fue en Alemania. Empezaba la Gran Guerra. Volvía yo de presenciar el magnífico espectáculo del 'sol de media noche'. Me acompañaba mi hija. Unos soldados iban buscando en el tren a una espía. Creyeron que era yo, y por unos instantes tuve las bayonetas junto a mi. Eran aquellas jornadas las del máximo encono entre los países de uno y otro bando. Y a mi me habían tomado por una espía rusa… Hasta que la cosa se pudo aclarar ya puede usted suponerse las molestias y las zozobras… Se apoyaban, para considerarme espía, en varios hechos que eran totalmente pueriles. Entre ellos, el de que yo había dicho, al ver pegar a unos prisioneros rusos, compadecida: "¡Pobrecitos!"».

autores, resulta bastante nuevo el tema político que consiste en saber si la mujer tiene o no derecho a expresar su voluntad en la forma democrática que las leyes autorizan al hombre». Hace referencia a 1900 cuando en Chicago se solicita tal cosa entre las risas de los hombres, pero que ya en muchos Estados de América lo tienen, como también en Nueva Zelanda. Cita a *lady* Aberdeen en Inglaterra y a la princesa de Venosa en Italia, ambas adalides de este asunto en sus respectivos países.

Plantea abiertamente el plebiscito como hiciera anteriormente en el *Universal* con estas tres preguntas:

—1.º. ¿Debe o no concederse el voto a las mujeres.

—2.º. En caso afirmativo, ¿ha de ser el sufragio universal o solo para las que reúnan determinadas condiciones.

—3.º. ¿La mujer puede ser, además de electora, elegible?

E invitando a todas las damas (sic) y a los pensadores, periodistas, políticos… a participar y a exponer sus opiniones que serán publicadas, acaba con un «¡La urna está abierta! Señoras y señores: ¡a votar!», no sin antes no aclarar de manera explícita su voto (¡como si hiciera falta!) para no influir en el ánimo de los lectores, limitándose ella a ser «presidente de Mesa».

Colombine es ya imparable. El gobierno de Maura empieza a notar que le supone un problema, y de hecho en 1907 la trasladarán a Toledo por la incomodidad que sus artículos producen. Da igual. Pronto vuelve a su Madrid. Su cotización en los cafés literarios y políticos, es un hecho. Pero como señalamos, se le quedan demasiado anticuados y formalistas, con todas las viejas glorias del 98 en ellos, razón por la que acaba abriendo su propio salón, donde savia fresca puede también irrumpir con fuerza. Como lo hizo Ramón. Tanto, que el escándalo saltará en los mentideros de Madrid por la relación de la periodista de cuarenta y dos años con el incipiente literato modernista de veintiuno.

Para Ramón Gómez de la Serna, aquella época con Carmen la tiene muy vívida, como contará en su obra *La Sagrada cripta de Pombo* en 1924: «Desde 1909, hay todas las tardes de mi vida un consuelo suficiente de la más pura camaradería. Me refugio para seguir trabajando en casa de mi querida amiga Carmen de Burgos. La existencia de mi credulidad literaria de hace unos años solo lo ha hecho posible el compartir las tardes de una mujer independiente, despejada de pedantería y de puerilidad; mujer sensata, afanosa, de naturaleza admirable. Ni entrometida, ni impertinente, ni redicha».

¿Cómo un personaje como Ramón, un tanto machista y un punto misógino, pudo ser el amor de la vida de otro personaje como Carmen, que llevaba dentro de sí el anhelo de la libertad y la vindicación permanente de la mujer ante el hombre? Tal vez porque esa fórmula bohemia les daba la suficiente libertad para poder seguir siendo ellos mismos. Escribiría Ramón en el prólogo de *Confidencias de artistas* en 1916: «Solo ante esta mujer he podido respirar libre, sin el tropiezo terrible de un espíritu cegado, sin sentirme mediatizado, arruinado y sobrecogido; sin tener que recurrir solo a la galantería... sin necesitar pactar reduciendo, callando, invirtiendo, puerilizando el alma, como lo exige toda amistad femenina, y sin necesitar simular esa otra cargante galantería literaria que necesitan las literatas usuales, las falsas escritoras, las contraproducentes, todas las demás, insensatas y emplumadas». Seguramente las palabras de Carmen lo expresen de manera más sucinta y pragmática: «Acepto el amor como bella mentira; una forma más perfecta de la amistad».

Gracias a esa libertad que ambos se conceden desde un primer momento, cada uno seguiría haciendo su vida, enlazados por el común interés por la literatura, y evidentemente, por el mutuo amor que se profesan pese a la moderna e inesperada forma en que lo llevaban. De este modo, Carmen sería requerida, como lo estaban todos los periodistas, para cubrir los sucesos de 1909. ¡La guerra! El Rif había sido un polvorín de intereses entre las diferentes facciones locales de los franceses (supuestos aliados de España), y los propios nuestros. Cuando la chispa estalló, que no era sino cosa de buscar el pretexto de unos y otros, la guerra llevaría a una movilización que afectaría a las clases más populares, y que derivaría incluso en sucesos tan terribles como la Semana Trágica de Barcelona[186].

El caso es que ese verano el teatro de operaciones tenía como base principal, Melilla. Y ahí mandaron los principales medios a sus corresponsales para cubrir la guerra. Colombine marcharía a Málaga, el puerto desde donde salían las tropas o a donde llegaban los heridos de las refriegas de aquella Guerra de Melilla de 1909. Una guerra de héroes donde saldrían nombres como el cabo Luis Noval, o el futuro inventor de la anestesia epidural, Fidel Pagés[187].

Las Damas de la Cruz Roja atienden como pueden a los que llegan para ser atendidos en Málaga. Sin embargo, pese a la inicial prohibición para que prestaran servicio en tierras africanas, serán finalmente mandadas allí. Carmen, enviada con el propósito de hacer una crónica sobre los heridos, su estado y situación, así como sobre la labor de estas entregadas enfermeras, aprovechará la ocasión, viajera y curiosa como es, periodista que quiere ser de raza, de marchar con ellas.

Así lo contará *El Telegrama del Rif* el 24 de agosto de 1909, la llegada de la famosa *Colombine* a esta tierra tan española, dejando claro el porqué de su llegada:

> En el vapor *Cabo Nao* llegó ayer la bella y notable escritora Carmen de Burgos, *Colombine*, redactora del *Heraldo de Madrid*, del cual ha recibido el importante encargo de estar al lado de la

---

[186] Por Semana Trágica se conoce a lo ocurrido en Barcelona especialmente, aunque también en otras ciudades catalanas, entre el 26 de julio y el 2 de agosto de 1909. El decreto del gobierno de Antonio Maura con la obligación de leva para enviar tropas de reserva a Marruecos, teniendo en cuenta que la mayoría de estos reservistas era padres de familia de la clase obrera, produciría un rechazo total, hasta el punto de que los sindicatos convocarían una huelga general. Aquella semana acabaría con más de ochenta muertos, más de cien edificios incendiados, la mayoría religiosos, y centenares de encarcelados.

[187] Para conocer más sobre este injustamente olvidado comandante militar médico español al que debemos tan feliz hallazgo, me temo que no tengo más remedio que recomendar el capítulo sobre él de *Siempre tuvimos héroes. La impagable aportación de España al humanitarismo, op. cit.*

Cruz Roja de Melilla, dar cuenta de sus trabajos e informar a los lectores de aquel diario de cuanto a heridos o enfermos se refiera, proporcionando así datos al *Heraldo* para contestar a las peticiones de noticias que recibe. *Colombine* trae, pues, a Melilla, una hermosa misión que cumplir, y seguramente la llevará a cabo a la perfección, pues no otra cosa puede esperarse de su talento y su actividad. Sea bienvenida la distinguida periodista al teatro de la guerra.

Pero seamos claros. *Colombine* no fue estrictamente una corresponsal de guerra, por más que se haya considerado así, incluso ella misma[188]. El *Heraldo de Madrid* ya tenía allí destacados a tres redactores para cubrir el conflicto: los periodistas Pedro Rocamora, Luis Bonafoux y Luis de Armiñán. Cualquiera que lea las crónicas de cualquiera de ellos podrá comprobar que los artículos que acabarían publicados desde donde ella los enviaba, o con el epígrafe de «*Colombine* en Melilla», no son los propios de una corresponsal de guerra. Nos habla de los soldados, nos da pinceladas costumbristas. Es una tarea magnífica dentro de lo humanitario, donde sí tienen un valor excepcional al dar a conocer el estado y paradero de los soldados y la labor humanitaria de las enfermeras. Su experiencia le servirá para escribir una novela corta ambientada en esta conflagración: *En la guerra*.

Esto no quiere decir que no viviera episodios, digamos, bélicos. Ella quería ver la realidad de lo que era aquello y fotografiarlo incluso si fuera posible. La noche del 26 de agosto partiría *motu proprio* a una de las posiciones en el frente, siendo llevada en un coche por el duque de Medina Rioseco, alistado voluntariamente, pese a que podía haber evitado sin problema ir gracias al pago del llamado cupo, yendo cualquier otro pobre desgraciado en su lugar. Serían descubiertos, y tirarían los moros contra su posición lo que les obligaría a huir, no sin antes contestar al fuego el duque, dejando a salvo a Carmen en el zoco cercano. El ánimo de Carmen estuvo entero en todo momento, y como se publicará

---

[188] Así se lo decía en una entrevista a *La Esfera*, en su número 442, al periodista González Fiol: «He sido la primera mujer que en España ha sido corresponsal de guerra, pues fui enviada a Marruecos por el *Heraldo de Madrid*».

en el *Heraldo de Madrid* al día siguiente, y al siguiente en *El Telegrama del Rif,* «la señora *Colombine* mostró gran presencia de ánimo, y, por consejo de sus compañeros, hubo de retirarse al inmediato Zoco, en tanto que el duque tomaba parte en la repulsa de la agresión que inició la fuerza destacada en aquel campamento avanzado»[189].

Apenas unos días más tarde, se puede leer una de sus crónicas más personales y emotivas, que dan cuenta de su labor en el teatro de operaciones:

Bien pronto, bajo el manto de la noche africana, se oye el dulce acorde melancólico de las guitarras, y los brindis de los oficiales se mezclan a los cantos de la tropa. Un soldado entona la triste elegía de una malagueña:

Estando muerta mi madre,
A su cama me acerqué,
Le di un besito en la frente,
Llorando me retiré.

Una ola de melancolía se extiende por el ambiente.

—No cantes eso —exclaman varias voces.

Y una copla enamorada se corea de palmas. […} Nuestra fiesta no tardó en ser interrumpida por las detonaciones de los pacos[190] y las descargas de fusilería. El suceso de todas las noches; la lenta contribución que traicioneramente cobran los rifeños a nuestro ejército.

Pero pese a esto, indicar que Carmen de Burgos fue corresponsal de guerra sería tan inexacto como hacerlo con Concepción Arenal. Esta pionera universitaria y del feminismo acompañaría a las tropas durante la Tercera Guerra Carlista a lomos de un burro, visitando los frentes de combate. Gracias a esta

---

[189] Episodio citado por Manuela Marín, *vid.* bibl.
[190] Los pacos eran los francotiradores rifeños cuyo mote les venía por el seco ruido que hacían al disparar sus armas, con una onomatopeya parecida a «¡pa-co!, ¡pa-co!»

experiencia escribiría su *Cuadros de guerra de 1880*, donde sí que se la puede considerar en este caso, como la primera mujer que escribiera sobre temática bélica. Fueron mujeres que estuvieron en la guerra. Y es obvio que *Colombine* era periodista. Pero eso no necesariamente implica el ser considerada de manera estricta como corresponsal de guerra, a mi modo de ver, sin que esto no suponga demérito alguno para ella, por supuesto.

A su vuelta, sus viajes son cada vez más enriquecedores. Los realiza con su hija María o con su amado Ramón. Muy posiblemente debido a esos viajes dará un viraje hacia posiciones mucho más políticas. Entre tanto no para de escribir. Es, desde luego, una autora más que prolífica: novelas, ensayos, biografías... sin dejar de publicar sus artículos, que muchas veces recopila en formato de libros. El viaje y la estancia en Portugal sería una de las experiencias que más le marcaría, entrando en contacto cada vez más con otros grupos que defendía la misma causa femenina.

Causas a veces tan necesarias ante aberrantes situaciones legales que la llevarían a escribir una novela denuncia, pues si leemos sus novelas, como suele decirse no deja de dar puntada sin hilo. Todo lo contrario. Tienen una realidad implícita de la que sacar conclusiones a costa de lo que les ocurren a sus personajes. Como a los de la novela publicada en 1921, *El artículo 438*, nombre que se refería al mismo número del correspondiente artículo del Código Penal. Para que no haya duda alguna, la propia autora lo transcribirá al principio de la obra como terrible cita previa:

> El marido que sorprendiendo en adulterio a su mujer matase en el acto a ésta o al adúltero ó les causara alguna de lesiones graves, será castigado con la pena de destierro.

> Si les causara lesiones da segunda clase, quedaría libre de pena. Estas reglas son aplicables a los padres, en iguales circunstancias, respecto de sus hijas menores de veintitrés años y sus corruptores, mientras aquéllas viviesen en la casa paterna.

> El beneficio de este artículo no aprovecha a los que hubieren promovido o facilitada la prostitución de sus mujeres o hijas.

Pero pese a tanta lucha, tanto viaje, tanto mirar por el éxito de una hija mediocre pero ambiciosa, tanto amar con quien tantas letras juntas compartieron, un triste día llega: el 7 de diciembre de 1929. Tras lograr que María, actriz no especialmente sobresaliente, tuviera un papel en la obra *Los medios seres*, que tampoco pasaría por ser algo notable en la producción de su autor Ramón Gómez de la Serna, el caso fue que aprovechando un viaje de la madre, aprovechando una ausencia de la amante, aprovechando el roce de los ensayos diarios, María y Ramón protagonizarían un *affaire* que, al ser descubierto por Carmen el día del estreno en el Teatro Alcázar, dicen que su corazón se quebraría para siempre por tan inesperada traición. Incluso físicamente, pues pocos años después fallecería.

Ramón marcharía al extranjero. A la vuelta ella le estaría esperando para perdonarle pese a todo. ¡Cómo no hacerlo con quien había sido mucho más que su gran amor! Había sido su amante, su confidente, su admirado modernista, su amigo. Pues como la siempre aguda *Colombine* diría, «El amor y la amistad embellecen nuestra vida. El amor puede acabarse, la amistad nunca se olvida». Toda una mujer. ¿Pero qué mujer fue Carmen de Burgos? Hay donde elegir.

La mujer que llegó a Madrid en 1901 haciendo como primer acto en la capital hacer un sobrio y solitario homenaje ante el que muchos han considerado el padre del columnismo moderno, Mariano José de Larra. Tanto, que acabaría escribiendo un libro *Fígaro*[191] en donde recordaría aquel episodio: «La primera vez, hace ya diez y ocho años, estuve en el Cementerio de San Nicolás a visitar al amado escritor, mi primera visita a Madrid». Pues ahí empezó su sueño como periodista. La mujer que se emocionó en Italia en 1905 junto a la tumba de Giacomo Leopardi (del que haría una sentida biografía y un estudio de sus obras), enamorada de sus palabras que puede recitar en la bella Nápoles. Tal vez allí empezara su deseo real por la literatura.

---

[191]   Uno de los muchos apodos periodísticos, seguramente el más conocido, de Larra.

La mujer que llega a Lisboa en 1917 y comienza su cruzada por las mujeres gracias a la que tienen las portuguesas, haciéndola suya, y creando su propia Cruzada de la Mujeres Españolas en 1921, siendo cada vez más beligerante contra la injusta posición femenina. La mujer que se hará masona y fundará la Logia Amor n.º 1, de la que será Gran Maestre, junto con su hija y su hermana, en la búsqueda de una fraternidad que haga posible sus anhelos de libertad.

La mujer que escribirá en 1921 que «La mujer no puede continuar siendo una masa inerte al lado de la actividad social masculina, sino que aspira a compartir con el hombre obligaciones al mismo tiempo que derechos; en una palabra, quiere tornarse la criatura consciente y digna llamada a colaborar y preparar un porvenir dichoso». La mujer que encabeza ese mismo año, el 30 de mayo, la primera manifestación feminista que se produce en España, yendo por las calles de Madrid repartiendo octavillas ante la mirada atónita de los viandantes, llevando al mismísimo Congreso de los Diputados un manifiesto con nueve puntos exigiendo la igualdad de derechos. Entre ellos el de poder votar y ser votadas. Como ella misma decía, «no basta con ser electoras, hemos de ser elegibles». Y algo que sigue siendo cuestión de debate: que desapareciera la prostitución y cualquier tipo de reglamentación sobre ella.

La mujer feminista que en 1927 escribe en *La mujer moderna y sus derechos* que «El feminismo revolucionario es una consecuencia lógica de la opresión que sufre la mujer». Pero que tienen claro que esto «no es la lucha de sexos, ni la enemistad con el hombre sino que la mujer desea colaborar con él y trabajar a su lado». Porque para Carmen de Burgos:

> La palabra feminismo está llamada a dejar de usarse bien pronto, sin necesidad de buscar ninguna que la sustituya, como sucede con la palabra masculinismo. Lograda la justicia para regirse las dos mitades del género humano, no habrá necesidad de hacer esa distinción, que ha obligado a buscar una palabra que represente la vindicación de la mujer.

La mujer que olvida Almería, pero la lleva en su sangre tanto, que tras el celebérrimo crimen de Níjar en tal provincia donde ella naciera, compite sobre este hecho para dar la visión literaria del mismo con su *Puñal de claveles* de 1931, su última novela, con la que le da García Lorca en sus *Bodas de sangre*. La mujer política que ve en la república una salida para la lucha por los derechos de la mujer, y que caerá, como una heroína de Lorca, en el estrado dando una conferencia en el Círculo Radical Socialista, donde ni siquiera la presencia de su amigo, el afamado doctor Gregorio Marañón, pudo hacer nada.

Era el 8 de octubre de 1832. Día en que esa mujer, tantas a la vez, pasaría a la posteridad y al olvido como muchas otras pioneras. Una mujer polifacética, que ya ella misma diría que «Me río de la unidad del yo, porque llevo dentro muchos yoes...». ¡Ya lo creo que los llevaba! Y sobre todo llevó y siempre hizo gala de la vitalidad de quien tuvo por lema «Lo hermoso es sentir la vida». Al fin y al cabo, ella siempre supo lo que era y lo que había sido:

—Usted, en realidad Carmen, fue la primera mujer periodista, ¿verdad?

—Sí. He hecho el periodismo vivo, activo, de batalla. He sido la primera mujer que se ha visto ante la mesa de la Redacción, que ha hecho reportajes, que ha organizado encuestas, que ha vivido y sentido. En fin, el periodismo de combate, ágil, nervioso y bohemio[192].

Carmen de Burgos. Mujer bohemia, amante de los viajes, del arte y de la literatura. Republicana y feminista. Luchó contra la pena de muerte y contra las guerras; peleó a favor del divorcio, y batalló acerca del voto femenino, pero fue, sobre todo, la primera periodista profesional de España. Ella fue, *Colombine*.

---

[192] Entrevista de José Antonio Moreno Alonso, en 1930, recogida por Francisco Utrera. *Vid.* bibl.

BIBLIOGRAFÍA

ABAD, Mar: «Carmen de Burgos, la escritora y activista que Franco borró de la historia». Yorokobu. ElDiario.es, 6 de junio de 2016.

ÁLVAREZ, María Teresa (dir): «Carmen de Burgos 'Colombine'» Mujeres en la historia, La 2 de RTVE, 4 de mayo de 2003.

—*Ellas mismas. Mujeres que han hecho historia contra viento y marea.* La Esfera de los libros, pp. 347 – 358, 2005.

BRAVO CELA, Blanca: «Carmen de Burgos Seguí». Diccionario Biográfico. Real Academia de la Historia.

CASTAÑEDA, Paloma: *Carmen de Burgos, Colombine.* Mujeres en Madrid, 1994.

GÓMEZ DE LA SERNA, Ramón: *Automoribundia*, Marenostrum. Madrid, 2008.

MARÍN, Manuela: «Colonialismo, Género y Periodismo. Cuatro mujeres españolas en las guerras con Marruecos (1909-1927): Carmen De Burgos, Consuelo González Ramos, Teresa Escoriaza Y Margarita Ruiz De Lihory». *Revista Clepsydra*, 12; noviembre 2013, pp. 11-41

NÚÑEZ REY, Concepción: *Carmen de Burgos, Colombine, en la Edad de Plata de la literatura española.* Fundación José Manuel Lara. Sevilla, 2005.

PAÍNO AMBROSIO, Adriana et al.: «La imagen de la mujer en las crónicas de Carmen de Burgos Colombine durante la Guerra de Marruecos». *Historia y Comunicación Social* Vol. 21. Núm. 2, 2016.

UBACH MEDINA, Antonio. «Carmen de Burgos y Ramón Gómez de la Serna». *ARBOR Ciencia, Pensamiento y Cultura.* CLXXXVI, Extra junio, 2010.

UTRERA, Francisco: *Memorias de Colombine. La primera periodista.* HMR, 1998.

ZAPATA-CALLE, Ana: «En la guerra de Carmen de Burgos: Crítica del proceso de nacionalización e imperialismo español en Marruecos». *Decimonónica*, Vol. 8, Núm. 2, verano 2011.

XII

Puellae Doctae

Humanistas, ilustradas y catedráticas

Posside sapientiam, quia auro melior est,
et adquire prudentiam quia pretiosior es argento[193].

Proverbios, 16, 16

I SABEL I DE CASTILLA, QUE LLEGARÁ A NUESTROS DÍAS con el sobrenombre de «La Católica», tuvo desde muy niña unas inclinaciones hacia la cultura en todas sus formas, que la iban a convertir en una de las reinas más ilustradas, no ya de su época sino de las venideras. Además, en una mecenas de todo lo que tuviera que ver con cualquier actividad cultural posible. Tanto en su fomento como en el acceso que se pudiera tener a ella. Sería poco riguroso decir que de algún modo los genes de su padre, Juan II, afloraran en ella. Conocemos que este rey era ciertamente versado y culto, pero moriría cuando ella era aún muy niña. La educación auténtica de Isabel empezaría en la corte de su hermanastro Enrique IV.

Pero su educación no dejaba de estar pensada para una simple infanta más de uno de los reinos peninsulares, que casaría en el futuro a saber con quién, pero que por cuestiones familiares dinásticas contaba con casi nulas posibilidades de acceder al trono propio. Quién sabe si como consorte en otro país... O matrimoniar con un

---

[193] «Mejor es adquirir sabiduría que oro preciado; y adquirir inteligencia vale más que la plata». Uno de los proverbios del capítulo homónimo de la Biblia sobre el concepto de la importancia de la sabiduría. Es este momento, el latín era la lengua vehicular de la cultura.

grande de Europa. ¿Pero ella reina? ¡Jamás! Fue en el fondo tan poco relevante (dentro de que no dejaba de ser el natalicio de una hija de un rey, cierto), que tras nacer en un pequeño pueblo de Ávila, Madrigal de las Altas Torres, a decir verdad no tenemos certeza fehaciente de su fecha de nacimiento. El día que se da por bueno de forma tradicional es el 22 de abril de 1451.

Isabel, sin embargo, resultó ser desde joven más que resoluta. E inteligente. Y no falta de ambición. Desde luego, no quiso siquiera que su matrimonio fuera concertado, por más que le fue propuesto casarse con el príncipe de Viana, con el rey de Portugal o con el maestre de Calatrava. Ella sería la que decidiría con quién quería casarse. Y así lo hizo: con su primo el infante Fernando de Aragón. Muchas cosas les tenía deparado el futuro para ellos. Pero una fue muy cierta: la influencia mutua que pudieron darse entre el que ya se convirtió en su marido, el rey Fernando II de Aragón y V de Castilla, y ella, no es en modo alguno descartable. Entre otras cosas por la necesaria reconversión a una educación de quien por esos intrincados caminos de Clío, sí que iba a ser reina.

Curiosa e inquieta como era, su preparación pasó de tener los básicos conocimientos destinados a una joven de su posición sobre poesía, gramática, danza, juegos de mesa… a aprender latín (de manera, dicen, que rapidísima, en solo un año, ávida que estaba de conocimientos y siendo en esta lengua donde había que leer a los clásicos), así como de arte, retórica, música, y literatura, de la que sería gran potenciadora. Incluso con el tiempo llegaría a promulgar una ley para la protección de la imprenta, ese gran invento que tanto bien estaba haciendo[194].

Ya indicaba en 1530 el humanista Lucio Marineo Sículo[195]:

---

[194] Hija de su época, no sería honrado no citar que para ciertas obras o temas, no tendría misericordia, con unos criterios que hoy nos parecerían aberrantes. Sin embargo, quedaría a salvo mucha de la poesía andalusí, especialmente de la realizada por las poetisas Wallada y al-Rakuniyya. Y la reina fomentaría la poesía en lengua castellana, apareciendo varias poetas en esta lengua como así quedan recogidas en el *Cancionero General* de 1511.

[195] Lucio Marinelo Sículo (1460–1533), humanista e historiador nacido en Palermo (Sicilia).

En España el rey don Fernando y la reyna doña Ysabel fueron causa con su liberalidad que los buenos ingenios se exercitassen en las letras, y especialmente la reyna madre y honrrada de todas las virtudes, la qual ocupada con muchos grandes negocios por dar exemplo a los otros ella misma començo a estudiar los principios de la grammatica y proveyo de preceptores y maestros a todos los de su palacio, assi donzellas como pajes, porque todos aprendiesen.

Quiso siempre atraerse de los mejores en todos los campos culturales, creando una corriente pedagógica ciertamente inigualable en ese período, y que con el tiempo iba a ampliar, empezando desde su familia, pasando por la Corte en sí misma, a todo quien pudiera acceder a ella. Así, encargaría obras de los mejores pintores de la época, como el celebrado Roger van der Weyden. O Mihael Sittow y Juan de Flandes (autor de uno de los retratos más conocidos de la reina), a los que traería a Castilla. Se contabilizan los lienzos y tablas catalogados en unas 225 obras, una cifra increíble en aquel tiempo solo superada por los famosos Medici, mucho más conocidos por su mecenazgo que en este campo lo fuera también Isabel. Mucha de la obra recopilada la podemos ver, por ejemplo, en la Capilla Real de Granada.

Hablamos de una mecenas total. En el campo de la arquitectura incluso se va a hablar de un «estilo isabelino», pues en su haber está el mandar construir edificaciones como la catedral de Granada, San Juan de los Reyes en Toledo, el palacio en el monasterio de Guadalupe, o el hospital de Santiago de Compostela, solo por citar algunos. En la música, su proyección como patrona le llevaría a conformar una «gran cantera» de instrumentistas y compositores. Sabemos por las crónicas que ella misma tañía el laúd y gustaba de otros instrumentos, dándole la oportunidad a sus hijos de una educación también en este arte. La producción de los músicos patrocinados quedará recogida en el *Cancionero musical de Palacio*. Tanto gustaba, además, del baile y la danza a la reina que su imagen ciertamente le aleja bastante de cuanto tópico sobre su figura seca, tosca y casi antipática que algunos tienen.

En cuanto a las letras y lo que suponía la gramática, el que no se circunscribiera el saber solo a la lengua latina, sino también a la romance (en este caso la castellana), hará posible el gran logro de Antonio de Nebrija[196], quien será un hilo conductor, por cierto, en esa historia. Su promoción de la imprenta conllevaría el impulso para la formación y creación de bibliotecas. No como coleccionista (en aquellos tiempos empezó a ser como una especie de status social el contar con algunos libros propios, lo que indicaba una posición económica boyante), sino promoviendo toda la empresa que a su alrededor supondrían tales bibliotecas. Esto es, los gastos de mantenimiento así como el pago de la labor de los artesanos y escribanos involucrados, desde encuadernadores, miniaturistas, pergamineros… Por no hablar, claro, del estipendio a los autores, muchas de cuyas obras fueron encargadas expresamente.

La reina Isabel acabaría con una biblioteca personal de unos 400 textos impresos a los que hay que añadir los manuscritos. Su importancia es tal que supondría el embrión de la celebérrima Biblioteca de San Lorenzo de El Escorial promovida por Felipe II, una de las más importantes del mundo. No en vano la reina Isabel iba a tener de asesores al claustro de la Universidad de Salamanca, y a la que sería una figura señera en su Corte, y preceptora y pedagoga de sus propios hijos: Beatriz Galindo, que pasaría a la posteridad con el sobrenombre de «la Latina», por ser mujer docta como pocas en su tiempo sobre esta materia.

Para darnos cuenta de en qué se había convertido su Corte, veamos lo que dice un viajero alemán en 1495 cuando hace una visita a España y conoce personalmente a la familia real. De la infanta Juana[197] de catorce años entonces, dice que «es, para

---

[196] Me refiero a la *Gramática castellana* escrita por Antonio de Nebrija, publicada en 1492.

[197] Juana de Castilla, que acabaría siendo reina de ambos reinos y la primera a la que podríamos llamar con propiedad, de España, y que ha pasado a la posteridad de manera pienso que más que injusta, como «La Loca», con una deformación que el Romanticismo acabará definitivamente por fijar un cliché y hacer olvidar los intereses egoístas y las luchas de poder entre su propio padre, Fernando, por una parte, y los partidarios de su hijo Carlos, que acabaría siendo más conocido como el César Carlos, emperador quinto de Alemania, y primer rey con tal nombre en España.

su sexo y edad, sumamente docta en recitar y aun en componer versos, y gusta mucho de las letras[198]». De las otras dos infantas, Leonor (de nueve años) y Catalina[199] (de siete) nos cuenta que «les ha dado su madre buenos ayos y maestros, con el fin de que sean dechado de virtudes». Según afirman varios investigadores de estas figuras, las infantas de Castilla figuran entre las más cultas de su época[200]. Del príncipe Juan, de diecisiete años, nos narra este singular viajero teutón que «para su poca edad, tan excelente retórico y gramático que causa maravilla. Le dirigí una corta arenga en latín, que oyó con grande atención, y se veía bien que hubiera querido darme la respuesta por sí mismo»[201].

Con todo esto he pretendido reivindicar que, gracias a Isabel, su reinado sienta las bases del acceso a la cultura para la mujer en este tiempo de una manera poderosa. Es verdad que también podemos encontrarlo con anterioridad en la España árabe, donde a la mujer no le era vedado el acceso al conocimiento sino todo lo contrario[202]. El acceso a la cultura, vamos a dejarlo claro, por quien se lo pudiera permitir, no hagamos planteamientos

---

[198] La alabanza a la educación y formación de Juana será también hecha años más tarde por el gran humanista valenciano Juan Luis Vives, que la conocería en Flandes, refiriendo la admiración que produjo su preparación y manejo del latín hablado como lengua franca.

[199] Catalina de Aragón, que será bien conocida porque llegaría a ser la primera mujer del famoso rey inglés Enrique VIII. Hablará no solo el inglés, sino también el alemán, el francés, el griego y el latín. Erasmo de Rotterdam la elogiaría de manera destacada por su erudición.

[200] Ángeles Caso. *Las olvidadas: Una historia de mujeres creadoras.* Planeta. Barcelona, 2005, pág. 133.

[201] Todo el entrecomillado de este párrafo está sacado de la obra de Jerónimo Münzer (humanista, médico, geógrafo y cartógrafo alemán), autor de *Viaje por España y Portugal en los años 1494 y 1495.* Versión del latín de Julio Puyol, publicada en el Boletín de la Real Academia de la Historia.

[202] Según el historiador Ramón Altamira y Cravea, en su *Historia de España y de la civilización española* publicada entre 1900-1911: «En cuanto a la mujer árabe, no solo brilló en la poesía, sino en todas las ciencias. Los musulmanes españoles no se opusieron nunca a la instrucción femenina antes bien, la respetaron e impulsaron. Muchas veces.., iban a Oriente para estudiar... juntamente con los hombres».

anacrónicos idealizados. Así ocurrirá en la España que llamamos andalusí o en la de estos momentos donde el Humanismo está creando una apertura al conocimiento al ámbito femenino. O al menos, y no es poca cosa, no lo está vetando con relación a la mujer. Y eso es lo que le ocurriría a la que sería preceptora de los infantes, de los hijos de la reina Isabel, la mencionada Beatriz Galindo. Una salmantina de familia hidalga aunque venida a menos, que en casa de muchos y faltando ingresos, su destino no era otro que el convento.

Pero gracias a las enseñanzas del latín que recibiría en una de la academias de esa maravilla que es la Universidad de Salamanca, que ostentaba los puestos de prestigio en Europa junto con las de Bolonia, París u Oxford, Beatriz iba a destacar como una de las alumnas más aventajadas de Nebrija[203]. Lo que la haría famosa con solo 17 años en la ciudad que justo ahora hace 800 años comenzara la andadura su universidad. Desde 1218, fecha en que Alfonso IX de León instituyera el *Studium Generale* (el segundo más antiguo tras Palencia[204]) en las llamados *Studii Salmantini*, y que tanto darían al mundo en unos años por venir[205]. Por el momento el magisterio de Nebrija estaba atrayendo a la reina para hacerle varios encargos, pero también el de esta «moza latina», como así aparece en las Cuentas que sobre ella aparecen por primera vez en 1487.

Lo que hace entender que sería, pues, contratada por la reina en 1486. Esto contradiría la historia de ciertas fuentes de que Beatriz Galindo fuera la que enseñara latín a la reina, ya que según otras como Hernando del Pulgar, Isabel ya estaría to-

---

[203] El humanista y pedagogo Antonio Martínez de Cala y Jarava, nacido en la sevillana localidad de Lebrija. A su vuelta de la Universidad de Bolonia, impregnado de clasicismo, se haría llamar Elio más un apellido resultante de convertir el gentilicio latino de su lugar de nacimiento: Nebrissa Veneria. Hoy le conocemos todos castellanizado su nombre como Antonio de Nebrija.

[204] Vid. en este mismo libro el capítulo III sobre «Las mujeres de Palencia».

[205] Para saber más sobre la importancia de la llamada «Escuela de Salamanca», ver mi obra *Siempre tuvimos héroes. La impagable aportación de España al Humanitarismo, op. cit.*

mando clases en 1482[206]. Por otro lado, Lucio Marineo Sículo afirma taxativamente que aunque «hablaba el lenguaje castellano elegantemente y con mucha gravedad», la reina «no sabía la lengua latina», aunque disfrutaba mucho de oírla en oraciones y sermones. Isabel se dio cuenta de que sería interesante aprender el latín como lengua franca. De esta manera le sería útil en las recepciones de embajadores y en el caso de asistir a conferencias (los oradores latinos eran muy apreciados), además de poder disfrutar de libros clásicos y apreciar cuáles serían los mejores para su traducción. Por ello no es de desechar la idea de que tuviera solo una base, pero aprovechando la llegada de Beatriz, tomara clases formales de refuerzo de esta lengua culta vehicular con ella.

Sea como fuere, el caso es que la afinidad entre ambas mujeres fue total, lo que sería un apoyo para creaciones como la «Casa de la Reina», un ámbito cultural bien podríamos decir, en donde las mujeres de la Corte iban a encontrar un espacio instructivo y de intercambio de lecturas. De tan novedoso que parece actual. Será un auténtico centro cultural donde los mejores humanistas acudirán, y será coordinado al alimón, tanto por la reina como por la Latina. Estamos en un momento en que el número de mujeres cultivadas es de una calidad que nos sorprende. Muchas pasarán por la Corte, y estarán de un modo u otro relacionado con esta Casa de la Reina.

Nos encontraremos, por al menos mencionar algunas, con Isabel de Vergara, camarera de la reina y traductora nada menos que de Erasmo de Rotterdam, de la que decía el ubicuo Lucio Marineo Sículo que *latine graeceque doctissima*[207]. También a Beatriz

---

[206] Como cita María Isabel del Val Valdivieso (*vid.* bibliografía): «mucho deseo saber cómo va a Vuestra Alteza en el latín que aprendeis. Dígolo, señora, porque hay algún latín tan zahareño que no se deja tomar de los que tienen muchos negocios, aunque yo confío tanto en el ingenio de Vuestra Alteza que, si lo tomais entre manos por soberbio que sea lo amansareis como habeis hecho de ottros lenguajes». Hernando del Pulgar, *Letras*, Madrid: BAE, 1945 vol. XIII (Eugenio de Ochoa (ed.), Epistolario español. Colección de cartas de españoles ilustres antiguos y modernos), Letra XI (dirigida a la reina en 1482).

[207] «Doctísima en letras latinas y griegas».

de Bobadilla[208], gran lectora de los autores latinos, de Horacio, de Virgilio… A la poetisa Florencia Pinar, incluida en el *Cancionero general*, y que sería la primera mujer en intervenir en justas poéticas (certámenes al uso, aunque quien sabe si no les tenemos que considerar como los antecedentes de las batallas de rap, tan «modernas» ellas).

O, por ejemplo, con una mujer como Juana Contreras, alumna de Lucio Marineo Sículo, con quien mantendría una controversia que nos parecerá sorprendente por el momento en que ocurre. Ya que Juana le discutiría el uso de la declinación para poderse referir no con el neutro que indicaba el genérico latino, sino de manera que pudiera usar el género correspondiente para dejar definido el sexo de quien se hacía mención. Esas diatribas académicas no sería óbice para que el maestro Lucio dijera de ella en su obra sobre España que: «Assi mesmo en Segovia vimos a Juana Contreras, nuestra discípula, de muy claro ingenio y singular erudición. La qual después me escrivió cartas en latín elegantes y muy doctas».

También nos encontramos con Teresa de Cartagena, una escritora de cuya calidad se hablaba de tal modo, que se llegó a decir que tenía que ser un hombre bajo seudónimo. Cuando se ve que no es así, hay quien se refiere a ella con la *captatio benevolentiae*[209] de manera condescendiente. Es considerada la primera mística española. De hecho, hay quien incluso menciona sus escritos como los propios de la primera mujer española feminista[210]. Desde luego, en su obra exhorta a la mujer a leer, escribir y a pensar como hacen los hombres. La capacidad intelectual que exhibe esta autora entra de lleno en la conocida como *Querella*

---

[208] No confundir esta Beatriz con la que se conoce por igual nombre y apellido (de hecho era su sobrina), que fuera gobernadora de la Gomera y colaboradora necesaria en la conquista de Tenerife.

[209] Forma retórica de falsa modestia, utilizado sobre todo en retórica, para que el lector sea benevolente con el escrito por los posibles errores. Aquí, referido a que sea una mujer quien escribe, pues aún los prejuicios eran más que notables.

[210] Así lo afirma la catedrática de la Universidad de Burgos, Cristina Borreguero Beltrán, en el *Dossier Feminista* 15. *Vid*. Bibl.

de las mujeres[211], un movimiento europeo en donde se defienden precisamente tales capacidades femeninas. Es interesante saber que Teresa, con seguridad, había sido alumna en la Universidad de Salamanca. Y lo es porque defiende abiertamente la participación del sexo femenino en igualdad en todos los ámbitos, y el educativo no lo es menos.

En aquel momento, en la de Salamanca, hemos visto la importancia de la figura señera de Antonio de Nebrija. Es tiempo en que se produce una ruptura con la Escolástica queriendo dar un nuevo acercamiento al saber clásico. El historiador y humanista valenciano Juan Bautista Muñoz dice al respecto de la enseñanza de Nebrija, que «Granjeóse el amor de la juventud, instruyéndola en la pura latinidad con nuevo método, por extremo claro y perceptible». Nebrija además, será importante en dos hechos relacionados con dos protagonistas de este capítulo.

Por un lado, por la existencia de Luisa de Medrano. Seguramente, la primera catedrática del mundo. De la Historia. Hecho que ocurriría, según se estima, en 1508. En 1906, cuatrocientos años casi exactos, más tarde, no encontraríamos otra una mujer en una cátedra según la historiografía tradicional. La que ocuparía Marie Curie al fallecer su marido en un accidente, ocupando la de él en la Universidad de la Sorbona parisina. Sin embargo, es en España también, en 1522, cuando nos encontraríamos con otra catedrática. Francisca de Nebrija, hija del citado gramático, Antonio. En ambos casos, es sorprendente la casualidad de que ocuparían las vacantes dejadas por este. Luisa, en la de la Universidad de Salamanca, y Francisca, en la recién creada por el Cardenal Cisneros, la Universidad Complutense o Cisneriana, sita en la madrileña localidad de Alcalá de Henares.

Luisa[212] Medrano nació el 9 de agosto de 1484 en Atienza, provincia de Soria en aquel tiempo (desde 1833, de Guadalajara).

---

[211] De hecho, el libro que se tiene por fundamental en esta *querelle des femmes* es el de *La ciudad de las damas*, de 1405, de la autora francesa Christine de Pizan. Y es importante remarcar, que es uno de los libros favoritos de Isabel la Católica.

[212] O Lucía, como en ocasiones aparece nominada, seguramente por una mala latinización de su nombre original verdadero.

Hija de Diego López de Medrano, moriría este durante los combates previos a la toma de Granada habidos en Gibralfaro (Málaga) en 1487. Como consecuencia de este suceso, la reina Isabel prometió ocuparse de las viudas e hijos de los hombres principales caídos en la contienda[213]. Con lo que ella y sus hermanos (en total eran nueve) seguirían a la corte isabelina, teniendo el acceso a la formación, tanto los chicos como las chicas. Algo que, como hemos visto, era fomentado por la soberana. La reina gustaba de acudir a las cátedras de Salamanca a escuchar conferencias y disertaciones de los grandes (como Nebrija, que bien pudiera haber sido el verdadero profesor de latín de la reina), y habida cuenta de que los Medrano contaban con familiares en la zona, es lógico deducir que la reina los pusiera bajo el cuidado de ellos para su educación, siendo Luisa becada por ella.

Por otro lado, es cierto que se habla de la figura de Pedro de la Rhúa, profesor de cultura clásica y maestro en lenguas, que ejercería su magisterio en Soria. No muy lejos tenía la familia un solar en la casa fuerte de San Gregorio, cedidos los terrenos y dados los permisos para su construcción por el rey Enrique IV, hermanastro de Isabel la Católica, al padre de Luisa, Diego de Medrano. ¿Podrían haberla mandado a estudiar allí con él? Parece más lógico, pese a esta hipótesis que algunos autores sostienen, que lo hiciera con el otro familiar, de igual nombre que su padre, que siendo vecino de Salamanca, se decía que era versado en latines y griegos. Con lo que, además, la conexión helmántica queda establecida con la lógica de que allí estudiaría y, seguramente, teniendo como a uno de sus profesores al mismo Antonio de Nebrija. Estudios, que aprovecharía de forma sobresaliente...

---

[213] «E los cristianos avían recibido muy gran daño en el comienzo, e fueron dellos muertos mas de cincuenta e otros feridos, entre los cuales murieron tres hombres principales: Garci Bravo, Alcayde de Atienza; e Diego de Medrano su yerno e Gabriel de Sotomayor, caballeros esforzados e de noble linaje».

Salamanca, 1508

Un espigado profesor se andaba casi pisando sus hábitos con su rápido caminar, tras cruzar la Plaza Mayor saliendo por la Plaza del Corrillo a coger la rúa que le llevará al edificio de los Estudios Mayores de la universidad salmantina.

—¡Magister Sículo, magister! —le llamó mientras que corría al trote un estudiante con su traje negro y la beca roja que indicaba que estaba en el estudio de Leyes—. ¿Dónde vais tan apresurado? ¿Acaso vuestra clase no es después de *nona*[214]?

—*Signore* Peñaranda —le respondió con un fuerte acento italiano sin bajar su ritmo de zancada—, si fuera a dar alguna de mis *relectio* para desasnar a los ociosos de su clase, le aseguro que iría incluso más lento que un buey de labranza. *Ma* hoy no quiero perderme ni una vocal de la que está a punto de pronunciarse.

—¡Caramba, magister! —respondió asombrado el estudiante cogiendo con la mano su chambergo como el profesor lo hacía con su bonete, poniéndose a su lado intentando coger su acelerado paso—. ¿Quién imparte hoy desde la cátedra?

Se paró de golpe Marineo Sículo mirando de cabo a rabo al impertinente y curioso estudiante.

—*Signore* Peñaranda, de verdad que ahora entiendo cómo mis palabras son tan leves que no son capaces de hacer mella en sus testas —y con paciencia casi franciscana, retoma su camino mientras le explica al futuro egresado por quien merecía tal apresuramiento—. ¿Acaso no visteis la nota de nuestro magnífico rector don Pedro de Torres el otro día? «*Anno Domini 1508 die 16 Novembris hora tertia legit filia Medrano in Catedra Canonum*»[215].

Ese día queda constatada la lección (puede que la primera) de quien, con 24 años, había sido designada para ocupar la

---

[214] La hora *nona* eran las tres de la tarde.
[215] «El día 16 de noviembre de 1508 lee la hija de Medrano en la Cátedra de Cánones». Nota real registrada en el *Cronicón* por el que entonces era rector de la Universidad de Salamanca.

vacante de la cátedra que Antonio de Nebrija había dejado. Hecho que sorprende es que ocupara vacante, tanto en la de Gramática, como en alguna de Derecho, pues clara es la referencia a materia más acorde a las leyes que a la de Gramática. Aunque cierto es que a la vuelta de Nebrija, este ocupará otra diferente como es la de Retórica. Hay quien apunta que lo que el rector señala es que la lección fuera dada en el lugar donde se daba la cátedra de canónico, lo que no sería raro y hasta sería más lógico. Aunque también sea cierto que era costumbre invitar a profesores de otras materias y de otras carreras para impartir alguna disertación magistral en alguna de la que no fuera titular. Sea como fuere, nos ha llegado un testimonio directo escrito de la mano del asombrado Lucio Marineo Sículo, que en 1514 escribirá sobre Medrano:

> En Salamanca conocimos a Luisa de Medrano, doncella eloqüentísima. A la que oymos, no solamente hablando como un orador, más bien leyendo y declarando en el estudio de Salamanca libros latinos públicamente.

Y en una carta, queda clara lo que no es sino admiración sin paliativos:

> La fama de tu elocuencia me hizo conocer tu gran saber de estudios antes de haberte visto nunca. Ahora, después de verte, me resulta aún más sabia y más bella de lo que pude imaginar, joven cultísima. Y después de oírte me ha causado gran admiración tu saber y tu ornada oratoria, sobre todo tratándose de una mujer llena de gracia y belleza, y en plena juventud. He aquí a una jovencita de bellísimo rostro que aventaja a todos los españoles en el dominio de la lengua romana. ¡Oh felices padres que engendraron tal hija! Debes mucho, clarísima niña, a Dios omnipotente y bondadoso por tu inteligencia.

> Mucho debes agradecer a tus padres que no te dedicaron a los oficios comunes entre las mujeres, ni a los trabajos corporales, en sí tan ingratos por su caducidad, sino que a los estudios liberales te consagraron, que son elevados y de eterna duración.

Y te deben ellos a ti no poco, que su esperanza y ambición con tu constancia y gran estudio superaste.

Te debe España entera mucho, pues con las glorias de tu nombre y de tu erudición la ilustras. Yo también, niña dignísima, te soy deudor de algo que nunca te sabré pagar. Puesto que a las Musas, ni a las Sibilas, no envidio; ni a los Vates, ni a las Pitonisas. Ahora ya me es fácil creer lo que antes dudaba, que fueron muy elocuentes las hijas de Lelio y Hortensio, en Roma; las de Stesícoro, en Sicilia, y otras mujeres más. Ahora es cuando me he convencido de que a las mujeres, Natura no negó ingenio, pues en nuestro tiempo, a través de ti, puede ser comprobado, que en las letras y elocuencia has levantado bien alta la cabeza por encima de los hombres, que eres en España la única niña y tierna joven que trabajas con diligencia y aplicación no la lana sino el libro, no el huso sino la pluma, ni la aguja sino el estilo[216].

Adiós, y si en algo quieres utilizar mis servicios, estoy plenamente a tu disposición. Otra vez adiós, con el ruego de que a través de alguna carta de tu salud y de tu vida me hagas saber[217].

Desgraciadamente, nada tenemos de su obra escrita. Morirá relativamente joven aún para la época, a los 43 años. Jamás se casó ni tuvo hijos. Quién sabe si toda esa serie de circunstancias ayudarían negativamente a que se perdiera aquello que pudiera escribir. La verdad es que nada se ha encontrado… aún.

Pero si queremos hallar más constatación sobre la posibilidad de que Luisa o Lucía de Medrano fuera realmente catedrática en esta Universidad, tenemos testimonios añadidos de Gil González Dávila en una obra suya de 1650. Nicolás Antonio en su *Gynaeceum* de 1672 confirma el testimonio dado sobre

---

[216] El estilo era un punzón con el cual escribían los antiguos en tablas enceradas, y de manera poética o figurada, la manera de llamar a cualquier instrumento con el que se escribiera, como una pluma.

[217] De Lucio Marineo Sículo, carta sacada de su *Opus Epistolarum* de Valladolid, de 1514. Según Margarita Nelken en su libro *Las Escritoras Españolas de 1930*, parece ser que «sostenía asidua correspondencia en latín» Luisa con el que fuera maestro y colega.

ella. Bernardo Dorado en su *Historia de Salamanca* de 1776 afirma que «Doña Luisa de Medrano, si no igualó, excedió a Beatriz Galindo, pues no solo supo con perfección la lengua latina, sino que oró públicamente en esta universidad en Divinas Letras y Humanas». La lista de eruditos podría hacerse pesada, pero cerrémosla con uno de nuestros grandes polímatas, don Marcelino Menéndez y Pelayo, que en su *Antología* de 1896 escribe que «tuvo cátedra pública en la Universidad de Salamanca, dedicándose a la explicación de los clásicos latinos».

Antonio de Nebrija volverá a ser protagonista directo por ausencia con relación a la segunda catedrática de nuestra Historia, que en este caso es de nuevo como decir, del mundo. La relación que empezó a tener el humanista con el Cardenal Cisneros a raíz de las correcciones de la *Vulgata*, del texto en latín de San Jerónimo, para el proyecto de la Biblia Políglota, acabarían llevándole a que le ofreciera el todopoderoso purpurado, la cátedra de Retórica en su flamante nueva universidad, instituida en 1499 sobre la base del Estudio General de Alcalá de Henares de 1239.

Nebrija se había casado muchos años antes con una salmantina, Isabel Montesinos de Solís. Y seguramente será en la ilustrada ciudad del Tormes donde nacería su hija Francisca. Con tal padre y en tal ambiente, no es de extrañar que destacara de inmediato en conocimientos, y todo indica a que durante mucho tiempo ayudaría a su docto progenitor con relación a su obra, y muy posiblemente, en sus clases. Son constatables las ausencias de Antonio de Nebrija con relación a sus variados afanes y encargos, y no sería de extrañar que fuera Francisca quien le sustituyera cual profesor suplente del titular de la cátedra (como vemos, seguimos comprobando que las cosas no cambian mucho a lo largo de los siglos, según se dice), hasta que lo haría de modo definitivo.

Así sería en 1522. Año en que el humanista fallecería, y en el que según consta en todas las crónicas, su hija Francisca de Nebrija se convertiría en la titular de la cátedra de Retórica complutense. Sus conocimientos en cultura clásica, lenguas, y el legado educativo de su señero padre, la harían la candidata perfecta. Pero de nuevo, otra mujer será tragada por las arenas movedizas de la historia, al no dejarnos constancia de hechos referidos a su vida, ni a posibles obras que pudiera haber llegado a publicar.

Para añadir veracidad a ambos casos, hagamos referencia a un historiador alemán, el cual, en su *Historia del Mundo* escrita a mediados del siglo XIX, escribiría sobre España que «Distinguidas damas estudiaban el griego y el latín, lo mismo que en Italia: María de Pacheco, de la noble Casa de los Mendoza, Lucía de Medrano, catedrática de Latín en Salamanca, y Francisca Nebrija, catedrática de Retórica en Alcalá»[218].

Como diría Juan Luis Vives en 1514, en su *Instrucción a la mujer cristiana*, de esa manera en que este preclaro hombre adelantado a su tiempo en tantas cosas era[219], con respecto al acceso a la educación de la mujer, «hay algunas doncellas que no son hábiles para aprender letras; así también hay de los hombres; otras tienen tan buen ingenio que parecen haber nacido para ellas o a lo menos, que no se les hacen dificultosas. Las primeras no se deben apremiar a que aprendan; las otras no se han de vedar, antes se deben halagar y atraer a ello y darles ánimo a la virtud a que se inclinan». Todas las aquí nombradas no necesitaron de ánimo alguno. Pero sí de tener la oportunidad. La tuvieron. Y la aprovecharon.

Toda una serie de *Puellae Doctae*, de niñas sabias como se las llegaría a denominar, no sé si con cierto retintín, o como reconocimiento en extremo poético a la entrega de estas mujeres españolas al Humanismo. Al conocimiento. Al saber. Lo que no las hacía admirables por eso, aunque en su naturaleza estuviera como en la de cualquier ser humano, el amor y la búsqueda de un afán cultural, sino por el justo reconocimiento que hay que hacerlas y se merecen como pioneras que fueron en el mundo académico, que tras estos breves, aunque brillantísimos espejismos, apenas tendría escasos reflejos en siglos venideros.

---

[218] Citado por Thérèse Oettel, *vid.* bibl.
[219] De nuevo solicito perdón por la autocita, pero para saber más sobre la figura de Juan Luís Vives, ver *Siempre tuvimos héroes. La impagable aportación de España al Humanitarismo, op. cit.*

Bibliografía

Alvar, Alfredo: «La educación de Isabel la Católica». *Torre de los Lujanes* N° 48. Real Sociedad Económica Matritense de Amigos del País, 2002.

Arteaga, Almudena de: *Beatriz Galindo, la Latina*. Edaf. Madrid, 2007.

Bel Bravo, María Antonia: *Mujer y cambio social en la Edad Moderna*. Ediciones Encuentro. Madrid, 2009.

Borreguero Beltrán, Cristina: «Puellae Doctae en las cortes peninsulares». Dentro de *Dossiers Feministas* N° 15. Mujeres en la historia. Heroínas, damas y escritoras (siglos XVI-XIX). Instituto Universitario de Estudios Feministas y de Género de la Universidad Jaume I. Barcelona, 2011.

Del Val Valdivieso, María Isabel: «La educación en la corte de la Reina Católica» *Miscelánea Comillas: Revista de Ciencias Humanas y Sociales*, Vol. 69, N° 134, 2011.

Gismera Velasco, Tomás. *Luisa (Lucía) de Medrano: La primer Catedrático en Europa*. Createspace Independent Publishing Platform, 2017.

López Villarquide, María: *La catedrática*. Espasa. Madrid, 2018.

Marineo Siculo, Lucio: *De las cosas memorables de España*. Libri I-III. La Hoja del Monte, 2004. (Obra original impresa el 14 de julio 1539).

Parada, Diego Ignacio: *Escritoras y eruditas españolas*. Tomo 1. Establecimientos tipográficos de M. Minuesa, Madrid, 1881.

Perez, Janet y Ihrie, Maureen: *The Feminist Encyclopedia of Spanish Literature*. 2 Vol. Greenwood, 2002.

Oettel, Thérèse: «Una catedrática en el siglo de Isabel la Católica Luisa (Lucía) de Medrano». *Boletín de la Real Academia de la Historia*, tomo 107, 1935.

Rivera Garretas, María Milagros: *El fraude de la igualdad*. Planeta. Barcelona, 1997.

Salvador Miguel, Nicasio: «El mecenazgo literario de Isabel la Católica». Publicado dentro de Isabel la Católica. La magnificencia de un reinado. Catálogo de la Exposición celebrada en Valladolid, Medina del Campo y Madrigal de las Altas Torres, 2004.

XIII

BRAVAS DE LA *FRANCESADA*

Cuando en la guerra la mujer es de armas tomar

> *La virgen con patrio ardor*
> *ansiosa salta del lecho;*
> *el niño bebe en el pecho*
> *odio a muerte al invasor;*
> *la madre mata su amor,*
> *y cuando calmado está,*
> *grita al hijo que se va:*
> *«¡Pues que la patria lo quiere,*
> *lánzate al combate, y muere:*
> *tu madre te vengará...!»*

El Dos de Mayo, Bernardo López García

> *¡Eran muy hombres aquellas mujeres!*

Juan Nicasio Gallego

Palacio de las Tullerías, París, octubre de 1808

NAPOLEÓN BONAPARTE NO SABÍA dónde se había metido. ¡Qué absurda guerra y todo para nada! Seguía leyendo la carta que le había mandado su hermano José desde España, a donde le había mandado desde Nápoles para quitarle una corona y ponerle otra. Como mucho sería una campaña corta. ¿Qué podría perder? ¿Unos 12 000 hombres a lo sumo? Magro pago en sangre para dominar Europa de uno a otro confín, hacerse con el poder sobre el estrecho, quitándoselo a la maldita Inglaterra, y hacer de Portugal otro vasallo arrebatando la influencia al inglés[220]. Lisboa podría ser incluso un puerto más que adecuado para controlar esa América de la que tanto beneficio se podía obtener tras la adquisición a España de la Luisiana, y de parte de La Española en el Caribe y, por qué no, hacer del Imperio francés uno verdaderamente transcontinental. ¿Conquistar Estados Unidos? Tal vez. ¿Acaso esos desharrapados de esa novísima nación iban a poder con el ejército más poderoso de Europa?

Tal vez esos desharrapados no. Pero resulta que ese pueblo indolente, vago y seguidor de monjes y curas, un pueblo que apenas podía mantener sus provincias de Ultramar. Un país gobernado por dos idiotas a cuál peor, el rey Carlos o el triplemente traidor de su hijo Fernando. Un pueblo y un país así... le está haciendo una úlcera como no había tenido otra a lo largo de su fulgurante carrera. ¿Cómo era posible lo que estaba ocurriendo? ¿Cómo podía escribirle esto su propio hermano? «Tengo por enemigo a una nación de doce millones de almas, enfurecidas hasta lo indecible. Todo lo que aquí se hizo el 2 de mayo fue odioso. No, *Sire*. Estáis en un error. Vuestra gloria se hundirá en España». ¡Pero qué pudo pasar ese 2 de mayo que Murat[221] me aseguró que fue un día donde todo quedó sofocado!

Madrid, 2 de mayo de 1808

La gente se arremolinaba por la cava de San Miguel hacia el Arco de Cuchilleros. La Villa se había transformado en una galerna de rumores convirtiéndose en noticia en todos los mentideros de la capital: en las gradas de San Felipe el Real no cabía un alma de todos los que andaban por Sol y entraban por la calle de Alcalá y

---

[220] Napoleón escribiría antes de entrar en España: «Si esta guerra fuera a costarme 80 000 soldados, no la haría, pero no me llegarán a 12 000». El coste final en vidas (solo de su ejército) se estima en unas 110 000 muertes, más las 60 000 de tropas aliadas.

[221] Joaquín Murat, comandante del ejército imperial y gobernador de Madrid en esos momentos.

la de San Jerónimo, o bien bajaban de la Puerta de Santa Bárbara o subían por la de Atocha. Los que venían de la concurrida Plaza de la Cebada, o llegaban por las de Segovia y Toledo confluyendo en la Puerta Cerrada, subieron hasta la escalinata de piedra que daba acceso a la Plaza Mayor.

Los pinches de los fogones del mesón de Jean Botín (donde hacía unas pocas décadas sirviera de friegaplatos un joven aprendiz de pintor llamado Francisco de Goya), salieron a la calle mirando a su derecha hacia el imponente arco, donde ya no cabía un alma de tenderos, chalanes, comerciantes, aguadores, forasteros, vecinos... chisperos de Chamberí, majos del barrio de Maravillas ¡y hasta manolas de Lavapiés! Todos mirando hacia el púlpito de hierro que se encontraba al final de las pétreas escaleras[222]. Desde allí, un sudoroso fraile franciscano del convento de San Gil, próximo a Palacio, alzó la palabra desde donde se convertía en altavoz gracias al estrecho pasaje inclinado, para informar de lo que estaba ocurriendo en Madrid:

—¡Vengo ahora mismo por la calle de Santiago! —empezó el padre Antonio, que así se llamaba el religioso—. ¡El francés se nos los ha llevado a todos! El pobre infantito[223] salía llorando y saludándonos entre lágrimas. Unos vecinos han intentado ponerse delante del carruaje, pero no ha tardado ese taimado de Murat en llamar a sus perros de la guerra. ¡La guardia imperial ha disparado contra nuestro pueblo! Contra mujeres, contra Dios. ¡Yo mismo he podido oír las descargas desde mi convento y he visto la sangre derramada sobre los adoquines de tantos patriotas! ¿Vamos a consentirlo? —y convirtiendo la noticia en arenga,

---

[222] Este púlpito sigue existiendo en la actualidad, siendo uno de los escasos púlpitos civiles centenarios que existen en Europa. Se encuentra en la calle de la Escalerilla de Piedra, a la altura de la Plaza Mayor, al final del famoso Arco de Cuchilleros. Desgraciadamente, se encuentra en un estado de dejadez deplorable, sin nada que lo identifique y muchas veces usado para poner anuncios de alguna tienda colateral.

[223] El infante Francisco de Paula, hijo menor de Carlos IV y María Luisa de Parma. Su salida del Palacio Real fue el detonante tras el grito efectuado por José Blas de Molina, cerrajero y vecino de la Villa, de «¡Que nos lo llevan! ¡Traición! ¡Nos han quitado a nuestro rey y quieren llevarse a todos los miembros de la familia real! ¡Muerte a los franceses!».

prosiguió con toda la potencia que su voz le permitía—. ¡Madrileños, españoles, vecinos, hijos míos! ¡Meses llevamos soportando la afrenta en nuestras calles por parte del francés! ¡Ahora nos han dejado sin rey ni patria! ¡Vayamos todos a defenderla!

Y como si de una marea bíblica se tratara, oleadas de gente de todo sexo y condición salieron hacía donde creyeron que era necesario. Un pandemónium de voces hacía coro de mil opiniones. ¡Guardemos las puertas de Madrid! —gritaban unos—. ¡Armas, necesitamos armas! —gritaba un joven con su pelo alborotado fuera casi de su redecilla negra—. ¡Marchemos a los cuarteles, los soldados estarán con nosotros! ¡A Monteleón, al de artillería![224] —las majas gritaban corriendo hacia su barrio—. Y como turba enfervorecida por lo que desde el 23 de marzo, fecha en que entraron las fuerzas imperiales francesas, llevaban guardando para su coleto, Madrid estalló como vino reprimido en un pellejo nuevo. Vino del color de la sangre que pronto se derramaría por todas las calles de la capital:

¡Guerra! clamó ante el altar
el sacerdote con ira;
¡guerra! repitió la lira
con indómito cantar:
¡guerra! gritó al despertar
el pueblo que al mundo aterra...

---

[224] Es curioso el episodio en esa fecha tan significativa, que parte del pueblo de Madrid, que no contaba con más armas que las propias de sus oficios o las que caseramente se pudieran tener (muy pocos tenían algunas de fuego), acudirían a por ellas al recién creado en 1803, Real Museo Militar (lo que es el antecedente de lo que hoy conocemos como Museo del Ejército, actualmente en Toledo y que, en mi opinión, nunca debió de salir de Madrid, pues el cambio fue debido a la falta de espacio y ahora con el doble de espacio no hay ni un cuarto de lo que estaba expuesto en el antiguo. Pero esta es otra historia). Estaba situado en el Palacio de Monteleón, donde se encontraba también el célebre cuartel de artillería donde tras los sucesos de ese día quedarán para la historia los nombres de los capitanes Daoíz y Velarde y el del teniente Ruiz. Varios funcionarios públicos de dicho museo perderán la vida en el combate que se llevó a cabo en tan reconocido lugar. El saqueo posterior por parte de los soldados de Murat provocó perder muchas piezas, entre ellas, muchas de las banderas de los Viejos Tercios, usadas algunas como gualdrapas para los caballos.

Había comenzado en España la Guerra de la Independencia. Guerra que, desde mi punto de vista, no tiene un bueno nombre. De primeras estaría mejor definida a la manera en que lo hacen los británicos, que además fueron actores importantes en la misma, nominándola como Guerra Peninsular. En efecto, sería imposible entender todo el conflicto sin el concierto de Portugal, que fue no solo también importante teatro de operaciones, sino excusa inicial para acceder a España. Sin embargo, hay que entender que la historiografía inglesa en ese caso propone el inicio de este conflicto desde octubre de 1807. El 12 de ese mes las tropas francesas cruzan el Bidasoa, ya que en ese momento Francia y España actuaban como aliadas. El 27 se firma el Tratado secreto de Fontainebleau entre ambos países, representados por el propio Emperador y por el valido de Carlos IV de España, Manuel Godoy, donde se plasma la invasión y división en tres partes de Portugal. El 19 de noviembre la invasión francoespañola al país vecino es un hecho comandada por el general Junot y el general Solano.

Por otro lado, ese concepto de «independencia» no se corresponde con nada parecido a lo que ocurrió en España, pues ni fue oficialmente conquistada ni dependía de Francia jurídicamente. No fue colonia ni se luchó en términos de independentistas contra el gobierno de metrópoli alguna. La soberanía nacional, en un hecho casi sin precedentes, pasó directamente al pueblo organizado en la Junta Suprema Central, el Consejo de Regencia (ya que el rey legítimo estaba como rehén en territorio extranjero), y finalmente en las Cortes constituyentes ubicadas en Cádiz. Fue una guerra total en una serie de territorios y que acabaría de hecho, en la propia Francia, tras varios combates en lugares como Tolosa (Toulouse, no confundir con la localidad guipuzcoana) y Bayona (Bayonne, no confundir con la localidad viguesa). En suma, aquella *francesada* como la llamarían muchos, entre ellos Miguel de Unamuno, no fue sino la Guerra de 1808. Y el pueblo fue protagonista indudable.

Como dentro y parte inequívoca del mismo estaban, obviamente, las mujeres. Mujeres que, en pregunta publicada en la

Gaceta de Madrid, nada menos que en 1810, se hacía un escueto firmante con la letra M: «¿Por qué en la insurrección española las mujeres han mostrado tanto interés, y aun excedido a los hombres en el empeño de sostenerla?» Buena pregunta. Supongo que porque, al igual que cualquier hombre, su indignación patria fue pareja aunque aumentada exponencialmente a los abusos y vejaciones que ellas sufrieron en persona, sumado a lo que suponía ver cómo el resto de los miembros de tu familia (padres, hermanos, hijos…) morían o eran muertos por culpa de quien solo el malhadado de Godoy había invitado, pero nadie más.

En nuestro imaginario sobre aquellas mujeres de toda clase, edad o condición, siempre nos vendrá a la cabeza como epítome de todas ellas, la de Agustina Raimunda María Zaragoza y Doménech, natural de Reus, y que todos conocemos como Agustina de Aragón, la Artillera, de pie junto al cañón soltando una andanada a los invasores durante el primer sitio de Zaragoza. Pero la realidad es que son decenas de mujeres con nombres y apellidos que conocemos que se unieron a esta lucha por toda España, dándola en muchas ocasiones, representando a cuantas también lo hicieron quedando ahora sus nombres en el injusto anonimato.

Solo en Zaragoza es de justicia citar además, a María de la Consolación Azlor, condesa de Bureta, que crearía, poniéndose al mando ella misma, el llamado Cuerpo de Amazonas, un cuerpo de mujeres que prestaban socorro a los heridos al mismo tiempo que proveían de víveres y de munición a los combatientes. Narraba Carlos Ricardo Vaughan, secretario de la Embajada Británica en aquel momento, que «Vióse con frecuencia á aquella joven ilustre, tan bella y delicada, desempeñar con la mayor sangre fría, en medio de un fuego de fusilería y aun de artillería, de los más terribles, los deberes que se había impuesto; y desde los primeros pasos que dio por aquel camino, no dejó ver en su semblante la más ligera emoción que pudiera indicar el temor de un peligro personal ó que la distrajese ni por un momento de sus humanitarios y patrióticos proyectos».

O a María Agustín, que recogería el fusil del hombre que estaba con ella en un puesto avanzado y, dándole de beber le dice:

«ponte tras mí, bebe, que yo cuidaré»; Casta Álvarez, que con una improvisada pica hecha mediante una bayoneta atada a un palo, va de un lado a otro donde se están enfrentando con los enemigos, animando y dirigiendo a los defensores sin desfallecer en ningún momento; Manuela Sancho, que no hacía más que de manera incasable asistir también llevando municiones y suministros allá donde hiciera falta; la madre mayor María Ráfols, que llegaría a proveer de cobijo adecuado a más de 6000 heridos tras el primero de los Sitios, e incluso negociaría en el segundo con el mariscal Lannes, víveres para los sitiados en estado grave. O la escritora ilustrada Josefa Amar y Borbón, ya entonces una feminista.

Esta última, para dar ejemplo de lo citado de que no fue una cuestión de clase social (como vimos con la de Bureta) ni de educación, era una pedagoga que hablaba cinco idiomas además de dominar las lenguas clásicas de latín y griego, siendo esta intelectual autora en 1786 del *Discurso sobre la educación física y moral de las mugeres* (sic), y en 1790, del *Discurso en defensa del talento de las mugeres y de su aptitud para el gobierno y otros cargos en que se emplean los hombres.* ¡Apenas nada! Una mujer ilustrada y de fuertes convicciones feministas, que se mostraba, por ejemplo, en contra de la educación por parte de las monjas a las niñas. Traductora de John Locke o erasmista convencida, durante los sitios zaragozanos su conocimiento de los ilustrados franceses la hicieron perfectamente compatible el que a sus 59 años luchara codo con codo con sus convecinos.

> …las inalterables matronas que desnudas del sexo frágil alientan á los maridos, los acompañan en la lid, atan sus heridas y los envian por otras; muertos ellos ocupan su puesto, disparan el fusil y sirven el cañon á la vista del consorte traspasado: las bizarras doncellas que á par de amantes presentan su rostro varonil al enemigo, penetran su línea y le cierran en su campo…[225]

En Gerona se produce un suceso absolutamente admirable y no muy conocido: la creación de unidades militares de mujeres.

---

[225] *Elogio a los ilustres defensores de Zaragoza en los dos sitios de 1808.* Imprenta de Fermín Villalpando. Madrid, 1815. Biblioteca Nacional de Madrid.

Los sitios de Gerona fueron tanto o más salvajes y duros como los de Zaragoza. Los dos primeros tuvieron lugar en 1808, y en ellos se constató la presencia, la ayuda y el coraje que las mujeres gerundenses mostraron en todo momento. En 1809 el Tercer Sitio fue realmente numantino. El granadino general Álvarez de Castro, jefe del ejército de Cataluña y gobernador de la ciudad, apenas si contaba con menos de un tercio de hombres con los que contaba el sitiador, el mariscal Augereau. Durante siete meses, las cuarenta baterías francesas dispararían 60 000 balas de cañón, además de recibir miles de granadas e incontables balas rasas. La situación de la ciudad era terrible. Ante la misma, un grupo de mujeres de los oficiales empezarían a proyectar la creación de una unidad para que su labor estuviera plenamente organizada y fuera verdaderamente operativa. La propuesta fue hecha al gobernador de la plaza, el cual decreta la constitución de esa formación el 28 de junio de 1809.

> La bizarría y serenidad con que se portaron muchísimas de las señoras gerundenses en los días del mayor conflicto de la plaza, el ardor y caridad christiana que exercieron con los soldados heridos suministrándoles vino generoso, vendando sus fracturas y llagas, y llevándolos en brazos á los Hospitales, avalanzaron al expresado Gobernador á la creación de una compañía, mugeril en el sexo, pero varonil en la serenidad y constancia en medio de los horrores del sitio encarnizado, y que podía ser de grandísima utilidad, en la escasez de brazos útiles que tenía la ciudad[226].

De este modo, se hizo llamamiento para que una compañía se formase con mujeres, especialmente jóvenes y de buena salud (sic), animándolas incluso mediante el anuncio de una dote para aquellas que se alistaran. Se pensó en organizar la compañía por

---

[226] R. P. D. Raymundo Ferrer, Presbítero. *Barcelona cautiva, o sea, Diario exacto de lo ocurrido en la misma ciudad mientras la oprimieron los franceses, esto es desde el 13 de febrero de 1808 hasta el 28 de mayo de 1814.* Acompaña a los principios de cada mes una idea del estado religioso-político-militar de Barcelona y Cataluña. Oficina de Antoni Brusi, Barcelona, Tomo IV, 1815.

escuadras, calculando que llegarían a ser tres. Finalmente, fueron cuatro, debido al éxito del reclutamiento. Cada escuadrón tendría una comandanta (sic) al frente, elegida por la propia compañía. El nombre pensado inicial de Compañía de Señoras Mujeres se cambiaría por el que será su denominación oficial: Compañía de Santa Bárbara. Los nombres de las cuatro comandantas eran Lucia Jonama de Fitz-Gerald, Raimunda de Nouvilas, María Ángela Vivern, y María Custí. Junto a ellas se nombrarían sargentos, aguadoras, repartidoras de aguardiente... mientras que el resto de las incluidas en las escuadras llevarían a cabo el socorro a heridos y las tareas encomendadas en cada momento.

Los miembros de la compañía llevarían brazaletes rojos (una cinta en su brazo izquierdo) cuando estuvieran de servicio para ser así distinguidas con claridad de las que no lo estuvieran. Gerona se dividirá en cuatro sectores para de este modo tener dispuesto en qué zona actuaría cada uno de los escuadrones de esta compañía femenina. El 5 de julio de 1809, en el asalto al castillo de Montjuich gerundés, tuvieron su bautismo de fuego. Y allí estuvieron todas desdeñando el peligro, a socorrer a los heridos al toque de generala. Repartiendo agua, vendas, aguardiente, con un patriotismo que, como dice una de las comandantas en su parte al comandante general a la hora de señalar las acciones de los miembros de su escuadra, «despreciando la continua lluvia de balas, bombas y granadas que allí caían, han contribuido con su ejemplo y palabras, á excitar el espíritu y valor de la tropa y *paisabage*[227], que iban á socorrer el castillo de Montjuich». Cuando al asalto frenó, se ofrecieron para quedar vigilantes por si pudiera haber más ataques. ¡Incansables y siempre dispuestas para ejemplo de todos!

El general Blas de Fournás, encargado de la defensa del castillo, anotaría en su diario:

> He visto las mujeres, esta tan interesante porción del género humano, que nuestra preocupación llama débil, competir en espíritu, en bizarría, en desprecio al riesgo, con los varones más esforzados. Las he visto el día memorable del asalto a Montjuich,

---

[227] Paisanaje.

en las ruinas de la Torre de san Juan, en las brechas de la plaza, y en todas ocasiones, arrojarse en la mayor serenidad en medio de las balas, recoger allí nuestros heridos, consolarlos, animarlos, llevarlos en brazos, o bien sobre sus delicados hombros, dulcificando y haciendo más llevadero su dolor con tan eficaces auxilios.

En Valencia no se quedaron atrás a la hora de enfrentarse con los peligros. Arrojadas y de nuevo, al margen de distingos de clase, edad, condición... estuvieron acodadas junto a los hombres para hacer aquello que pudiera ser, no solo de apoyo, sino de estimable y necesaria ayuda para el combate: como estar junto a las baterías para enfriar los cañones y que no reventaran, o hacer tacos para los rifles con lo que tuvieran a mano y que no se quedara arma alguna por disparar. Si había que preparar y rellenar sacos para las barricadas, no hubo hay sexo débil alguno, pues fueron las primeras también en ponerse a cavar zanjas defensivas a golpe de pico y pala. De riñones.

Como se publicó en la *Gazeta de Valencia* el 17 de junio de 1808, «Fueron las primeras en arrojarse á los peligros y en crear el espíritu público. El pueblo se conmovio y las mugeres particularmente: atropellaron, maltrataron a la tropa que salió á sostener el Gobierno Francés». Porque allí estaban también las valencianas para no dejar de ser menos en la defensa de su ciudad ni de su patria ante las fuerzas del mariscal Moncey, en una proporción en fuerzas regulares de 10 a 1 a favor de los soldados imperiales. Pero no contó con que el pueblo estaría también metido de hoz y coz en una guerra como no había sucedido en ningún lugar de Europa hasta entonces para sorpresa incluso del mismo emperador.

Y cuando no puede ser en combate abierto, se luchará con las armas que se pueda para poder combatir contra el invasor (que nunca conquistador), de manera que el concepto de guerrilla es bien sabido que surgirá durante esta *francesada*. Los testimonios de los soldados galos han llegado a nuestros días con la mezcla de asombro y miedo que también mostraron. Tanto como su crueldad con la población civil. Uno de aquellos escribiría: «todos los habitantes huyen de nosotros o nos disparan».

Otro, cuando recordaba sus desplazamientos por la Península, anotaría: «pensaríamos que el país está desierto si no fuera porque nos disparan constantemente desde todas partes». Fue una guerra donde lo que menos hubo fue cuartel. Esto es, «ofrecer condiciones benévolas al enemigo para que se rinda». En esta Guerra de 1808 casi todo fue victoria o muerte. O, como diría el general Palafox durante los sitios de Zaragoza dando respuesta al ofrecimiento del general Verdier de «paz y conciliación», que no fue otra que «guerra y cuchillo».

Así fue en tantos sitios. Como en Ronda. Un enclave y cruce de caminos estratégicamente importante. Cuando parte del ejército napoleónico comandado por el coronel Vinot llegó a Ronda el 10 de febrero de 1810, su entrada fue violenta y se cometieron saqueos pese a que la población no se había mostrado abiertamente hostil, seguramente conocedora de lo que había pasado en Málaga, donde los franceses habían disparado indiscriminadamente contra ancianos, mujeres, niños... hasta 600 muertes absurdas se produjeron de ese modo. Por no hablar del pillaje realizado apenas dos días antes en dicha ciudad por las tropas del mariscal Sebastiani. Lo cierto es que no hubo defensa aunque hubiera sido posible. Ronda se dividió. Algunos pensaron que tal vez el nuevo rey José I traería algo de ilustración. Otros, tal vez por el miedo, viendo que era fútil toda resistencia, intentaron seguir sus vidas con el deseo oculto de que los que se habían lanzado a la serranía como guerrillas, finalmente triunfaran. Porque los fusilamientos a patriotas rondeños no animaban especialmente a la resistencia dentro de la ciudad.

¿Qué papel pudo hacer en esa situación una mujer? Una importantísima en cualquier guerra, sin las que muchas batallas de la Historia no se hubieran podido ganar: hacer de espía. Y aquí nos encontraremos con María García, apodada la Tinajera. Nombre que parece que le viene dado (cosas de antes como muchos recordamos), al motejar con los oficios propios o con los nombres paternos, como fue este caso ya que era hija de un tal Juan García Tinajero. Esta mujer, la verdad sea dicha, como también hicieron otras vecinas de esa serranía malagueña, vieron que con el uso de la fuerza o de las armas poco se podría hacer. Pero podrían hacer mucho por la causa llevando y trayendo información a las partidas guerrilleras de los patriotas que quedaban en Ronda.

Como se cuenta en el expediente incoado sobre ella:

> ... decidida por la justa causa de la Nación y no pudiendo tomar las armas por la debilidad de su sexo, no halló otro medio de contribuir a la defensa del suelo patrio que hostilizar al enemigo, al introducirse disimuladamente en la posición que éste ocupaba y adquirir noticias de lo bienintencionados llevándolas en seguida a nuestros cuerpos de Armas que defendía la Sierra.

De este modo empezaron a recabar todo lo relacionado con movimientos de tropas, correos entre líderes regulares, oficiales y guerrilleros, y todo aquel papel que pudiera contener algo de interés para la causa. Sin embargo, como consecuencia de una delación por intereses espurios, María fue detenida y llevada a los calabozos. Allí sería desnudada de manera ominosa, y se le encontró una serie de documentación evidentemente comprometedora dirigida al comandante de Igualeja y a la Junta Superior de Gobierno. En la cárcel estaría junto a otras quince mujeres que estaban acusadas igualmente de hacer de enlaces para los patriotas y las tropas irregulares serranas. A base de pan y agua a repartir. Una libra de pan (aproximadamente medio kilo) cada cuatro días. Finalmente, llegó el juicio.

Fue hallada culpable de colaboracionismo y condenada a una pena humillante. Nada que no hayamos visto reflejado en muchas películas o series, pero que, por desgracia, solo se aplicaba a las mujeres como un acto de degradación pública para que de este modo quedara para siempre como baldón de su honra. La raparon «con disformidad» con una escoda de soldado, una herramienta en forma de martillo con corte en ambos lados, usada para labrar piedras o picar paredes. Con lo que hemos de imaginar a la vergüenza el daño añadido de tal acción. Una vez «pelada», como se denominaba a dicha acción, quisieron incluso emplumarla como se hacía con las adúlteras. A continuación fue paseada por todo el pueblo entre insultos y burlas, haciendo escarnio de ella por parte de vecinos afrancesados fieles ahora a José I. Uno de los agentes que la detendrían, Antonio Rosado (que según denunció ella posteriormente aprovecharía junto con otros dos de su calaña para robarle en su domicilio), iba llamando por todas las casas de las calles que recorrían para que salieran a hacer mofa de la espía.

Fue desterrada y sacada a empellones con el sonido de cajas destempladas, de Ronda, con pena de fusilamiento si osaba volver. No regresaría hasta años más tarde, liberada Ronda, en octubre de 1812. Fue entonces cuando solicitó compensación ante las autoridades del pueblo por todo el daño físico y moral, por ese maltrato psicológico como diríamos hoy, evidente y contrastado que sufrió, afectándole a la salud. Gracias al testimonio de tres miembros del clero local, se pudo reparar el daño hecho a esta heroína que quiso luchar con las armas que tenía. Con el peligro a quedar expuesta o fusilada. Aunque en ocasiones hay acciones mucho más vejatorias que la muerte.

Muerte a la que decidieron mirar a la cara en el combate más famoso de esta guerra, las mujeres de la localidad donde se produjo: Bailén. Esta batalla nominada por ese pueblo de Jaén, acontecida el 19 de julio de 1808, será recordada por ser la primera derrota de unas tropas napoleónicas en campo abierto. Una batalla ganada al hasta entonces invicto Pierre-Antoine, conde Dupont de l'Étang, más conocido como el general Dupont, uno de los más queridos por el emperador, y con un historial militar ciertamente impresionante. Sin embargo, en esa localidad andaluza, en los días de un tórrido verano, acabaría su espada y las águilas de sus estandartes en manos del general español Javier Castaños.

Aquella batalla sería librada bajo un sol inclemente. De hecho, las hostilidades principales comenzarían de madrugada para intentar acabarla antes de que el calor fuera el enemigo a batir. No fue así. La jornada fue larga y la temperatura casi imposible de soportar. Según se dice se alcanzarían los 45° en su momento álgido. El hecho de que las tropas españolas tuvieran a su retaguardia la mencionada ciudad de Bailén, tuvo parte que ver en el éxito de la misma pues, en el momento culminante de la misma, las tropas francesas se vieron cada vez más carentes de agua. Sin embargo, las tropas españolas vieron como gracias al pueblo que allí vivía, podían saciar su sed y calmar las ánimas de los cañones, enfriándolos y haciéndolos mucho más efectivos que los de la artillería imperial.

Para llevar el agua a los soldados se organizaron partidas de aguadoras que, al socaire del fuego enemigo y entre las balas que silbaban a su alrededor, estuvieron realizando su imprescindible cometido, aún a costa de morir en el intento. Como con las espías de Ronda, entre las aguadoras el nombre que las ha representado para la posteridad será el de María Bellido. Nombre que agrupa la heroicidad de aquellas bravas, varias de las cuales caerían bajo las balas en la contienda, y que a veces ha sido discutido. Sea uno u otro nombre, el caso es que la realidad acerca de su participación (el de ella llámese como sea, y el de tantas otras), ocurrió, e incluso fue narrado por el padre de nuestra novela histórica moderna, Benito Pérez Galdós, en el episodio nacional dedicado a esta batalla:

> Eran las seis de la mañana y el calor principiaba a dejarse sentir con mucha fuerza. Sentíamos ya en las espaldas aquel fuego que más tarde había de hacernos el efecto de tener por medula espinal una barra de metal fundido. No habíamos probado cosa alguna desde la noche anterior, y una parte del ejército ni aun en la noche anterior había comido nada. Pero este malestar era insignificante comparado con otro que desde la mañana principió a atormentarnos: la sed, que todo lo destruye, alma y cuerpo, infundiendo una rabia inútil para la guerra, porque no se sacia matando. Es verdad que de Bailén salían en bandadas multitud de mujeres con cántaros de agua para refrescarnos; pero de este socorro apenas podía participar una pequeña parte de la tropa, porque los que estaban en el frente no tenían tiempo para ello. Más de una vez aquellas valerosas mujeres se expusieron al fuego, penetrando en los sitios de mayor peligro, y llevando sus alcarrazas a los artilleros del centro. En los puntos de mayor peligro, y donde era preciso estar con el arma en el puño constantemente, nos disputábamos un chorro de agua con atropellada brutalidad: rompíanse los cántaros al choque de veinte manos que los querían coger, caía el agua al suelo, y la tierra, más sedienta aún que los hombres, se la chupaba en un segundo.

Cántaro roto, que es hoy parte del escudo de armas de esa localidad jienense, y que se fundamenta en una anécdota que se da por veraz por varias fuentes. E incluso narrado directamente a la reina Isabel II por las autoridades de Bailén, en la visita que realizara la monarca a la localidad el 7 de octubre de 1862. Hecho que tuvo como protagonistas al general hispano-suizo Teodoro Reding, y a nuestras aguadoras representadas en María Bellido.

—¿Agua, mi general? —le ofreció de su cántaro recién rellenado en las fuentes cercanas, María a don Teodoro, a quien el uniforme como a todos le hacían llagas, pese al temple que mostraba estando atento a todos los frentes y comandando la batalla por el centro de la misma.

—Sí, gra… —una bala de plomo rompió con brusquedad seca el cántaro que María empezaba a ofrecerle. Esta, sin apenas inmutarse, recogió del suelo uno de los trozos cóncavos que aún contenía agua, y se lo acercó de nuevo al general.

—¿Agua? —a lo que Reding respondería mirándole a los ojos, recogiéndole ese cántaro roto y bebiendo del mismo.

—Admiro su valor —dijo un inmutable Reding—. Búsqueme cuando terminemos la batalla. El valor siempre hay que premiarlo.

Valor que, por terminar esta pincelada sobre las bravas mujeres españolas que lucharon por su nación, es justo acabarla con el ejemplo de quien en la lucha perdiera la vida. Como lo hicieron donde comienza este homenaje, en Madrid. En ese Dos de Mayo, en el que el pueblo entero se alzó contra el invasor. Y en el que las mujeres obviamente estarían más que presentes. Así lo contaría José Mor de Fuentes, un escritor aragonés, con los testimonios directos que recibiera de lo que ocurrió en las calles de la capital de España, relatando:

En esto se aparece una mujer de 25 o 30 años, alta, bien parecida, tremolando un pañuelo blanco; se pone a gritar descompasadamente: «armas, armas», y todo el pueblo repitió la

voz, yendo continuamente a más el enfurecimiento general [...]
Entretanto, las señoras, además de tener preparadas sus macetas
o floreros, iban acercando sus muebles a los balcones para tirarlo
todo a la cabeza de los franceses, con lo cual su caballería quedaba absolutamente imposibilitada de obrar, y su infantería iba a
perecer a manos del paisanaje y de la guarnición.

Dos ejemplos y dos nombres para aquél día: Manuela (o
Manuelita, como algunos quieren recordar a la que era una mu-
chacha de apenas 17 años de edad) Malasaña. Y la madrileña de
la localidad de Villalón de Campos (pues de Madrid no es que no
seamos nadie, como se maldice, sino que somos todos), Clara del
Rey. La primera, con versiones diferentes acerca de su muerte.
Pues según quien cuente el relato, cambia. Los más sostienen que,
siendo costurera, saliendo del lugar donde estaba haciendo sus
labores, la interceptaron unos soldados que quisieron violentarla.
Por no decir claramente que violarla. Obvio es que la joven se
defendería, y viendo las tijeras que llevaba, y que cierto es que en
aquel día fue arma tanto o más mortífera en manos de las mujeres como las de las bayonetas en manos de los hombres, optaron
por detenerla directamente. El decreto de guerra impuesto por
el general Murat en el que se sentenciaba a muerte a todo el que
fuera cogido con armas en la mano, fue más que suficiente para
que se la sentenciara a muerte, y siendo cruelmente fusilada en el
parque de Monteleón.

Parque de Monteleón que es el lugar donde se ubica la otra
versión, más romántica, en la que estaría Manuelita en plena
toma del cuartel de artillería ayudando a su padre, chispero del
barrio, preparando y sirviéndole los cartuchos con los que dispa-
raba. De repente, una bala acabaría bruscamente con su vida,
quedando inerte a los pies de su padre, quien seguiría disparando
con los ojos anegados en lágrimas hasta que, acabados los cartuchos, recogería su cadáver marchando con ella en brazos por la
calle de San Andrés... La verdad cruel es que esta imagen heroica tiene mal refrendo con las actas de aquella jornada, reflejadas
en el Archivo de Villa de Madrid donde podemos leer la relación
de víctimas, nombre, profesión, dónde caería o sería detenida y

causa de su ejecución. Y Manuela aparece como la bordadora a la que por causa de portar esas tijeras sería fusilada.

Parque de Monteleón donde sí encontraremos a Clara del Rey. Una mujer de 47 años que estará luchando junto con su marido y sus tres hijos, de 15, 17 y 19 años, en esa amalgama que se produjo entre los soldados de artillería comandados por los inmortales Daoiz y Velarde, y los vecinos venidos de todas partes por armas para enfrentarse a quienes querían instaurar lo que nadie les había pedido. Allí estará ella, al pie del cañón literalmente, luchando y sirviendo la batería en plena boca de fuego. De hecho, en todos los cuadros que sobre ese suceso han tratado pintores como Joaquín Sorolla, Manuel Castellano o Leonardo Alenza, en todos podremos ver representada a Clara del Rey, la cuál resultaría muerta al ser alcanzada en la frente por un cascote de metralla, en un día aciago para esa familia pues morirían también su marido Manuel González, y uno de sus hijos pequeños. El mayor acabaría siendo soldado en la 5.ª compañía del tercer escuadrón de cazadores de Sagunto, «para defender la Patria y para vengar a su madre»[228]. Patria y Matria unidas bajo un mismo sentimiento.

Tanto Manuela Malasaña como Clara del Rey están enterradas juntas y permanecen en la actualidad, en la madrileña iglesia de la Buena Dicha, muy cerca de la Gran Vía.

España fue así en esta época en que las mujeres todas, no ya estuvieron a la misma altura que los hombres, sino muchas veces los superaron en coraje y valentía. Que como cantaban esas famosas alegrías dedicadas a las ciudadanas de la ciudad más antigua de Occidente, donde jamás pudo entrar el invasor en esta francesada de la Guerra de 1808:

Con las bombas que tiran
los fanfarrones
se hacen las gaditanas
tirabuzones.

---

[228] Lista del cuartel de Maravillas, núm. 148. Archivo Municipal de Madrid 327-15 y 329-41. Relación de víctimas, 1816.

Que las hembras cabales
en esta tierra
cuando nacen ya vienen
pidiendo guerra.
¡Guerra! ¡Guerra!

Y se ríen alegres
de los mostachos
y de los morriones
de los gabachos.

Bibliografía

Carpentier, Alejo; Pérez Galdós, Benito; Blanco White, José María: *1808 - El 2 de mayo. Tres miradas.* Espasa Calpe. Madrid, 2008.

Castells, Irene; Espigado, Gloria; Romeo, María Cruz (Coords.). *Heroínas y patriotas. Mujeres de 1808.* Cátedra. Madrid, 2009.

Conde de Toreno: *Historia del levantamiento guerra y revolución de España* (1807-1814). Akron, 2009.

Durántez Prados, Frigdiano Álvaro: «No fue guerra "de la Independencia". Propuesta de modificación de la denominación oficial de la guerra hispano-francesa desarrollada entre 1808 y 1814». Iberoamericana. América Latina, España, Portugal, Vol. 8, N° 29, 2008.

Fernández, Elena: *Mujeres en la Guerra de la Independencia.* Sílex. Madrid, 2009.

Fernández García, Elena: «Historia y presencia de las mujeres asediadas». *Cuestiones de género: de la igualdad y la diferencia.* N.° 6, 2011.

Fuentes, Juan Francisco y Gari, Pilar: *Amazonas de la libertad: Mujeres liberales contra Fernando VII.* Marcial Pons. Madrid, 2015.

GÓMEZ DE ARTECHE, José: *La Mujer en la guerra de Independencia.* Conferencias 1902-1903. Hijos de J. A. García, 1903.

MORENO, María José: «Presentación del I Encuentro Internacional Mujer e Independencias». Centro Virtual Cervantes, 2008.

PÉREZ DE GUZMÁN Y GALLO, Juan: *El 2 de mayo de 1808 en Madrid.* Relación histórica documentada. Maxtor, 2008.

PÉREZ-REVERTE, Arturo: *Un día de cólera.* Alfaguara. Madrid, 2007.

PÉREZ GALDÓS, Benito: *Episodios Nacionales.* Alianza Editorial.

REDER GADOW, Marion: «Vida cotidiana en Ronda durante la Guerra de la Independencia (1810-1812)». *Baetica*, N° 29, Universidad de Málaga, 2017.

VV.AA.: Mujeres en la historia. Heroínas, damas y escritoras (siglos XVI-XIX). *Dossiers Feministas*, 15, 2011.

Agradecimientos

Cualquier libro tiene tras de sí a mucha gente sin la que al autor jamás hubiera sido capaz de llevarlo a cabo. O al menos así ha sido en mi caso, y quiero al menos dejar constancia pública de ello.

Gracias a los que han servido de lectores cero y que me han dado consejos o ayudado con aspectos que el autor, metido de lleno en las historias, deja de ver. Por esto mismo, muchísimas gracias a María José Álvarez, siempre atinada en sus comentarios; a Alberto Martínez, por darme una visión objetiva del texto; y, a Elia Rodríguez, como voraz lectora de ensayos, siempre con su bolígrafo presto a subrayar el contenido de cada capítulo.

Gracias a Mónica Sangrador, que como ingeniera me ha revisado ciertos aspectos técnicos en el capítulo sobre Ángela Ruiz Robles. A Said Tahiri Dían, por su ayuda con los conceptos en árabe, en el capítulo dedicado a «La Vascona» Subh.

Gracias de nuevo a Elisa Pérez Blanco por la paciencia de trabajarse todo el documento final, e intentar traerme a este siglo, corrigiendo mis arcaísmos y evitando mis inevitables digresiones narrativas. Tamaña hazaña es de agradecer.

Gracias a Michelle y a Loris, por darles los correspondientes paseos cuando no podía atender como se merecían a Zar y a Nikon, mis dos compañeros perrunos que con cariño y juegos hacen que la soledad de corredor de fondo del escritor sea siempre más que llevadera.

Gracias, en definitiva y de manera muy especial, a aquellas personas que tienen en sus manos este libro, con el que espero que pasen muchos ratos de lectura agradable reviviendo estos mil quinientos años de historia de este lugar que llamamos España, donde nacieron o pertenecieron estas protagonistas femeninas.

Mujeres que merecen ser recordadas, muchas de las cuales vivieron en lugares lejanos, exóticos y hasta peligrosos. Son mujeres poderosas, inteligentes, luchadoras... Es sorprendente que las hayamos olvidado, porque a lo largo de nuestra Historia, siempre estuvieron ellas.

Javier Santamarta del Pozo
San Lorenzo de El Escorial